PENSAR OUTRAMENTE

o discurso interpretativo dominante

Dados Internacionais de Catalogação na Publicação (CIP)
(Câmara Brasileira do Livro, SP, Brasil)

Touraine, Alain
Pensar outramente o discurso interpretativo dominante / Alain Touraine ; tradução de Francisco Morás. – Petrópolis, RJ : Vozes, 2009.

Título original: Penser autrement
Bibliografia
ISBN 978-85-326-3803-8

1. História social – Século 21 2. Mudança social 3. Problemas sociais I. Título.

08-11502 CDD.303.4

Índices para catálogo sistemático:
1. Mudança social : Sociologia 303.4

ALAIN TOURAINE

PENSAR OUTRAMENTE

o discurso interpretativo dominante

Tradução de Francisco Morás

EDITORA VOZES

Petrópolis

Título original francês: *Penser autrement*

Direitos de publicação em língua portuguesa:
2009, Editora Vozes Ltda.
Rua Frei Luís, 100
25689-900 Petrópolis, RJ
Internet: http://www.vozes.com.br
Brasil

Diretor editorial
Frei Antônio Moser

Editores
Ana Paula Santos Matos
José Maria da Silva
Lídio Peretti
Marilac Loraine Oleniki

Secretário executivo
João Batista Kreuch

Editoração: Elaine Mayworm
Projeto gráfico: Victor Mauricio Bello
Capa: Maria Fernanda Novaes

ISBN 978-85-326-3803-8 (edição brasileira)
ISBN 978-2-213-63461-6 (edição francesa)

Editado conforme o novo acordo ortográfico.

Este livro foi composto e impresso pela Editora Vozes Ltda.

Dedico este livro a todos os(as) estudantes de meus seminários da Escola Prática de Estudos Avançados (seção VI), 1958-1975, e da Escola de Estudos Avançados em Ciências Sociais, 1975-2007.

Sumário

Ponto de partida

1. Situações novas, ideias antigas

Depois das décadas de 1960 e 1970, tudo mudou em nossa vida social. As revoltas estudantis de Berkeley e Nanterre, cujos desfechos repercutiram por longo tempo em numerosos países, anunciaram aos quatro ventos uma mudança de época. Quase simultaneamente, as economias se livravam de um dirigismo do pós-guerra, e entravam num neoliberalismo reforçado pela mundialização acelerada por causa da produção e dos intercâmbios, das finanças e da cultura de massa. O próprio sistema de produção se transformou. A sociedade industrial se distancia e nós entramos então naquilo que os espíritos iluminados denominaram de sociedade da comunicação ou do conhecimento. O mapa mundial também mudou profundamente: enquanto a Europa se afundava na estagnação, os Estados Unidos se distanciavam dos outros países com o desenvolvimento de novas tecnologias, ao passo que a China, seguida pela Índia, lançava-se num crescimento galopante, roubando o espaço antes ocupado pelo Japão.

Este mundo, que aceleradamente se transforma, ao mesmo tempo sente-se frágil, ameaçado por toda sorte de catástrofes de natureza ecológica, biológica e demográfica. A ideia de progresso, tal como o movimento comunista a havia reconquistado das mãos das democracias, paralisadas pelo medo, é abandonada por toda a parte, e a incerteza se mistura à angústia, particularmente nesta África onde a Aids dizima a população. Enfim, o século XXI abre suas portas sob o signo de um enfrentamento militar e religioso entre os Estados Unidos e as novas expressões religiosas ou políticas do Islã, que dão continuidade aos nacionalismos de Nasser, de Mossadegh ou dos Baathistas iraquianos e sírios.

Mas, será que dispomos de novos termos para caracterizar tantas situações novas? O declínio do marxismo, devido principalmente ao desmoronamento do império soviético, que havia feito dele sua ideologia oficial, não fez somente desaparecer os partidos comunistas; os regimes social-democratas, cujo sucesso econômico e social é indiscutível, em nada são inventivos em matéria de pensamento social, e se contentam – o que em si é positivo – em oferecer aos países mais pobres, no que tange à ação humanitária, seus quadros mais eficientes. A categoria genuinamente francesa dos intelectuais se decompõe, muitos tendo-se submetido num dado momento da vida, sem muita garra, à função de dirigentes do Partido Comunista e tendo-se recusado, por longo tempo, a reconhecer ou denunciar os crimes dos dirigentes soviéticos e chineses. O recuo das ideologias também tem seus efeitos positivos, sobretudo na França e na Itália, onde, por um lado, o sectarismo levou a uma doutrinação aterrorizante, especialmente entre 1970 e 1975, e, por outro, aos incendiários e sangrentos "anos de chumbo".

O longo século XIX, que em algumas partes do mundo ainda não terminou, foi um período ao mesmo tempo de libertações e de passagem do imperialismo britânico para a hegemonia americana. O movimento operário, em todas as suas nuanças, os movimentos de libertação nacional e o feminismo impuseram simultaneamente uma visão dramática, heroica e violenta da história. Os movimentos sociais mais importantes se apoiavam na ideia de que a história política e social, aquela das ideias, e as biografias dos atores de todo gênero eram inseparáveis, o que levou o pensamento social a se organizar ao redor de temas econômicos como o trabalho, o lucro capitalista ou a luta de classes. Por longo tempo o esquema central do qual Marx foi seu principal criador parecia aplicável e foi aplicado a todas as situações pelos quatro cantos do mundo. Uma variante muito particular deste modelo central foi aquela na qual uma classe média positivista, leiga e nacionalista, conseguiu amparar-se no poder para lutar contra as oligarquias e a Igreja. Esta forma de governo ainda não desapareceu completamente, sobretudo lá onde, como na França, ela se aliou às forças políticas oriundas do mundo operário. Mas, na maioria dos países que entraram na sociedade industrial, é a visão econômica do mundo que tem a última palavra.

Esta época está concluída. Na Rússia, no México, na Europa destruída pela Primeira Guerra Mundial, depois pela Revolução Soviética, o fascismo italiano e principalmente o nazismo como ideologia de morte, de agitações revolucionárias e contrarrevolucionárias puseram fim à ideia de progresso que encarnava a confiança na economia. O marxismo como o liberalismo, e mesmo as primeiras social-democracias, foram consumidos e aniquilados pelas guerras e revoluções. No Império Soviético, um pesado silêncio foi imposto a todos. Numa Europa cortada em duas torna-se cada vez mais impossível pensar as situações novas.

Alguns poucos ensaiaram, mas as obras mais importantes desta época foram as mais próximas de uma impostação filosófica e, consequentemente, as mais distantes de uma análise do mundo contemporâneo. Foi então que em vários países, primeiramente na França, propagou-se a ideia de que já não havia mais nada a compreender, já que não havia mais atores, estando o mundo preso à ditadura capitalista como, aliás, ao leninismo maoísta e às desordens pós-colonialistas. As ciências sociais foram varridas pela noção destruidora de que a consciência é sempre uma falsa consciência, de que precisamos deixar de analisar as condutas humanas como se fossem orientadas por julgamentos de valor, já que elas não podem ser explicadas senão pelo reconhecimento das determinantes econômicas, políticas e demográficas. A Sociologia, entendida como estudo das condutas normativamente orientadas para o outro, tanto na Europa quanto na América Latina, assim como em muitas outras partes do planeta que ainda denominávamos de Terceiro Mundo, foi abandonada. Esta dupla visão da impotência dos atores sociais e do poderio das forças econômicas mundiais se alastrou e se enraizou profundamente na vida intelectual. As referências ao movimento operário, aos movimentos de libertação dos países colonizados e mesmo ao feminismo tornaram-se obsoletas. As faculdades de Ciências Sociais se esvaziaram. Uma parcela de suas atividades migrou para a Filosofia e a outra foi incorporada aos Estudos Econômicos.

Esta é a situação na qual temos vivido. Tínhamos consciência da destruição das velhas ideias, e muitos dentre nós quiseram elaborar outras. No entanto, na França, mais do que em alhures, tudo aquilo que se referia ao Estado e à revolução como tomada do poder pela violência suscitava mais interesse do que os fatos relativos à vida social e democrática. A resistência a estas ideias "jacobinas", associada à sedução exercida pela visão puramente tecnológica e econômica do mundo, enclausurou o pensamento vivo em espaços tão limitados que, de um país a outro e, mais especificamente, de um continente a outro, a comunicação se tornou impossível. Dessa forma, ao longo de decênios o pensamento social foi se inflando por aquilo que eu denomino de *discurso interpretativo dominante*, criação não dos ambientes dirigentes, mas dos intelectuais ou dos formadores de opinião pública que buscaram nas lembranças do passado as armas para melhor combater as novas ideias. Não são todos os membros de uma sociedade que produzem ou difundem as representações da vida social; e nem mesmo as categorias mais ricas, ou as mais poderosas, que criam a linguagem explicativa que lhe seria mais favorável. Os poderosos apoiam seus interesses numa ideologia, mas esta é antes de tudo uma justificação de seu poder. Os colonizadores representam os colonizados como "selvagens", como seres inferiores a eles. Do mesmo modo, muitas ideologias das sociedades industriais apresentaram os operários como pessoas habituadas à rotina e preguiçosas e, como F.W. Taylor, justificaram que era necessário "bater e assoprar" para que os operários agissem. Enfim, o pensamento masculino multiplicou as imagens da mulher que a inferiorizavam, acentuando principalmente o quanto ela não era um ser racional.

No entanto, as sociedades também produzem representações delas mesmas que são muito mais amplas e complexas do que as ideologias. O que eu denominei de *discurso interpretativo dominante* difundiu a ideia de perda de sentido das realidades históricas no momento em que o movimento operário e socialista passava para o controle do totalitarismo soviético, ou oscilava em direção a um novo conservadorismo. Na América Latina, na mesma época, a *teoria da dependência*, em suas formas mais radicais, explicava a impossibilidade de ação e de reformas, e não via sentido a não ser na guerrilha.

Entretanto, no final do século, a derrocada dos grandes sistemas totalitários no centro e no leste da Europa, o fracasso da maioria dos novos nacionalismos, a rápida difusão das novas tecnologias de comunicação reduziram as barreiras que enclausuravam o pensamento social na negação dele mesmo. As ilusões que buscavam impor-nos aqueles que não acreditavam mais na ação coletiva foram tornando-se sempre mais insuportáveis, na medida em que elas não correspondiam mais à experiência vivida. Hoje percebemos claramente que o cenário social não está vazio, e que são as ideologias presas ao passado que mergulham este cenário numa obscuridade de onde brotam os ruídos incompreensíveis ou ensurdecedores. Nós já estamos sentindo as novas demandas da vida cotidiana, o retorno das palavras e das ideias que acreditávamos eternamente destruídas. Estamos em busca das novas categorias que podem tornar inteligíveis as destruições e as perturbações, mas igualmente as iniciativas que vivemos.

Isso exige de nós um duplo esforço: em primeiro lugar, tentar formular o mais coerente e claramente possível as formas de pensamento capazes de nos explicar nossa situação e nossas condutas; em segundo lugar, voltar ao passado e criticar as representações da vida social cuja influência predominante nos impediu, por muito tempo, de fazer penetrar uma maior clareza nas realidades sociais.

Parece-me preferível começar pela crítica daquilo que chamei de *discurso interpretativo dominante*, o que permitirá dar, subsequentemente, maior realce à apresentação das ideias novas que julgo capazes de trazer de volta a luz que nos faltou.

2. A inversão de perspectiva

O objeto de nossa proposta não é marcar uma ruptura ou uma mutação na situação econômica e social. A reviravolta das ideias aconteceu sem ter ocorrido uma crise econômica ou social maior. O que foi questionado se refere ao olhar e às palavras através das quais nós formulávamos e interpretávamos as transformações que se nos impunham. Não é o objeto da análise que precisamos mudar, mas seu método. As ideias que, num passado recente, foram as mais difundidas não nos esclarecem mais nada, soam vazias e nada mais fazem do que alargar o fosso que separa o mundo político e social do mundo intelectual. Esta dissociação das realidades e do sentido que lhe emprestamos me parece tão exagerada – as ideias foram com frequência substituídas por citações que convém transformá-las em pano de fundo – quanto abandonar nossos princípios aparentemente mais seguros e nossas representações mais "clássicas" da sociedade e dos atores sociais. O que existia de mais profundo no pensamento social que herdamos era a convicção positivista de que a Modernidade significa a eliminação não somente das expressões religiosas, mas inclusive de todas as referências a uma forma medíocre de consciência dos atores. Ensinaram-nos a nos conformar com dois princípios de análise das condutas: a busca racional pelo interesse ou pelo prazer, e o cumprimento das funções necessárias e indispensáveis para a vida social, para a sobrevivência e para a evolução. Nenhuma destas duas finalidades faz intervir o menor elemento de construção do indivíduo por si mesmo como ser livre e responsável. Em face deste tipo de pensamento social, a declaração dos direitos humanos de 1789 parece marcar mais o fim do que o começo de uma época. Ela se refere ao direito natural, ao passo que, assim nos ensinaram, tudo se torna material, instrumental, quantitativo. O laicismo francês reforçou esta tendência, como, por sua vez, também o fez o utilitarismo inglês. Em muitos países, o essencial da vida política ainda permanece dominado por esta visão secularizada, que recorre a todas as figuras da razão. O que podemos denominar de "funcionalismo crítico" dos pensadores de "esquerda", que definiu o funcionamento do sistema social por meio de mecanismos de dominação, não se afastou muito desta linha geral.

Eu proponho aqui uma inversão de atitude e uma postura interpretativa diferente. Precisamos abandonar um evolucionismo desgastado. Estávamos convencidos de estar passando da comunidade para a sociedade, ou seja, da definição do indivíduo por aquilo que ele é para outra definição fundada naquilo que ele faz. No entanto, separamo-nos em direções opostas, e o espírito comunitário, sob suas mais variadas expressões, desde as mais positivas até as mais execráveis, ressurge por toda a parte. Os aparatos sociais e culturais já não conseguem mais enquadrar todos os aspectos da experiência vivida; em particular, o controle da sexualidade desapareceu quase que completamente. Fomos e somos instruídos a reconhecer as diferenças e proteger as minorias. Todas estas transformações são imagens de uma mesma mudança geral: a legitimidade e a definição do bem e do mal não procedem mais das instituições, sejam elas leigas ou religiosas. Por toda a parte e sob as mais variadas formas, o que mais se deseja é o reconhecimento do indivíduo e do grupo como portadores do direito de serem reconhecidos e respeitados, independentemente das leis e normas filtradas pelas instituições. Esta exigência geralmente assume um aspecto comunitarista, embora com mais frequência ainda reivindique o direito do indivíduo de existir segundo a imagem que ele faz dele mesmo, de sua liberdade, de sua responsabilidade.

Este objetivo, por sua vez, domina as representações que orientam nossas condutas. O termo *individualismo*, tão frequentemente difundido, corre o risco de criar um mal-entendido: não se trata apenas de dizer que cada qual age de acordo com seus interesses e desejos, mas de reconhecer que cada indivíduo tende a recorrer ao seu "direito de ter direitos", segundo uma clássica expressão. Esta constatação se me tornou absolutamente clara ao ouvir as mulheres que entrevistávamos, individualmente ou em grupos de discussão, afirmando que o mais importante para elas era construir-se como mulher e, acima de tudo, fazê-lo através da própria sexualidade[1]. Discurso espontâneo, absolutamente oposto àquele que só fala das mulheres como vítimas e afirma que o melhor para elas seria buscar a igualdade com os homens, ou seja, eliminar toda referência ao gênero na maioria das situações, particularmente nos procedimentos de seleção profissional.

Dentro do mesmo espírito podemos afirmar que, há muito tempo, a sociologia das religiões nos ensinou a ver, por detrás do recuo das igrejas e de outras instituições religiosas, não o triunfo do racionalismo e

---

[1] Cf. TOURAINE, Alain. *O mundo das mulheres*. Petrópolis: Vozes, 2007 (N.T.).

do instrumentalismo, mas um conjunto de condutas muito diversificadas: por um lado, uma afirmação de si como responsável pela própria salvação e, por outro, a reconstrução dos controles sociais que, no entanto, sabemos que eles já não podem mais recuperar a força que outrora tinham. De fato, para além da imagem por tanto tempo difundida da robustez da sociedade secularizada, e sem, por essa mesma razão, voltar a um comunitarismo defensivo ou para uma nostalgia dos sistemas "holistas", vemos reforçar-se por toda parte a representação do indivíduo como portador de direitos que não podem ser vilipendiados ou denegados nem pela força nem pela lei.

Esta transformação de uma consciência de si que se torna mais forte do que a consciência das regras, das normas, bem como das exigências dos sistemas dentro dos quais vivemos e agimos, obriga-nos a trazer à memória uma ideia que tão frequentemente foi esquecida e mesmo violentamente rejeitada por muitos: a ideia de *sujeito*, isto é, do indivíduo reconhecido como criador dele mesmo e, consequentemente, capaz de reivindicar contra todos o seu direito de existir como um indivíduo portador de direitos, e não somente em sua existência prática.

Esta inversão de perspectiva é tão completa que causa vertigem. Para se livrar desta vertigem, convém retornar ao passado e reencontrar a presença do sujeito em lugares e em tempos em que não falávamos dele de uma forma direta como o fazemos hoje, mas através de visões religiosas, "progressistas" ou revolucionárias.

Estas imagens do sujeito representam modelos culturais que faziam parte do jogo nos grandes conflitos sociais. Na sociedade industrial, definíamos em termos de classes e de consciência de classe os principais conflitos sociais. Num tipo de sociedade anterior, é o tema da liberdade do cidadão contra o poder monárquico que carregava o mais alto peso simbólico. E as religiões, principalmente monoteístas, deram ao sujeito a imagem de um deus ou de um representante deste deus, encarregado de fazer aplicar a lei divina. Em todas as etapas e por toda a parte a organização social era comandada por uma representação mais ou menos antropomórfica da transcendência. Isso nos obriga a reconhecer que uma sociedade não pode ser reduzida a uma oficina de produção ou a um sistema de trocas. Igualmente, as leis não são apenas uma forma de organizar a vida econômica e social e de proteger os interesses. O domínio da moral e das leis, tanto em suas expressões práticas quanto teóricas, apela para um julgamento de valor, isto é, para uma concepção do ser humano com direitos e deveres em relação aos outros.

É no momento – definitivamente muito breve – em que uma sociedade se representou a si mesma em termos puramente econômicos que pudemos imaginar que os julgamentos de valor e os julgamentos de fato se confundiam sempre mais, e que uma concepção racionalista resolveria tudo. As expressões "sociedade civil" e "sociedade burguesa" (*Bürgerlische Gesellschaft*) revelaram esta situação muito particular – e de forma incompleta ainda, já que no próprio interior desta sociedade explodiam conflitos questionando, ao menos para os mais importantes, os juízos de valor. Tais conflitos nos obrigam a ver mesmo na sociedade burguesa as imagens do sujeito que uma determinada sociedade pode criar, e mostram perfeitamente que é impossível satisfazer-se com uma concepção positivista da sociedade.

Os adversários deste modo de pensar terão cada vez mais dificuldade em denunciar esse individualismo como uma simples ruptura dos laços sociais, uma submissão às incitações do mercado. Tal individualismo, que voluntariamente denomino de criação do sujeito, ou *subjetivação*, constitui de antemão a defesa dos direitos de cada um – que são universais – contra todas as formas de integração social. O vocabulário tão clássico da integração, da socialização, da consciência coletiva, inspira-me uma forte desconfiança. Esta aumenta na medida em que o individualismo repentinamente muda de direção para um comunitarismo, que considero como o maior perigo do novo século.

Precisamos, pois, distanciar-nos de todas as formas de definição da Sociologia como o estudo dos sistemas sociais e de suas funções. Já é possível quebrar o silêncio imposto a todas as concepções do sujeito, de suas representações, de seus combates. Precisamos encontrar a forma de esclarecer este obscuro período que nos mergulhou na opacidade do *discurso interpretativo dominante*.

3. O outro perigo

A partir do momento em que toma forma uma nova reflexão sobre a vida e a ação social, uma questão se impõe: o que adviria quando a ideologia do progresso e de seus critérios quantitativos desaparecerem, quando as diferenças qualitativas superarem as desigualdades mensuráveis?

Esta interrogação, formulada aqui prudentemente, é a mesma que domina nossa época, da mesma forma que os conflitos de classe ou a luta pelas liberdades políticas dominaram há pouco tempo as sociedades diferentes. Existem duas respostas principais para esta questão.

A *primeira* é que as diferenças não têm mais limites, que nos aprisionamos, nada menos que estamos, numa ou várias comunidades, que nós nos obcecamos por nossa identidade e pela pureza de nosso "povo". Uma vez engajados neste caminho, chegaremos inevitavelmente ao choque de civilizações do qual falou Samuel Huntington e, mesmo que se possa criticar esta noção – que é o meu caso –, não podemos negar que ela delineia as fortes tendências explosivas de novas guerras religiosas ou étnicas.

A *outra* resposta é menos simples, e a maior parte deste livro será consagrada à sua formulação. Ela diz que o mais importante está no fato de que a unidade das condutas não pode mais ser imposta pela particularidade de uma cultura ou de uma sociedade, mas pela construção de cada indivíduo como sujeito, como portador de direitos universais e simultaneamente particulares.

A oposição entre essas duas respostas é percebida em toda parte. Por exemplo, os muçulmanos da Europa estão divididos na encruzilhada de dois caminhos: o futuro de todos os europeus depende, em grande medida, da ajuda que eles oferecerão a estes muçulmanos da Europa para que combinem o individualismo universalista que nos vem da época das Luzes com a consciência das particularidades de cada cultura e de cada sociedade.

Igualmente apaixonado é o debate sobre a educação. Muitos se preocupam mais com a segurança pública do que com a possibilidade oferecida a cada criança de construir sua individualidade. Em vez de resolver este problema, fazemos da escola um fator de desigualdades crescentes, sobretudo em não considerando as particularidades psicológicas, sociais e culturais de cada indivíduo, o que lesa os mais fracos e os mais dominados.

Dependência das mulheres, rejeição das minorias – étnicas, religiosas, culturais e sexuais –, dificuldades dos jovens na escola e em suas vidas pessoais: eis três domínios imensos de nossa vida social dentro da qual a reviravolta do pensamento social, da qual pretendo mostrar aqui a necessidade, encontra seu campo de aplicação, clama por ideias, sentimentos e políticas capazes de transformar nossa vida pessoal e coletiva. Agora que não consideramos mais a História como uma escada para o centro da qual todo mundo direciona seus deslocamentos – rápida ou lentamente –, cabe a nós escolher entre as novas guerras de religião e o reconhecimento dos indivíduos como sujeitos iguais entre si, mas diferentes uns dos outros.

É necessário, para concluir, afastar uma objeção tão surpreendente quanto repetida: este "idealismo" fundado na noção de sujeito não ofuscaria os conflitos sociais dos quais os mais importantes adviriam de fato, assim nos dizem, da origem do sistema econômico cuja exploração dos trabalhadores pelos capitalistas constitui sua principal mola propulsora? Os conflitos, as greves e as próprias revoluções não seriam as respostas concretas às crises da dominação capitalista? Para me defender, poderia lembrar a grande metade de minha vida consagrada ao estudo dos movimentos sociais, em particular à consciência da classe operária, mostrando que ela não era o efeito das contradições do capitalismo, mas a defesa da autonomia do trabalho contra os métodos de racionalização que operavam em favor do lucro capitalista. Os novos conflitos do trabalho não seriam por si mesmos movimentos de defesa contra a "flexibilidade" do trabalho que reduz a vida do assalariado a uma sucessão de ínterins e de períodos de desemprego, o que o faz perder a consciência de ser ator de sua própria vida? A mesma formulação nos chega dos mais diversos horizontes: a livre escolha das condutas sexuais, a liberdade de consciência, em particular religiosa, são outro tanto de imagens particulares da defesa por todo indivíduo de seu direito de ser sujeito. Ou seja, não como uma vítima, mas como um ator que pretende acima de tudo criar uma relação livre de si para si, antes de se integrar numa coletividade. Esta inversão do sentido dos conflitos, possibilitada pelos movimentos de libertação, encontrava-se ligada à rejeição dos regimes totalitários, já que não defendemos somente uma dimensão particular da existência contra um regime totalitário; só podemos combatê-lo apelando para um princípio igualmente universal: o direito de ser livremente si mesmo, de fazer a escolha de sua própria vida. Qualquer tentativa de opor uma sociologia do sujeito à uma sociologia do conflito estaria evidentemente em contradição com o espírito de minha análise.

PARTE I

Uma sociedade cega

1

Para pôr um basta ao "discurso interpretativo dominante"

Quando tomamos consciência de não mais podermos dominar os acontecimentos, isto é, de não mais compreendê-los, olhamos para o passado e nos perguntamos: será que aqueles que exerceram a maior influência neste passado recente não nos engajaram em pistas enganosas, cegando-nos, tornando-nos incapazes de agir? Uma preocupação deste porte não seria tão grave se se tratasse simplesmente de recapturar um atraso análogo àquele que adotamos no emprego de determinadas tecnologias. Mas, aqui, a coisa é completamente diferente, já que ela se refere à representação que fazemos de nós mesmos, e de nossas interpretações das situações vividas. Nosso mal-estar é ainda maior ao descobrirmos que fomos aprisionados numa visão da vida social, e de nós mesmos, que nos privava de qualquer liberdade e de toda criatividade: a visão de uma sociedade sem atores, completamente submetida aos determinismos externos. Uma visão destas rapidamente se transforma em obstáculo para a ação e para a reflexão. Muitos dentre nós desistiram de procurar os impasses em que ela nos aprisionava, e atribuíram todos os males à globalização da economia, à hegemonia americana, à extrema-direita, ou à extrema-esquerda francesa, como se jamais tivéssemos tido a possibilidade de mudar o curso das coisas, de tomar decisões, de transformar a cultura e a política. Não é demasiadamente tarde para sair desta situação; e é até mesmo urgente fazer a crítica aos erros do passado, em parte ainda presentes, se pretendemos recobrar a capacidade de compreender e de agir. Não seria o momento presente o mais propício para esta releitura dos últimos decênios, e das ideias que os dominaram?

Em 2005, na França, tivemos fortes tumultos nas periferias de Paris e em outras cidades; depois, em 2006, convivemos com a rejeição do projeto da Constituição europeia, adotado por inúmeros países e, no mesmo ano, um movimento da juventude contra outro projeto de lei sobre o primeiro emprego que, por sua amplitude, mostrou o quanto estava defasado e difícil de ser implementado. A sociedade francesa – já que é deste país que mais frequentemente vou falar – está desorientada, e já não dispõe mais de um conjunto de análises que lhe permitiriam compreender o presente, o passado e o futuro. Damo-nos conta de que a realidade individual e coletiva se afasta das normas das instituições e dos grandes princípios que, ao mesmo tempo, visam libertar as categorias desclassificadas, e porque na sociedade de hoje muitos são enfraquecidos, jogados para escanteio, ameaçados de expulsão.

A angústia que esta crise inicialmente suscita nos incita a acusar os responsáveis distantes, mas esta estratégia populista não nos exime de iluminar a situação, visto que aquilo que denominamos de ideologia dominante ou de espírito do tempo não se deixa iluminar exclusivamente de fora. Precisamos abandonar uma concepção da vida social e da experiência pessoal que exerceu uma influência dominante em nosso passado recente. Precisamos fazer um esforço original de analisar as novas maneiras de pensar, de agir e de falar, a fim de libertarmonos de nosso atual sentimento de impotência e de vazio.

1. Na época da Guerra Fria

O meio século ao qual me refiro nasceu com a derrocada do nazismo e do Japão militarista, seguido pela tomada da metade da Europa pelo poder soviético. Em seguida, ele foi transformado por um vasto movimento de descolonização e por um forte crescimento da produção e do consumo em partes consideráveis do mundo. Ele ruiu com a queda do muro de Berlim e com a queda do império soviético. No entanto, alguns pensam que ele se prolongou até 11 de setembro de 2001, quando os terroristas kamikases do grupo Al-Qaida lançaram seus aviões sobre as torres do World Trade Center, em Nova York, e sobre o Pentágono. Estas referências históricas – 1945-1989-2001 – são tão frequentemente adotadas que em nada adiantaria contestá-las. É bem verdade que elas se referem antes à grande história política do que à história das ideias, mas estas datas representam momentos tão dramáticos que forçosamente se constituem em bons observatórios para se ver e compreender o campo histórico que as precedem e as acompanham.

Embora este livro não fale nem de guerra nem de paz, nem de crise internacional nem de ameaça nuclear, ou de invasão militar, ele se inscreve no interior dos grandes conflitos internacionais sobre os quais constantemente pensaram aqueles que viveram este período. Esta é uma das primeiras explicações de nossa dificuldade de compreendermos a nós mesmos. Tudo aquilo que temos feito e dito, na maioria de nossos países, foi comandado pela lembrança muito próxima do totalitarismo nazista e pela presença ainda mais próxima do totalitarismo soviético, do outro lado da cortina de ferro. O enfrentamento dos impérios e das ideologias pesou tão fortemente em nossa vida que sempre duvidamos de nossa capacidade de fazer a nossa própria história e de escolher o nosso destino.

Seria possível falar da esquerda francesa ou italiana, ao longo deste período, sem reconhecer que os partidos comunistas destes países estavam totalmente ligados à ex-União Soviética e ao *Komingform?* E que uma fração importante dos intelectuais europeus não denunciou esta situação, e sequer fez um julgamento justo e corajoso do regime criado por Lênin e Stalin, ao passo que denunciava os Estados Unidos como a causa de todos os nossos males?

Dessa forma, tudo foi falsificado desde o começo. Quando dizíamos “esquerda” ou “direita”, pensávamos, de fato, nos dois campos que se opunham na Guerra Fria. As pessoas de direita se definiam principalmente por suas condenações ao mundo comunista; as de esquerda não tinham em comum entre elas senão a condenação dos Estados Unidos. Era difícil analisar as sociedades, os atores sociais, os movimentos coletivos ou as transformações culturais, tanto na vida privada quanto pública, enquanto evoluíamos e pensávamos às sombras dos impérios em luta pela dominação da Europa, veja-se, do resto do mundo.

2. A singularidade francesa

Todos os países europeus sofreram as consequências deste enfrentamento. Com certeza, os países do outro lado da cortina de ferro sofreram muito mais do que os países do Oeste, mas, por causa disso, em toda a parte os europeus perderam uma boa parcela da própria capacidade de fazer escolhas reais e de agir em função de seus problemas e de seus debates internos.

No seio da Europa Ocidental, a França se colocou numa situação diferente dos outros países. Isso não ocorreu pelo fato de que a sociedade francesa fosse completamente diferente de seus vizinhos, mas porque por longo tempo os franceses haviam subordinado a visão que eles se faziam de sua sociedade à sua concepção de Estado: Estado nacional, popular, revolucionário, mas sempre tutor da “sociedade civil”. Tanto que os movimentos sociais e políticos foram dirigidos contra o Estado e fizeram nascer e transformar o cidadão. A França teve um papel de vanguarda no pensamento e na ação social, mas, como o disse Marx, se os franceses estão na frente dos outros na política, estão atrasados na compreensão da passagem das sociedades dominadas pela política em relação àquelas que são dominadas pelas realidades econômicas e suas expressões sociais. Este raciocínio de Marx sobre a França perdura até nossos dias. Os sindicatos quase sempre foram dominados pelos partidos políticos. A esquerda francesa foi dominada durante os últimos decênios do século XX por François Mitterrand, cuja brilhante estratégia consistiu em enfraquecer o Partido Comunista ao transferir para o novo Partido Socialista o espírito de suas reivindicações, de sorte que a esquerda se entusiasmou em 1981 pelas novas nacionalizações e pela afirmação dos direitos superiores do Estado; Estado como um arquiteto que lança grandes trabalhos que o poder parlamentar não podia satisfatoriamente implementar. É verdade que esta supremacia do Estado teve seus efeitos positivos e em absoluto se limitou àquilo que alguns denominam de "burocracia" ou "tecnoburocracia".

A França da segunda metade do século XX foi salva da vergonha e da queda primeiramente pelo General de Gaulle, que a amava mais do que os franceses a amavam. Foi o Estado que, como em numerosos outros países, a reconstruiu. É igualmente o Estado gaulista que lança grandiosos projetos científicos e tecnológicos que desde então não foram renovados ou substituídos por outros. Enfim, ontem ainda, é ao Estado que devemos a resistência, no Conselho de Segurança das Nações Unidas, à campanha de mentiras através da qual o Presidente Bush impôs a guerra ao Iraque. Este Estado só se enfraqueceu, e muitas vezes se perverteu, quando não foi mais capaz de compreender as reivindicações sociais e de criar as condições para um novo espaço cultural.

3. O "discurso interpretativo dominante" (DID)

Todavia, aquela imagem lá é insuficiente. Ao menos numa sociedade livre, sempre existe um conjunto de princípios, de ideias, de lembranças, de julgamentos que não são determinados apenas por um entorno político nacional e internacional. Aquilo que podemos continuar denominando de "espírito do tempo" tem uma composição distinta e mais inconstante; é o que o distingue das políticas oficiais e das linhas impostas por um poder autoritário aos escritores e aos empreendedores. Esta massa aparentemente confusa não tem nem ao menos uma consistência suficientemente forte para constituir um intermédio intransponível entre os criadores e aqueles que exercem o poder. No caso francês, o espírito do tempo não foi dominado pela submissão ao Estado, mas antes pela criação de uma ornamentação que conferiu a muitos aspectos da vida social e cultural tonalidades e orientações bastante sombrias. Não existe ali nada de excepcional. É necessário, ao contrário, lembrar a constante autonomia de um tal ambiente de mediações e de influências que comanda simultaneamente a ação dos produtores e aquela dos consumidores, ultrapassando de longe a estratégia das empresas de comunicação, em particular a mídia.

Nós subestimamos de tal forma a importância destes níveis da experiência que muitas vezes negamos sua existência ao buscar no Estado e na economia internacional as explicações diretas de nossas condutas. Na realidade, os acontecimentos, as decisões, as formas de organização social só são percebidos pela representação que deles temos. De modo que a explicação em Ciências Sociais consiste sempre em encontrar as correspondências entre as determinantes exteriores e o conjunto das demandas dos próprios atores, individuais e coletivos, que às vezes se manifestam diretamente, às vezes pelo viés de movimentos, de inovações ou de profecias. No entanto, entre os dois, existe esta massa ainda fluida, mas opaca, que constitui o "espírito do tempo". Assim, em se correspondendo com frequência, as grandes determinantes históricas de um lado e as histórias individuais de outro são sempre separadas, tamanha é a capacidade de criação das categorias, dos julgamentos, das formas de organização deste ambiente no qual se formam as interpretações, ambiente que dá sempre uma sensação de ser frágil, mas que sabe resistir fortemente a tudo aquilo que a ele se opõe.

É neste nível intermediário, aquele do discurso ideológico dominante, que se operam as escolhas intelectuais, que se forjam as condições de comunicação, as quais impõem as regras, concedem um privilégio de escuta a alguns e não a outros, e às vezes chegam até mesmo a fazer considerar como natural e objetivo aquilo que não é senão o resultado de uma construção da realidade social repousando exclusivamente sobre ela mesma e sobre a importância de seu papel. Este discurso ideológico é igualmente afastado do poder do Estado, que pode ser a autoridade da ciência ou a influência dos intelectuais criativos. Podemos chamar de *discurso interpretativo dominante* este conjunto de representações que constitui uma mediação, mas sobretudo a construção de uma imagem de conjunto da vida social e da experiência individual.

Pode ocorrer que este discurso interpretativo dominante (DID) esteja fortemente associado a um poder econômico ou político dominante, entenda-se, monopólico ou autoritário. Esta situação é aquela que corresponde àquilo que os adversários deste poder denominam de "ideologia dominante". Entretanto, em numerosos países, em particular na França, a ideologia dominante não é aquela da classe dominante ou do poder do Estado. Não podemos mais dizer que ela seja a criação dos intelectuais em sentido geral, pois os cientistas são, em grande parte, estrangeiros a estes discursos, do mesmo modo que muitos dos "profissionais" que vivem num universo definido tanto por uma disciplina ou profissão quanto pelo direito, por suas instituições e por suas regras.

Não podemos, pois, situar com precisão este DID, porém não podemos igualmente negar sua realidade e sua força que é aquela da influência, mas que às vezes pode chegar à coação. A dissociação do DID e do poder mostra a importância da construção da realidade como elemento desta realidade mesma. Nenhuma visão objetivista da realidade social é admissível. A história das ideias nos oferece a prova, dado que nunca é tão difícil de encontrar, mesmo por detrás da expressão das ideias abstratas, em Sociologia, em História ou em Ciência Política, uma realidade política e social concreta, de sorte que é impossível compreender um pensamento sem situá-lo histórica e socialmente. Intencionalidade de ação e atributo histórico de sua presença e de seu emprego são os dois princípios sobre os quais repousam as Ciências Sociais, que as distinguem das Ciências Naturais e daquilo que poderíamos denominar de ciências naturais do homem, como a linguística ou uma parte da antropologia.

É próprio desta noção de DID designar um conteúdo fracamente definido e mutante. Esta fraqueza não tira nada de sua importância. Com certeza é mais cômodo dizer que a vida social não passa de um discurso, que ela é inteiramente construída, ou, inversamente, que ela é determinada por realidades econômicas, étnicas ou religiosas. No entanto, na maioria dos casos, em particular nas sociedades nas quais a expressão é livre, estas posições extremas são insustentáveis. Há muito tempo os biólogos assinalaram que o inato e o adquirido são indissociáveis; o mesmo vale para as Ciências Sociais: aqueles que acreditam descobrir uma verdade maior dizendo que a alimentação, o perfil e o sexo não são realidades naturais, mas construções sociais, não passam de arrombadores de portas já abertas. Daí a concluir que o sexo nada mais é do que o gênero, que é uma construção social, existe um enorme passo a fazer e que não deve ser feito. Da mesma maneira, a divisão social do trabalho, para falar como os marxistas, não é separável, em regra geral, da divisão técnica do trabalho, mas aquela não se confunde absolutamente com esta.

A mesma prudência geral se aplica às relações entre o discurso interpretativo dominante e as classes sociais. Por certo os liberais estão mais próximos dos dirigentes empresariais, e os socialistas dos assalariados, mas tal correlação é atualmente mais fraca nos países onde 80% da população ativa é composta de assalariados. Na França, onde se constata uma timidez das ideologias liberais e dos social-democratas, a superioridade de um Raymond Aron consiste em produzir uma obra de inspiração liberal ao usar termos cuja grande parte era aceita pela esquerda e até mesmo agradava secretamente a muitos intelectuais desta borda.

O DID ao qual me refiro é uma realidade histórica constantemente mutante, mas que sempre exerce um efeito de dominação. Nos Estados Unidos, no pós-guerra, o pensamento social foi dominado pelo funcionalismo do qual Talcott Parsons representa sua versão mais elaborada. Entretanto e ao mesmo tempo, o pensamento francês da época era dominado por um marxismo simultaneamente instigado pelo sentimento nacional e por um anti-stalinismo de origem trotskista. Nos dois casos, as obras que se afastavam do DID penavam para poder se explicar. Wright Mills, nos Estados Unidos, e Raymond Aron, na França, passaram por essa experiência.

Este efeito de dominação está às vezes enraizado numa grande obra que domina a vida intelectual, mas igualmente e muito mais frequentemente ele se elabora junto a estes transmissores, que são determinados professores, jornalistas, editores, até mesmo alguns políticos, quando recobram uma visão geral da sociedade.

O discurso interpretativo dominante tem efeitos antes de tudo negativos: ele levanta barreiras que não têm qualquer existência oficial, mas difíceis de serem superadas; ele restringe o conhecimento dos fatos ao lhes dar uma interpretação *a priori*. Na França da segunda metade do século XX, o DID de inspiração pós-marxista, definido principalmente por sua recusa em reconhecer uma lógica dos atores, e mais ainda a ideia de sujeito –, que ele quis reduzir a uma ideologia de classe –, exerceu uma influência dominante, mas não total, sobre a maneira como foi pensada a sociedade. Demonstrarei por que e como este discurso interpretativo dominante, já que ele não correspondia mais à realidade social e não sabia nem percebia nem exprimia o que se passava no mundo e na França naquela época, paralisou ou perverteu uma grande parte das representações que essa sociedade tinha dela mesma.

No caso da França, analisado aqui, mas que não é um caso isolado, ele buscou justificar-se ao invocar o papel predominante ocupado na sociedade industrial por um pensamento do movimento operário e principalmente por um pensamento anticapitalista. De fato, é no momento em que este mesmo movimento se esgotou, destruído pela interpretação que lhe dava a ex-União Soviética, depois a China maoísta, no momento em que os sindicatos começaram a perder influência no mundo ocidental, em primeiro lugar na França, que se desenvolve este discurso, destinado em grande parte a substituir uma ação que estava em vias de desaparecimento. É a principal razão pela qual, enquanto a ação está sempre carregada de motivações, de projetos, de emoções e de riscos, o discurso interpretativo dominante tem construído um mundo sem atores, dominado por lógicas implacáveis que se infiltram por toda a parte, em todas as categorias do conhecimento e da organização social. Ele não é uma visão da história social em seu conjunto, nem mesmo das relações sociais; ele não é absolutamente a análise de uma consciência de classe ou de uma consciência política; é uma visão puramente crítica da vida social dominada por um poder absoluto.

O sucesso de *Vigiar e punir* de Michel Foucault se explica pela adequação deste livro, notável por seu talento como por sua documentação, com este discurso interpretativo dominante de tal modo que muitos esqueceram outros aspectos desta obra e outra fase da produção de Foucault, como o veremos mais adiante.

Esse discurso interpretativo dominante se expressa em obras, em artigos e em discursos que não têm outra realidade a não ser o fato de pertencer a esta realidade. Mas ele é muito mais largamente difundido e se torna quase um discurso oficial junto a certas categorias de professores, de estudantes, de jornalistas ou de outros profissionais da mídia. Na França, ele atinge sua força máxima depois de maio de 1968, o que reforça minha primeira hipótese: é sobre as ruínas do espírito de 1968 e do movimento de maio que se desenvolveu, principalmente entre 1970 e 1974, um discurso que às vezes assumiu a forma de um catecismo, às vezes (o que é mais sério) exerceu a função de um pequeno livro vermelho, e desencadeou graves destruições no mundo universitário. Até que, de um lado, a primeira publicação massiva de Soljenitsyne e, de outro, a "revolução dos craveiros" portuguesa fizessem emergir o perigo de uma vitória possível do Partido Comunista, que ao mesmo tempo apavora a todos, aqui e acolá, tanto os esquerdistas partidários de Otelo de Carvalho quanto os social-democratas europeus.

4. A sobrevivência do DID

A transformação do Partido Socialista em Épinay, o programa comum elaborado com o Partido Comunista que o sustentou intermitentemente antes de 1981, não diminuíram o peso do discurso interpretativo dominante. Ao contrário, ao tirá-lo das mãos dos comunistas e esquerdistas para passá-lo para o patrimônio socialista, François Mitterrand assegurou sua sobrevivência. Os anos 1981-1984, que demonstraram tão rapidamente o fracasso de uma política econômica andando na contracorrente, viram igualmente uma nova irrupção deste discurso, que assumiu então, por vezes, uma postura quase tão extrema quanto aquela do início dos anos 1970.

A evolução política geral certamente o tornou menos poderoso e menos visível, mas ele recobrou um novo e forte crescimento no final dos anos 1990, mais precisamente com a importante greve de 1995, que não somente traduziu a grande angústia dos franceses em face do aumento do desemprego, mas igualmente fez renascer simultaneamente os discursos muito próximos do modelo ideológico anterior e as tentativas políticas, na verdade irrisórias, que visavam reconstituir uma ação política à "esquerda da esquerda", correspondendo diretamente a este discurso. Pois que uma vez afastado o risco de terrorismo que existia tanto na França quanto na Alemanha, mas em menor escala do que na Itália, a política esquerdista, incluindo sua tática e sua estratégia, praticamente não passava de uma ilustração de um DID definitivamente privado da prática.

A hipótese que parece impor-se é que o conteúdo e a influência muitas vezes consideráveis, por vezes até mesmo dominantes, deste discurso interpretativo significaram uma contrapartida em face do enfraquecimento e da desorientação crescente de toda a cultura política que na França denominamos republicana, socialista ou comunista. Em todos os setores, a capacidade de ação diminuiu, acima de tudo por causa da identificação da ideia socialista ou comunista com o regime soviético do qual muitos companheiros de luta, que sabiam da verdade, não puderam indefinidamente esconder a natureza totalitária nem a amplitude de seu programa de repressão.

A vida política francesa se caracteriza, por um lado, pela fraqueza dos liberais e, por outro, pela pífia presença dos social-democratas, esta última denominação muitas vezes sendo até banida do vocabulário da esquerda. Sozinha na Europa, a esquerda francesa sistematicamente rejeitou a ideia de uma possível combinação dos objetivos sociais de igualdade e justiça – que devem ser os seus – e a abertura do mercado mundial, preocupada em libertar-se de todas as coações com a aprovação ativa dos partidos de direita. Pensar desta forma era a evidência mais fácil, já que a Guerra Fria obrigava muitos moderados a se aproximarem do modelo americano e de seu exército, que lhes parecia ser a única força real de resistência à pressão soviética. Mas este discurso não desapareceu depois da queda do muro de Berlim; quinze anos mais tarde, nós o ouvimos novamente, sem alteração e brutalmente proferido no momento em que os eleitores franceses recusaram o projeto de Constituição europeia. Vimos então uma clara maioria da esquerda se opondo a este tratado e, muito mais amplamente, contra a economia de mercado como a qualquer tentativa social-democrata de combinação dos objetivos políticos e dos objetivos sociais, embora numerosos exemplos, na própria Europa e principalmente nos países escandinavos, tenham mostrado a possibilidade e a fecundidade de tal combinação.

Para terminar, uma observação prudente: a influência deste discurso interpretativo dominante é visível em toda parte, mas as publicações mais importantes, em grande medida, passam ao largo dele. No vasto movimento teórico que denominamos pós-estruturalista, pós-marxista ou pós-moderno, encontramos muitos temas e muitas obras que se elevam para além das nuvens do discurso interpretativo dominante. Por outro lado, este discurso, salvo em alguns casos bastante limitados, não estava equipado de um verdadeiro poder de fogo. Mesmo nas universidades onde ele mais profundamente penetrou, ele foi associado a uma determinada permissividade intelectual rica de inovações, enquanto que ele mesmo não passava de uma doutrina em toda parte difundida e prescrita, até nas carreiras profissionais.

Por outro lado, a análise crítica da história política e intelectual da França que apresento aqui não deve, de modo algum, levar a considerá-la como uma exceção em face da orientação comum. Em nenhum país e em nenhuma época um discurso interpretativo dominante desapareceu, esteja ele ligado a um poder de Estado ou a uma classe dirigente, ou, ao contrário, tenha ele ligações com as tradições religiosas ou com os debates internos do mundo intelectual, ou com as instituições universitárias. Em nenhum país podemos nos contentar com uma explicação "objetiva" das condutas sociais por meio das determinantes econômicas, ou outras. Aquilo que em larga medida é específico da França, país que funda sua memória coletiva na Revolução, na violência da repressão, no vigor da consciência operária e nos projetos de transformação política, é sua tão larga aceitação da imagem de uma sociedade sem atores possíveis, sem movimentos independentes, sem inspiração criativa. Um exemplo dentre outros o demonstra facilmente: o feminismo na França foi quase que inteiramente devotado às lutas contra a dependência da mulher e contra as violências que ela sofre; suas perspectivas positivas, desde Simone de Beauvoir, limitaram-se à reivindicação da igualdade ou à busca de uma sociedade na qual a diferença de gênero deixasse de ser pertinente. Quase nada foi escrito pelos sociólogos sobre as inovações ou as lutas lançadas pelas próprias mulheres. Os historiadores foram mais clarividentes na matéria, entretanto, ainda hoje, o essencial dos estudos feministas consiste em evidenciar a que ponto as mulheres são vítimas, objetivo necessário, mas que não deveria jamais figurar como suficiente.

Esta especificidade se explica em grande medida pelo fato de que o movimento operário francês, ou mais precisamente o sindicalismo, não era considerado como uma força de transformação social, mas somente como uma força de ruptura da qual os partidos políticos – particularmente o Partido Comunista – pudessem fazer emergir um sentido político, o que levou a consequências destrutivas para a democracia, já que esta supõe a superioridade dos atores sociais, de seus movimentos coletivos e de suas aspirações, sobre a ação dos partidos, sobretudo quando estes se definem por uma luta mortal contra um poder político e econômico.

Concluindo esta análise, é necessário defender a ideia de que outros discursos interpretaram esta época e, sobretudo, que representações e interpretações, ideias e políticas muito diferentes daquelas que exerceram um papel central puderam tomar forma e até mesmo tiveram a chance de se tornar públicas por meio de opções políticas e sindicais, como através do pensamento social em geral; que o sentimento de crise e de impotência, de perda de sentido que ainda hoje vivemos poderia ser sanado se buscássemos encontrar, num passado recente, as formas de ação e pensamento fundadas na crença de uma ação possível, na importância dos movimentos sociais e na necessidade de elaborações culturais relativas a todos os aspectos da vida, em cada país, sobretudo entre aqueles que acima de tudo sofrem por ter elaborado a teoria da sua impotência, de sua dependência e de suas desgraças.

Este livro, portanto, não é a simples exploração de um passado que já se distancia; ele se esforçará para encontrar nos efeitos destrutivos do discurso interpretativo dominante uma das causas principais de uma situação que, há muito tempo, conclama uma urgente construção de outras interpretações, aquelas que não puderam ocupar um lugar central nos decênios passados, mas que têm todos os motivos de combinar pensamento e ação social nos decênios vindouros.

O que urge tal reflexão crítica sobre o passado e, sobretudo, sobre o presente, é que, contrariamente àquilo que afirmava o discurso por tanto tempo dominante, não vivemos mais num mundo vazio, sem capacidade de ação, sem esforços de libertação. Mas, ao mesmo tempo, hoje medimos melhor do que outrora que o triunfo mundial de uma economia capitalista liberada de todo controle social e político engendra rupturas, multiplica as situações de precariedade e aumenta as desigualdades. Ninguém mais é tentado a voltar para aquela confiança cega nos avanços da produção, do consumo e da comunicação; definitivamente perdemos as ilusões que guiavam as "grandes potências" que as levavam a se considerar como as únicas depositárias do reino da razão e do futuro do mundo. No entanto, vemos surgir por toda parte novas demandas, novas representações e as ideias novas; em toda parte percebemos que o cenário histórico não está vazio, que ele não está ocupado somente por combates militares, por invasões e destruições massivas. Estas catástrofes, mesmo se o peso que elas acrescentaram ao mundo é arrasador, não impedem aqueles que sempre disseram "nada podemos fazer" de estarem errados, e aqueles que dizem "sempre podemos fazer alguma coisa" de terem razão e merecer o esforço e o apoio de uma reflexão, tão importante quanto foram as transformações institucionais ou a criação de novas organizações ao serviço da ação coletiva.

Eu busco, pois, aqui, matar dois coelhos com uma única paulada: primeiramente, criticar os modos de pensamento que foram dominantes, e mostrar a necessidade de eliminá-los enquanto ainda vivos em muitas cabeças, em muitos discursos e nas instituições; em segundo lugar, propor uma inversão de nossas representações da vida social, de forma que elas se coadunem com os fatos e principalmente com as práticas observáveis. Ao mesmo tempo, faz-se necessário afastar as ideias desmentidas pela observação e descobrir as formas de pensamento capazes de explicar as novas práticas e as novas representações. É grande a distância entre os pensamentos falsos e arbitrários que dominaram um passado ainda recente e a necessidade de análise e compreensão de um mundo em profunda e permanente transformação; tão grande que ficamos ofuscados ao passarmos da penumbra à luz.

A crítica radical de um pensamento que já perdeu suas capacidades de invenção não teria qualquer interesse retrospectivo se ela não fosse o caminho necessário para construir uma nova representação do indivíduo e da sociedade. Esta supõe primeiramente que sejamos capazes de *ver* o que existe, de compreender os que falam, propõem e protestam, e aceitar seguir nossas experiências e nossas observações antes que as afirmações arbitrárias do discurso interpretativo dominante.

O que aconselha a contentar-se com o alívio que se seguiu após a queda das ideologias que obstruíam o cenário intelectual é que não vivemos mais num mundo morto ou reduzido ao silêncio. Vocês se perguntam se, pela segunda vez, existem atores ou se o cenário histórico decididamente permanece vazio? Parem de fechar os olhos e tapar os ouvidos! Os atores, as ideias, as crenças, os conflitos e as inovações estão em toda parte. As mulheres não são apenas vítimas, como tantos autores gostariam de nos fazer crer; elas se afirmam, têm uma nova consciência delas mesmas, e até mesmo nos conduzem a todos, homens e mulheres, em direção a um novo universo cultural. As sociedades e culturas que tinham sido silenciadas e destruídas pela colonização aparecem e reivindicam que a história que as ignorou seja reescrita. O fenômeno religioso, que acreditávamos em declínio como um resquício de ilusões pré-modernas, faz-se visível e ressurge sempre mais forte. Perguntamo-nos constantemente como podemos ser simultaneamente iguais e diferentes, respeitosos das culturas particulares e ligados ao universalismo sem o qual toda comunicação torna-se impossível. Interrogamo-nos também todo dia sobre o papel real da escola, sobre a utilidade das prisões, sobretudo depois que François Mitterrand e Robert Badinter suprimiram a pena de morte na França por razões de princípio, e as mais fortes.

É necessário ininterruptamente lembrar que a atmosfera está repleta de palavras e gritos, de protestos e proposições. É a melhor maneira de afastar a falsa ideia de que nada está se passando, que vivemos uma série de catástrofes que tornam todo pensamento impossível e inútil, que nos incitam a acusar a televisão e a internet pelo desaparecimento de toda consciência cívica. Nenhum destes problemas, nenhuma destas inovações são novas. Muitos destes problemas já eram percebidos no momento em que a ideologia escondia completamente as condutas emergentes. Todavia, não é tarde demais para construir uma representação da vida social, coletiva e individual mais forte do que aquela que por tão longo tempo nos ensurdeceu; é ela que nos dará os meios para compreender o que se passa em nós e ao nosso redor, que tanto pressionaram para que não nos apercebêssemos.

Este livro não evoca nem o retorno a uma época passada nem revela as tendências que somente hoje seriam realmente visíveis. Sua razão de ser advém do fato de que uma grande parcela do pensamento social foi sepultada nos escombros de uma ideologia nascida das ruínas das sociedades industriais, e de seus atores sociais, muitos dos quais foram aprisionados ou enganados pelos regimes totalitários. Este livro não tem outra ambição senão reaprender a olhar e a escutar.

2

A revolução imaginária

1. A nostalgia da revolução

O discurso interpretativo dominante repousa sobre esta outra afirmação central: se a sociedade está vazia, é porque ela depende do Estado e porque os atores sociais não têm qualquer peso diante da revolução necessária.

A Europa Ocidental viveu um longo período de glaciação diante do mundo soviético e de seus campos de concentração, apoiada em sua afeição pela defesa dos direitos humanos fundamentais. Seus intelectuais dispunham de uma liberdade de expressão quase total. No entanto, lá mesmo se difundiu a ideia de que a Europa, bem como o resto do mundo, estava numa situação pré-revolucionária. Ao longo de muitos anos, nenhuma figura política foi mais popular do que aquela de Fidel Castro, ou talvez aquela de Che Guevara que, depois de sua participação na vitoriosa guerrilha em Cuba e após ter exercido altas funções no Estado cubano, lançou na Bolívia seu grupo de revolucionários, numa expedição derrotada por antecipação que o levou à morte, mas que igualmente o levou a uma glória excepcional: a imagem do Cristo guerrilheiro. As vozes mais fracas, por longo tempo, repetiram em Paris: "Uma só solução, a revolução", e igualmente: "Eleições, armadilha para bobões".

Por que falar em *revolução* nessa parte do mundo onde menos se pensava nela? Primeiramente porque a divisão da Europa em duas e o esquecimento, nos países ocidentais, de grandes projetos de transformações sociais de libertação levaram os socialistas e os sociais-democratas a se contentar com uma política de gestão da economia e da sociedade tal como elas tinham sido remodeladas no final da guerra. Durante aqueles longos anos, poucas reformas estruturais foram implementadas. Por toda parte se instalou uma esquerda dividida entre uma social-democracia enfraquecida e sem projetos de mudança, e grupos trotskistas, maoístas ou outros que somente encontravam na ideia de revolução o meio para exprimir sua frustração e sua ausência de perspectivas políticas. Esta é a realidade, sobretudo na França, onde as categorias do Estado ainda são mais importantes do que as categorias sociais.

Podemos representar este meio século como a passagem das sociedades dominadas por seu Estado para outras sociedades, incorporadas à economia internacional, nas quais as escolhas econômicas pesam mais do que as decisões políticas. Ideia esta reforçada pela observação da construção europeia que pouco a pouco se separou de suas ambições originais, após ter atingido seu ponto mais alto sob a presidência de Jacques Delors. Desde então, a Europa se viu cada vez mais obstinada pelos problemas quase insolúveis relativos à integração dos antigos países da esfera soviética na organização criada pela Europa Ocidental. A mesma ideia pode ser expressa com outras palavras. A passagem que vivemos foi aquela de uma análise em termos de sistemas para uma análise em termos de atores, em particular, daqueles que podem ser considerados como sujeitos. Podemos igualmente dizer que vivenciamos a saída de uma sociedade industrial, na qual o ator e o sistema constituíam as duas faces da mesma moeda, e a entrada numa sociedade em que, contrariamente, as categorias que definiam as situações e os atores estavam completamente separadas. É esta separação que elimina a ideia de revolução, dado que esta repousa numa noção de perturbação total tanto em termos de organização social quanto em termos de atitudes advindas das mutações econômicas. É, pois, a independência de todos os aspectos da vida social que pode desbloquear, em certas circunstâncias, a revolução, enquanto que, no tipo de situação social em que estamos, nós sentimos mais temor do esfacelamento da sociedade, da separação quase completa dos atores do sistema, e, por consequência, da incapacidade de ação coletiva do que medo de sermos vencidos por qualquer que seja a corrente revolucionária.

Os franceses têm dificuldades de aceitar esta ideia; eles veem nela um subterfúgio para abandonar qualquer voluntarismo político e temem deixar-se guiar pelo mercado mundial. Eles ainda vivem nas sombras da Grande Revolução e estão, portanto, convencidos de que nenhuma reforma social profunda seria factível e mesmo imaginável fora de uma perspectiva revolucionária. Daí o emprego a todo instante do adjetivo "revolucionário", enquanto que somente determinados grupos restritos estavam de fato dispostos a entrar numa luta total em vista do desmantelamento não menos total da sociedade anterior. O principal resultado desta sobrevivência da ideia revolucionária foi a incapacidade da França política de realizar as reformas, de transformar sua visão de mundo, de deixar mais espaço às demandas populares, em particular no seio da empresa. Tudo se passou como se o Partido Comunista, mantendo-se por muito tempo poderoso, depois o Partido Socialista, tendo recolhido sua herança das mãos de François Mitterrand, jogassem uma ducha de água fria na possibilidade de realizar as reformas. O entusiasmo desencadeado pelas grandes medidas de 1981 e principalmente pelas novas nacionalizações esgotou a esquerda francesa, que rapidamente compreendeu o fracasso desta política que caminhava na contracorrente, que engendrou um imobilismo que se estendeu para além do final da segunda presidência de François Mitterrand, e que em larga medida não tinha desaparecido no momento em que se concluíam as presidências de Jacques Chirac.

Esta representação da vida social se espalhou por toda a parte; ela não foi adotada por todos, mas ela é o discurso interpretativo dominante que exerceu sua influência sobre todos, mais facilmente ainda pelo fato de que poucos, dentre os analistas sociais, desejavam romper realmente com o modelo de pensamento e de ação anterior por medo de serem arrastados numa direção política oposta à deles. Nem todos davam a vida por essa ideia, mas todos estavam embevecidos por essa visão da vida social cujas formulações se distanciavam sempre mais da realidade observável. Não é preciso, no entanto, exagerar na paralisia que dessa forma se instalou: os grandes espíritos com vocação filosófica souberam construir uma obra importante que não correspondia nem a esta visão caducada da vida social e pessoal, nem à sua negação política.

Naquilo que me diz respeito, eu me apoiei, por demasiado tempo talvez, em meu conhecimento dos atores e dos movimentos sociais reais da sociedade industrial ocidental, nas sublevações populares e democráticas contra o regime soviético, e nos debates latino-americanos em torno do tema da dependência: este caminho escolhido particularmente me protegeu da influência intelectualmente destrutiva do discurso interpretativo dominante. Em contrapartida, ele também explica a razão de eu ter ficado demasiadamente preso no interior dos quadros intelectuais da sociedade industrial. Apesar de minha interpretação de maio de 1968, não obstante o estudo das ações coletivas que eu mesmo tinha denominado de "novos movimentos sociais", fui forçado, nos anos 1980, a reconhecer o fracasso desses movimentos e a buscar uma renovação mais radical de meu próprio pensamento.

2. Crítica da revolução

A ideia de revolução está em contradição com a afirmação do sujeito. Esta afirmação pode surpreender, pois vemos nas revoluções o momento principal de uma libertação tornada impossível pelas instituições e pelos processos culturais. De fato, aquela definição é sociologicamente inexata. A ideia de revolução repousa sobre a convicção de que nenhuma ação positiva e reformadora é possível e que é necessário, portanto, amparar-se no poder do Estado, destruí-lo ou transformá-lo. O que induz à criação de uma nova ordem que não tem qualquer razão para reconhecer, melhor que sua antecessora, os direitos do indivíduo. O discurso interpretativo dominante que descrevi no capítulo precedente estava carregado de intenções e lembranças revolucionárias que vieram à baila por causa da rejeição da democracia, ambos os temas sendo contraditórios. A revolução não é um caminho que conduz à democracia, tanto quanto esta não pode ser considerada instrumento de uma revolução, justamente por causa das liberdades que ela concede. A ideia de revolução submete o ator social a uma lógica "natural", seja ela biológica ou econômica, que destrói toda subjetividade bem como todos os direitos. É bem verdade que a História emprega com frequência estes termos de maneira confusa. Todos nós falamos da Grande Revolução, isto é, da Revolução Francesa ou da primeira Revolução Russa, aquela de 1917. Na verdade, em 1789, tratava-se menos de uma revolução do que da afirmação dos direitos humanos e a reviravolta daquilo que impede ou destrói estes direitos. É somente a partir de 1792 que pouco a pouco vai se impondo uma lógica de guerra exterior e interior, a qual levou à mobilização de todos os recursos e à aniquilação de todas as liberdades. Cada qual sente que o juramento do Campo de Péla, a declaração dos direitos humanos e do cidadão e a abolição dos privilégios na noite de 4 de agosto são grandes momentos de libertação dos homens, e têm, portanto, uma natureza diferente da jornada de 10 de agosto, dos massacres de setembro ou do Grande Terror, tanto no interior quanto em Paris.

É necessário contrapor aqui *revolução* e *democracia*. Evidentemente, não existe um único tipo de democracia nem um único processo revolucionário. No entanto, esta oposição exerceu tamanha influência nos espíritos, e a oposição crescente entre a democracia e a revolução tornou-se tão explosiva, que podemos nos servir desta oposição para definir o "espírito do tempo", que eu denominei de discurso interpretativo dominante a partir de meados do século XX. E isso porque é verdade que a melhor maneira de identificar esta oposição é continuar percebendo-a como revolucionária. A ideia de revolução implica uma ruptura com a totalidade de um sistema institucional, e não somente econômico, no qual o ator – classe, nação ou minorias de qualquer tipo, cujas causas defendemos – não pode mais encontrar um meio para alcançar seus objetivos, para obter as reformas exigidas, para fazer desaparecer uma injustiça ou uma desigualdade insuportável. A partir do momento em que a ruptura vence a reforma, o objetivo inicial é inverter o poder e proteger-se nele antes que resolver de imediato um problema social ou cultural; colocamo-nos então numa definição da situação histórica que não consegue mais gerenciar o lugar dos atores.

Bem entendido: nenhum teórico ou historiador das revoluções apresenta a imagem de um cenário histórico vazio. Ao contrário, eles o apresentam invadido pelas massas ou por grupos populares à semelhança do Castelo de Versalhes invadido pela multidão parisiense em outubro de 1789. No entanto, aqui, os atores não passam de agentes de uma ruptura mais inevitável do que necessária. O povo de Paris ou os soldados e marinheiros de São Petersburgo, na primavera de 1917, são antes aqueles através dos quais a história se concretiza do que aqueles que a criam e lhe dão sentido. Daí o caráter trágico de todas as revoluções, sempre assentadas sob o signo da morte. A execução dos soberanos é muito mais do que um símbolo de ruptura extrema; ela marca a rejeição de toda análise e de toda ação conduzidas em termos de interesse, de orientações, de valores antinômicos. É por isso que o termo "povo" designa tão bem os atores de uma revolução. Povo não é uma categoria social; é o nome que o Estado se dá a si mesmo quando tenta definir-se em termos sociais e, por consequência, é o nome que se dão aqueles que realizam a passagem da sociedade para o Estado, do social para o político.

A maioria dos países ocidentais passou por revoluções e extinções daquilo que podemos denominar de "velhos regimes". Em muitas partes do mundo, isoladas em impérios que mais mantinham a ordem do que as organizações de transformação, ou submetidas à dominação colonial, foram abandonadas às vias revolucionárias e, por consequência, criaram regimes que subordinavam mais completamente do que antes os atores da sociedade ao aparelho de Estado, antigo ou novo. Entretanto, por que este modelo revolucionário parece ter-se mantido numa França já largamente modernizada, que tinha sofrido importantes transformações institucionais e que, após a Primeira Guerra Mundial, fazia-se uma imagem positiva de si mesma? Por que o Partido

Socialista francês entrou massiçamente na Terceira Internacional, ao passo que outros, como Léon Blum, não abandonaram o "velho lar", servindo-se de uma linguagem quase tão revolucionária quanto aquela usada por seus adversários? Por que, depois da Segunda Guerra Mundial, e, mais precisamente, entre 1947 e 1948, os franceses menos expressivos encabeçaram greves revolucionárias? Por que, no decurso da Guerra Fria, na qual os países do Oeste se identificaram mais com o ideal democrático do que com a ideia revolucionária, a França ficou tão ligada a este último modelo, ao ponto de o Partido Comunista conservar seu papel à esquerda enquanto que os socialistas não conseguiam se definir como social-democratas? Por que, recentemente, a rejeição pela maioria dos franceses do projeto de constituição europeia fez se acompanhar de discursos propriamente revolucionários, sublinhando a incompatibilidade entre uma economia de mercado e uma política de justiça e de igualdade social? Por quais razões, na França, "a esquerda da esquerda", em todos os seus matizes, obteve um expressivo sucesso ao apelar para uma aberta ruptura com o capitalismo, cuja grande maioria dos franceses ignora radicalmente suas consequências? Por que, em 2006, a existência de uma corrente persuadida pela necessidade de romper com a economia de mercado e seus correligionários se apresentou como uma opção possível para o Partido Socialista?

A questão aqui colocada, relativa às razões do sucesso e da manutenção da ideia revolucionária na França, aplica-se também ao discurso interpretativo dominante, cuja presença incessantemente apontei e que agora busco saber as razões dele ter encorajado tão poderosamente uma sociologia sem atores e sem sujeitos.

A única explicação possível reside no privilégio constantemente acordado na França aos problemas do Estado. Os franceses não conseguem pensar os fatos sociais senão em termos políticos. Eles nunca se interessaram suficientemente pelos problemas econômicos. Eles tendem a considerar cada problema social como uma "frente" particular de luta de classes. Naturalmente antiparlamentares, pensam que é a partir do Estado que podemos transformar a sociedade, e jamais o inverso. Parece-me impossível ir além desta explicação clássica dada por tantos analistas. Foi o Estado que fez a França territorialmente, que a defendeu com as armas, que a modernizou desde a época de Colbert e que a industrializou, em parte por meio da indústria bélica. Foi principalmente o Estado que criou no seio da sociedade uma sociedade de Estado, que algumas pessoas chamam de setor público ou, outros, como Pierre Bourdieu, estes viram nesta criação a subordinação da sociedade à nobreza de Estado, grande ou pequena.

A França sempre conviveu com tentativas que visavam reforçar o poder civil e libertá-lo da tutela do Estado. Entretanto, na maioria das vezes os grandes termos, como "sociedade civil", foram encobertos pelo clientelismo, entenda-se, pela corrupção. A corrente recente mais importante, fundada por Pierre Mendès France e continuada por Michel Rocard, Jacques Delors e outros, num determinado momento conquistou uma parte do poder do Estado, mas sem jamais se impor a François Mitterrand, hábil e todo-poderoso representante tanto de uma visão estadista da sociedade quanto da prioridade dada à análise e à ação políticas sobre o conhecimento da sociedade, de seus atores e de seus problemas.

No entanto, é fácil exceder-se neste domínio e esquecer que a França é uma democracia parlamentar, que as liberdades fundamentais e, em particular, a liberdade de expressão, são, em sua essência, respeitadas, o que não pode ser dito de todos os outros países europeus. Portanto, parece difícil dar uma explicação satisfatória à prioridade acordada pelos franceses à ação política e até mesmo revolucionária sobre todas as formas de ação social, em particular sobre as negociações coletivas. É necessário contentar-se com a explicação mais frequentemente antecipada, e que de fato mostra a longa história deste país: a França é o país da *laicidade*, isto é, o país do enfrentamento entre Estado e Igreja, que perdurou por séculos. A criação de uma Igreja cismática pela Revolução Francesa deixou traços duradouros, como o demonstrou André Siegfried num livro clássico. A guerra das escolas dominou mais visivelmente o século XIX do que os conflitos do trabalho, e a imagem mais forte que o regime de Vichy deixou foi sua política contra os judeus, seus constantes apelos em favor da moral cristã e a respeito de um Estado defensor dos valores religiosos. Por muito tempo a oposição de direita e de esquerda se adequou mais ao interesse dos católicos e dos laicos do que às demandas dos grupos sociais antagônicos, em particular das classes sociais.

Os intelectuais contribuíram muito para elevar o Estado acima da sociedade; e, sobremaneira, foi o Estado que eles combateram, principalmente sua arbitrariedade e violência dissimulada. A querela escolar se amainou, mas foi reavivada pela presença poderosa de uma esquerda radical, ou revolucionária, que ainda a evoca para falar de um Estado contra a sociedade e, sobretudo, contra uma economia mundializada. Esta esquerda está convencida de que a única defesa eficaz da sociedade francesa contra a mundialização econômica é reforçar o Estado, em particular o serviço público. Na França, o uso de termos e expressões como "Estado", "República", "setor público", "serviço público", não encontra qualquer equivalência em outros países. Para muitos franceses, é inevitável e necessário o enfrentamento entre um sistema capitalista que se impõe ao mundo inteiro sob a hegemonia americana e aquilo que poderíamos chamar de "civilização" francesa no sentido que Samuel Huntington emprega esta palavra, isto é, todo um conjunto de elementos indissociáveis: a economia, a gestão política, a organização administrativa, o ensino etc. A própria ideia de laicidade não designa apenas a necessária separação entre igrejas e estados. Ela significa também que o conjunto da vida pública depende da vontade do Estado, ao passo que os "cultos", sem serem aprisionados à esfera privada, nem por isso permanecem à margem da vida pública, como tão claramente o indicam tanto sua efetiva ausência nos programas escolares quanto no monopólio do Estado em outorgar os diplomas universitários.

Cada geração francesa se transmite uma herança nacional: aquela da revolução, dos direitos humanos, dos grandes combates como o de Dreyfus ou da frente popular, ou da necessidade de não ceder espaço às religiões e aos particularismos de toda ordem etc. Uma visão panorâmica como esta não pode suscitar uma adesão ou rejeição, em bloco. A própria crítica ao Estado, quase sempre feita do ponto de vista de um Estado acima da sociedade e de suas formas de funcionamento. Ainda existe um ar familiar entre o Estado francês e a Igreja católica, mas com um ranço de parceiros que se feriram mortalmente, o que não os impedem de guardar semelhanças, e até mesmo interesses comuns.

3. Paralelo com a América Latina

Não é nos países vizinhos da França que melhor percebemos os problemas encontrados pelo pensamento social neste país; é na América Latina. A teoria da *dependência*, fundada nos sólidos estudos da Cepal, insistindo sobre a dualidade estrutural da América Latina e a concentração das riquezas em categorias sociais numericamente reduzidas, mas capazes de transformar-se em mercados para os produtos europeus e norte-americanos, é uma cópia quase perfeita do discurso interpretativo dominante francês. Ao menos para a maioria dos teóricos da dependência, que veem nesta uma determinante hegemônica das situações econômicas e sociais prevalecendo no subcontinente.

Estes teóricos se juntaram ao pensamento lançado por Fidel Castro em Cuba, fundado sobre a rejeição dos regimes nacionais populistas, presentes na maioria dos países latino-americanos. Foi este pensamento que conduziu à criação de guerrilhas, as quais em hipótese alguma foram movimentos sociais localizados, nem mesmo vanguardas revolucionárias no sentido que Lenin lhe deu, mas unidades de ação móveis buscando atacar o sistema de dependência em seu ponto mais frágil, isto é, o Estado nacional, muitas vezes fortemente corrompido ou ainda controlado pelas oligarquias locais. As guerrilhas são formadas por estudantes ou por pessoas jovens oriundas o mais frequentemente da classe média urbana e fortemente treinada a usar uma ideologia revolucionária. Nenhuma destas guerrilhas triunfou, e o fracasso mais grave foi aquele da Guatemala, onde um esforço de ligação da guerrilha com os camponeses Quiches, por intermediação de um padre americano, desencadeou uma campanha de repressão militar que resultou num massacre massivo dos Quiches, a respeito do qual o grande público foi informado através do livro de Rigoberta Menchu. Aí não se trata, portanto, de um movimento campesino, mas, ao contrário, de uma ação de tipo *foco*, tal como a definiu Régis Debray, buscando antes de mais nada enfraquecer um Estado dependente. A importância atribuída às guerrilhas e a imensa popularidade da guerrilha de Che Guevara na Bolívia indicam claramente que este tipo de ação foi concebido como uma resposta a uma dominação de origem estrangeira que se estende a todos os aspectos da vida social, o que tornou os movimentos sociais de massa e as mobilizações políticas impossíveis. As guerrilhas colombianas, em particular as Farcs, pertencem a um tipo completamente diferente de ação política, já que elas são sedentárias, instaladas há muitos anos num território vasto, mas pouco habitado. A Unidade Popular chilena se afastou ainda mais destas guerrilhas clássicas e, portanto, das formas extremas da teoria da dependência, já que o governo de Allende se equipou de uma componente democrática que podemos até mesmo considerá-la a mais importante. Não podemos, portanto, generalizar a importância da guerrilha, mas, na vida intelectual latino-americana, a forma mais radical da teoria da dependência exerceu uma profunda influência, e a tal ponto que Che Guevara se embrenhou na Bolívia mesmo sem ter buscado apoio do sindicato dos mineiros, cuja influência era então determinante, nem buscou apoio no Partido Comunista boliviano.

Foi uma minoria de sociólogos que defendeu uma forma mais moderada da teoria da dependência. Sob a liderança de Fernando Henrique

Cardoso e Enzo Falleto, eles sustentaram a ideia de que ao lado dos problemas da dependência, da qual nunca negaram a importância, havia a luta de classes bem como os problemas de integração nacional. As interferências entre estas três dimensões da vida política criam um espaço autônomo para a ação propriamente política, espaço cujos teóricos mais radicais negam sua possibilidade de existência. Mas, para além dos debates dos especialistas, a distância entre as duas orientações complementares e opostas da teoria da dependência houve efeitos políticos e intelectuais importantes. Não somente o principal defensor de sua versão mais moderada, Fernando Henrique Cardoso, tornou-se um homem político e foi eleito por duas vezes presidente da república no Brasil, mas, no plano das ideias sociais, o continente ficou fortemente marcado pelas formas radicais da teoria, ainda sustentadas por sociólogos influentes, como Pablo Gonzalez Casanova no México. O balanço é análogo àquele que podemos fazer na França, tendo-se em conta uma diferença ainda importante entre as duas regiões em matéria de aparelhamento e produção intelectual. Tanto num caso quanto no outro, o discurso interpretativo dominante se constituiu num obstáculo considerável ao desenvolvimento do pensamento e das livres discussões através das quais vão se formando novas ideias. O mais importante não é o fato de constatarmos o renascimento de um discurso bastante radical, como o do presidente Chávez na Venezuela, e às vezes igualmente em outros lugares; o mais preocupante é que não parece existir uma grande evolução no clima intelectual, e que as novas gerações ou se fixam numa contração prudente ou se engajam em direções completamente novas, em parte sob a influência das universidades estrangeiras nas quais muitos dentre eles vão fazer seus estudos.

É necessário, no entanto, focar no essencial, isto é, que a teoria mais radical da dependência, aquela que nega toda a possibilidade de reformas, inclusive pela via dos partidos políticos de oposição, tem, tanto na América Latina quanto na França, ou em outros países europeus, bloqueado a renovação do pensamento. Tanto num quadro quanto noutro, este obstáculo pôde ser superado por alguns, talvez de forma mais visível em termos políticos na América Latina e, de forma mais importante, no domínio propriamente intelectual na França. Todavia, remarcáveis são o paralelismo entre os dois casos e a semelhança dos efeitos negativos do discurso interpretativo dominante, tanto num quanto noutro caso. Não teríamos nada a perder em estender esta comparação a outras regiões do mundo, até mesmo aos norte-americanos, onde existem espaços para o desenvolvimento deste discurso interpretativo dominante. Não se trata, portanto, de uma particularidade francesa; trata-se de manifestações internacionais de uma concepção de sociedade que nega a possibilidade de ações de reformas sociais e políticas autônomas. Em termos políticos, diríamos que se trata de uma rejeição da social-democracia na Europa, à qual corresponde a rejeição de todas as variantes dos regimes nacionais populares na América Latina; e esta dupla rejeição se traduzindo em forte pressão exercida sobre a pesquisa para que ela permaneça inexoravelmente fiel a esta interpretação.

Tanto num caso quanto noutro, o mundo tem pouquíssimos traços comuns com a imagem que lhe foi dada pelas teorias que apenas veem a submissão ao sistema de dominação a uma ação de determinismos muito restritos, à ausência de atores, à rejeição vigorosa de uma concepção de sujeito que surgiria como independente das relações de dominação. Esta visão sem saída das realidades sociais que imaginamos submetidas a uma dominação geral se constitui obstáculo intransponível ao desenvolvimento das Ciências Sociais. Mais ainda: ela não pode senão ser levada cada vez mais a insurgir-se contra todas as iniciativas, tanto políticas quanto intelectuais, que visariam tirar as sociedades do impasse no qual os intelectuais lhes dizem que elas estão submergidas, mas que os interesses eles mesmos não o percebem como necessariamente sem saída.

4. As duas esquerdas

Chegados a este ponto, o leitor talvez me acuse de estar fazendo uma crítica principalmente a uma esquerda extrema, não atribuindo parte da responsabilidade nem à esquerda moderada, social-democrata, nem à direita, e, mais paradoxalmente ainda, nem à extrema-direita. Mas a acusação que podemos fazer a esta esquerda é suficientemente evidente para trazer à memória o sentido da análise que fazemos aqui, que seguramente não é direcionada contra a esquerda enquanto tal. Ninguém pode imaginar um momento em que fosse possível definir a situação de um país ou do mundo todo sem evocar a ação dos grandes centros financeiros, dos problemas da energia, do crescimento de um movimento de xenofobia e de partidos pró-fascistas etc. em numerosos países europeus. Mas é sua aparente completude que suprime todo o interesse em relação a esta visão. E é até mesmo contra tais visões panorâmicas que minha análise é concebida, já que se trata de introduzir no mundo, ao lado das determinantes econômicas e sociais, cuja importância ninguém sonha negar, elementos que estão ligados não à situação em si, mas aos próprios atores, ao afastar toda tentação psicológica, ou seja, psicocultural, e ao situar-se no mesmo nível daqueles que em certa medida comandam a ação. Poderíamos denominá-los de "construtores de diagnósticos", mas o termo "interpretação" seria mais adequado àquilo que eu nominei de discurso interpretativo dominante. A construção da realidade pelos próprios atores não se confunde com as determinantes econômicas, e o conteúdo de um DID não é comandado pela situação econômica, nem mesmo pelas relações políticas. Como o indica tudo aquilo que foi dito até aqui, eu concebo este DID como um instrumento destinado a afastar o ator enquanto sujeito, a negar sua presença. Não seria prudente empregar a mesma noção para falar da ideologia ou, mais amplamente, da cultura de um movimento social, já que este tipo de movimento remete às exigências do ator e do sujeito; ele sempre fala de liberdade, de igualdade, de justiça e mais genericamente de direitos. Ao contrário, em suas extremas variedades, os DIDs tentam demonstrar a impossibilidade de uma ação que não seja determinada de fora, de uma ação livre, já que orientada para a liberdade.

Não é menos verdade que esta mesma operação ocorra "à direita", isto é, que discursos interpretativos dominantes sejam por ela elaborados no intuito de afirmar a existência de determinismos cuja ação é favorável aos mestres da economia. Mas a comparação entre direita e esquerda não é a mais feliz, uma vez que é próprio do pensamento dito de direita, liberal, afirmar que quanto menos intervenções voluntaristas houver, em particular por parte do Estado, mais a economia se aproxima de um funcionamento racional. Portanto, não é por um acaso que o pensamento liberal de direita surja como sendo pobre e raramente elaborado, enquanto que uma direita autoritária ou conservadora, *a fortiori* fascista, expresse-se abundantemente, mesmo se, em geral, de uma forma simplista e brutal. Xenofobia e racismo se expressam cruamente, mesmo que através de formulações tão exageradas que acabam se transformando em caricatura. Infelizmente, de fato, xenofobia e racismo não são caricaturas, por exemplo, se analisarmos a linguagem nazista que comandou toda a política do Führer.

Em contrapartida, é quando procuramos por atores capazes de resistir ao poder do dinheiro, ou do Estado, ou ainda de uma teocracia, que intervém de maneira muito mais sutil um discurso que visa negar o ator. Estranho modo de pensar, diríamos, e, no entanto, extremamente frequente! A esquerda e a extrema esquerda criam pensamentos deterministas, ao ponto de às vezes usarem a mesma análise dos seus adversários, como aconteceu com o marxismo, cujas expectativas realmente se adequavam às expectativas da economia liberal. A esquerda desconfia dos atores: o vemos no sistema escolar francês que não quer levar em conta as características dos alunos para se identificar inteiramente com o universalismo dos conhecimentos a serem transmitidos. A esquerda desconfia naturalmente de todo apelo à consciência, já que este tipo de apelo é sistematicamente usado para enquadrar as resistências à ordem dominante ao suscitar um sentimento de culpabilidade paralisante.

O discurso interpretativo dominante não é, pois, um conjunto de ideias vagamente associadas umas às outras; ele é a construção de uma arma voltada contra a definição do ator social como alguém capaz de afirmar-se por si mesmo, e de defender seus direitos enquanto finalidade principal de sua própria ação. Não se trata lá de um desvio, como o desvio stalinista ou maoísta, entenda-se leninista, do movimento operário, expressão, aliás, irrisória, dada a importância dos fenômenos visados. Trata-se de uma contracorrente, de uma resistência à corrente que naturalmente deveria ser a mais forte, que é a afirmação do sujeito. Aquilo que parece estar mais do lado da direita é o discurso nacionalista que, como foi o caso particular do pensamento autoritário alemão, busca fundar uma nação sobre a noção de povo, que ao mesmo tempo é natural e cultural (o sangue e a terra).

Se, de todos os lados, busca-se eliminar o ator e seu apelo por liberdade e direitos, é porque ele representa o pior inimigo de todos os sistemas de poder. Nenhum poder deve crer-se inteiramente repousado no consentimento. O poder não se sente seguro a não ser falando em nome de uma necessidade, quer esta se refira a leis econômicas ou ao destino de um povo. Para ele, esta necessidade lhe parece ser mais profunda do que a oposição entre a direita e a esquerda, oposição que, apesar disso, não é supressa. Seguramente, a oposição entre a lógica do poder e a do cidadão, do trabalhador ou a do portador de uma cultura, sempre permanece viva, mas, enquanto preferencialmente a direita se define pela confiança depositada nos mecanismos naturais, a esquerda permanece atravessada por duas posições antagônicas: a primeira diz respeito à confiança depositada nos movimentos sociais e nas campanhas de libertação que atingem a vida privada; é contra esta forte tendência que permanentemente se mobiliza uma segunda esquerda, em luta pelo poder, e que tem o apoio de organizações de toda sorte, e dos sistemas de educação. É por esta oposição ser muito mais forte no seio da esquerda do que nas fileiras da direita que cada vez mais a vida política depende desta oposição, ao passo que a política econômica é mais conduzida pela direita do que pela esquerda. A França, já o afirmamos, pensa mais facilmente no Estado do que na sociedade; dito de outra forma: ela pensa mais em termos do discurso interpretativo dominante do que em movimentos sociais, quer se trate de um conjunto de ações de base, quer de movimentos fortemente organizados na cúpula.

A oposição destas duas esquerdas às vezes encontra uma forma de se expressar nos debates políticos internos dos grandes partidos de esquerda, mas ela os ultrapassa cada vez mais. Em particular a encontramos em todos os níveis nos quais se forma a opinião pública. Mas podemos compreender a viva hostilidade da esquerda estadista à mídia, já que esta, ao mesmo tempo em que se integra numa política de direita reduzindo tudo ao consumo, defende também as demandas geralmente privadas, porém exigindo igualmente uma expressão na vida pública, como é o caso das crenças e das práticas religiosas. Não conhecemos países nos quais uma esquerda que poderíamos denominar de "social" supere completamente a esquerda que podemos chamar de "estadista", da qual a esquerda revolucionária é uma de suas mais fortes manifestações. Ao longo do meio século que acabamos de viver, a esquerda de Estado foi muito mais forte do que a esquerda social, aquela dos movimentos sociais, e o que mais pesou foi o fato de que ela se apoiava no bloco soviético. A CGT fez parte amplamente desta esquerda de Estado e sempre se manteve muito mais poderosa do que a CFDT, transformada por Edmond Maire em esquerda social, mas que recua quando se abre a crise maior de 1995, que fez reaparecer com toda a sua força a esquerda de Estado.

Como não se sentir efetivamente golpeado pela fraqueza constante desta esquerda social e cultural na França? O sindicalismo independente, de ação direta, só controlou a vida social durante alguns poucos anos, e desde 1910 os sindicatos se associaram ao Estado, isto é, implantados dentro do setor público, assumiram a direção da CGT: primeiramente os sindicatos dos funcionários, e em seguida cada vez mais aqueles das empresas públicas. Logo que os métodos "taylorianos" e "fordistas" penetraram a vida industrial, no início do século XX, houve uma explosão de greves que nutriram a esquerda social, como foi o caso também nos Estados Unidos e na Alemanha. Mas, logo depois da Segunda Guerra Mundial, a cisão da CGT em duas confederações, uma olhando em direção ao Oeste, a outra se integrando ao sistema soviético, acabou paradoxalmente dando ao Partido Comunista um poder que ele jamais tinha tido. Foi em maio de 1968 que as duas esquerdas mais claramente se enfrentaram, e foi dentro de seu enfrentamento mesmo que se alojou o sentido mais geral deste período em que mais cresceram as lutas sociais. Em maio se deflagra uma longa greve geral com passeatas massivas e ocupações de fábricas, e este movimento culminou logicamente num acordo que os sindicatos praticamente não haviam negociado, mas que lhes foi imposto pelo Estado. Do outro lado, numerosos grupos políticos revolucionários tentaram reforçar o movimento sindical clássico, mas o fato maior foi a emergência de novas demandas sociais e culturais advindas das mulheres, das minorias de toda sorte, dos operários imigrados. Esta supremacia dos movimentos sociais não perdura. Em nome do espírito democrático, vimos o sindicalismo se deslocar novamente em direção à cúpula e principalmente identificar sempre mais a defesa do setor público com a do interesse geral.

Uma coalizão entre uma esquerda social e uma direita que praticamente abraçaria os mesmos conteúdos é ainda mais difícil de ser concebida pelo fato de que nem uma nem outra propuseram muitas soluções aos problemas cotidianos dos franceses. Na França, não é suficiente estabelecer limites ao espírito jacobino, já que a oposição clássica entre republicanos e democratas é outra formulação da oposição entre as duas esquerdas que acabamos de evocar. A dominação do Estado é tão forte e ela pode contar com tantos apoios no interior da própria sociedade que as ações visando dar prioridade à defesa dos direitos e, portanto, dos movimentos sociais, são pouco numerosas. Em nenhum outro lugar a vemos com tanta clareza quanto na escola pública. Esta se atribuiu como norma deixar os professores afastados dos problemas, novos ou antigos, relativos à personalidade dos alunos, às suas origens sociais ou à sua preparação em vista das atividades culturais. Da mesma forma com a qual os professores defenderam a cidadania contra a dominação dos comunitarismos, o que era indispensável e até mesmo exigido pela opinião pública, em igual medida eles provaram sua extrema desconfiança em relação a todos os aspectos da diversidade cultural – contradição que pesa cada vez mais na educação nacional, e que as instituições políticas por elas mesmas são incapazes de resolver.

5. A divisão dos intelectuais

Desse modo se encontra ampliada e melhor definida a noção de discurso interpretativo dominante. Inicialmente ela foi introduzida de maneira descritiva, mas, na realidade, não se trata apenas de suscitar uma determinada mobilização de recursos ou a faculdade de negociar com o poder do Estado; trata-se de dar à luz as concepções opostas que existem em todos os domínios, por exemplo, na Pedagogia. Uma destas concepções, que poderia ser chamada de *escola republicana*, conseguiu suplantar sempre uma vez mais outra escola, denominada de *democrática*, de modo que o sistema escolar se tornou um obstáculo para a integração e a ascensão social de todos aqueles oriundos das minorias estrangeiras ou que não possuem um conhecimento suficiente da língua nacional. No entanto, o mais importante aqui é compreender a assimetria entre a esquerda e a direita, e o papel negativo que exerce o discurso interpretativo dominante numa esquerda sempre tentada a pensar que o recurso aos processos impessoais para explicar as condutas humanas é igualmente indispensável para responder às forças diversas que se manifestam no seio de todos os grupos minoritários.

Podíamos esperar que a queda do partido comunista e as lutas internas das correntes trotskistas enfraquecessem decisivamente esta esquerda de Estado e que, finalmente, permitissem à corrente que poderíamos denominar de “esquerda de direitos” que reassumisse uma importância central. Infelizmente a situação do emprego não favorece as mais fortes iniciativas provenientes das bases. Ao contrário, esta situação explica por que o sindicalismo se voltou cada vez mais para o Estado. A situação presente é a de um duplo enfraquecimento tanto da esquerda de Estado quanto da esquerda social. Isso facilitou o acesso ao poder de uma direita que não deixou espaços importantes às correntes que poderíamos denominar de “direita democrática”, muito embora esta direita pudesse agir utilmente em se aliando à esquerda social a fim de modificar profundamente as práticas pedagógicas escolares ou para repensar o lugar dos imigrados na sociedade francesa; e isso para além do atual imobilismo francês, que hesita entre uma esquerda de Estado e uma direita de Estado e em detrimento das expressões de todas as demandas por inovações sociais, quer procedam da direita ou da esquerda.

Entre os intelectuais, a situação tornou-se confusa, em particular nos Estados Unidos, onde os intelectuais liberais – isto é, de esquerda – dividiram-se no julgamento relativo à decisão do Presidente Bush de invadir o Iraque: enquanto uns o condenaram, outros, convencidos da necessidade de destruir um regime autoritário, apoiaram-no. Tais hesitações penetraram com algum atraso o mundo dos intelectuais franceses no qual vimos esboçar-se deslocamentos que de fato mais pendem para a direita, para a cúpula, do que para a base, direcionando-se assim mais para o Estado e suas intervenções do que para as demandas dos grupos e indivíduos.

O que está em crise, e provavelmente em declínio, é a representação da sociedade estruturada por relações de classes, formadas no coração da sociedade industrial; e isso porque esta visão corresponde sempre mais às sociedades pós-industriais em que vivemos. O DID, pois, está sempre mais direcionado para o Estado e para seu controle da sociedade, chegando inclusive a negar a existência dos atores e dos movimentos sociais. É a soma destes dois desvios que melhor explica o fato desta visão de sociedade se manter, e inclusive, divulgar sua dificuldade de perceber e de compreender as novas realidades.

Este discurso interpretativo dominante não ocupa todo o espaço da palavra e da escrita, mas é suficientemente forte para que as outras correntes do pensamento social sejam influenciadas por ele e até mesmo relançadas às sombras se sua oposição ao DID, que se revela importante. Podemos insistir tanto na gravidade da deformação e do atraso pelo qual passa o pensamento social quanto na necessidade sempre mais fortemente ressentida de dar novas interpretações às situações novas, falando da passagem de um paradigma para outro, de um estado de consciência social para outro.

Bem entendido, nem tudo é negativo nessa construção do espaço intelectual. Naquilo que me diz respeito, eu fiquei muito sensível a um pensamento que se apoiava nas realidades da sociedade industrial, mas é fácil de ver o que esta proximidade tinha de artificial, pois, desde o início de meu trabalho, insisti na importância da consciência de classe como resposta à invasão da autonomia profissional dos operários pelos métodos da gestão dita científica do trabalho, tema que tinha sido deixado de lado pelo pensamento de inspiração marxista e que se isolava cada vez mais, tal como o haviam pretendido os althusserianos, dentro de uma concepção muito economicista deste pensamento.

É tentador falar das condições da vida intelectual em termos de "máximo de instrumentos materiais possíveis", de "má organização" ou de "créditos insuficientes". Estes constrangimentos existem, mas eles não se constituíram em obstáculos intransponíveis. O conjunto das ciências sociais usufruiu do interesse que os grandes dirigentes do setor público tinham por elas, sobretudo aqueles que se haviam elaborado uma determinada ideia da França. É do lado das representações e não do lado dos recursos que se encontram os principais obstáculos que impedem o bom funcionamento de nosso tipo de sociedade.

O domínio do discurso interpretativo dominante durante este longo período não pode ser dissociado do papel importante dos *intelectuais* no campo político. Este traço constitutivo da vida política francesa desde há dois séculos, que não tem o equivalente em outros países, repousa na ideia de que aqueles que possuem um saber ou que elaboraram uma reflexão sobre a vida humana podem e devem defender, inclusive na vida da sociedade, mesmo para além do enfrentamento dos partidos, os princípios fundamentais que não são apenas princípios morais, como a defesa dos direitos humanos, mas também a oposição a todas as formas de ação política que se opõem ao progresso, ou seja, devem simultaneamente defender a razão e os direitos. É esta associação do progressismo racionalista e geralmente cientificista com a defesa dos direitos humanos que alimentou o protesto dos intelectuais franceses, cuja ação em muitos momentos dramáticos de sua história foi importante e corajosa. Foram os intelectuais que exigiram a formação de uma frente popular contra a ameaça de um golpe de Estado fascista em 1934. Uma geração depois, alguns intelectuais tiveram a coragem de se opor à guerra na Argélia e à prática da tortura pelas tropas francesas em nome, uma vez ainda, dos direitos humanos apoiados na noção de progresso, este sendo definido em última análise como o triunfo da razão através das etapas da modernização da sociedade.

Mas é igualmente este "progressismo" que levou tantos intelectuais a apoiar o regime soviético, ou ao menos a não condená-lo, e a postular uma oposição absoluta entre o regime soviético e o regime nazista. Estes intelectuais, geralmente científicos, estavam seduzidos por aquilo que podia assemelhar-se ao triunfo da razão e da organização racional da vida social contra os privilégios e os arbítrios. Numerosos intelectuais conservaram sua fidelidade ao Partido Comunista não somente após o fim da guerra, mas inclusive depois de 1956 e das revelações do Relatório Khrouchtchev. Antes desta data, muitos deles desautorizaram com violência aqueles que testemunhavam em favor das vítimas do arbítrio nos campos de deportação do regime soviético. É este fascínio por Moscou que fez explodir a unidade dos intelectuais, colocando-os diante de uma encruzilhada: de um lado, a prioridade dada a uma visão racionalista e científica que aceitava, como no século XVIII, o despotismo, mesmo quando dissimulado; do outro lado, a defesa dos direitos humanos reveste-se de um sentido moral liberto de todo vínculo com o evolucionismo histórico.

Se a vida intelectual permanece muito viva na França, é porque os intelectuais foram guiados em direção a um pensamento crítico a partir dos anos 1950 e, sobretudo, depois de 1956, que foi igualmente o ano da revolução húngara e da sublevação de Poznan. Em 1968, os intelectuais em dissidência com o Partido Comunista e com o conjunto do bloco soviético apoiaram fortemente a Primavera de Praga, mesmo que, ao longo do verão, os efeitos do movimento de maio escondessem a evolução da sociedade checoslovaca, em particular o movimento dos conselhos operários, sobrevivente da invasão soviética. Mas o momento decisivo foi a curta vida do Solidarnosc polonês. Numerosos intelectuais se engajaram simultaneamente e apaixonadamente na defesa deste grande movimento social e, mais materialmente, no apoio ao povo polonês, sobretudo depois da proclamação do estado de guerra, em 13 de dezembro de 1981. Desde o começo, a Força Operária havia manifestado seu apoio aos sindicalistas poloneses, mas é a CFTD que convocou os sindicalistas e os intelectuais a unirem suas forças. Os intelectuais que participaram destas ações conjuntas tinham em comum a convicção de que seria necessário dar toda prioridade a este movimento simultaneamente sindical, democrático e nacional. Momento excepcional no qual Michel Foucault, Claude Lefort, Pierre Bourdieu, Jacques Le Goff, Michel Wieviorka, François Duber e muitos outros, dentre os quais me incluo, reunimo-nos, impulsionados pela mesma exigência de defender os trabalhadores e todo um povo em luta pela própria liberdade!

Este foi igualmente o momento em que se demonstrou e se demarcou a distância entre estes sindicalistas e intelectuais unidos e o governo de François Mitterrand. A partir de então, cada vez mais foram tomando conta do cenário as vozes que já não falavam mais em nome de uma filosofia da história, mas em nome dos direitos humanos; vozes que não transmitiam mais, portanto, uma imagem da sociedade ideal, mas que, com todas as letras, falavam das condições de um regime aceitável. Mesmo se um bom número daqueles intelectuais que apoiavam o Solidarnosc estivesse longe de se opor ao discurso interpretativo dominante, nitidamente a imagem dos intelectuais comprometidos com a defesa dos direitos humanos foi se separando do modelo de sociedade que o republicanismo criou. Estes intelectuais, que muitas vezes provaram a própria liberdade de espírito, foram se tornando, ao menos em alguns momentos históricos importantes, mais visíveis do que outros "companheiros de estrada", que não ousavam denunciar os regimes totalitários nem defender os direitos cívicos, sociais e culturais, preocupados em não enfraquecer o domínio do discurso interpretativo dominante. Depois disso, tanto a revista *Esprit* quanto outras, menos visíveis, deixaram de destacar esta nova aliança entre a defesa dos trabalhadores e a afirmação dos direitos humanos como prioridade de toda ação coletiva. Entretanto, o tema dos direitos humanos, que praticamente tinha perdido todo seu peso durante o longo período dominado pelo pensamento marxista, recobra uma importância que não cessa de expandir-se, ao ponto de transformar profundamente a imagem dos próprios intelectuais que, a partir de então, passam a ser vistos como defensores destes direitos. Não obstante isso, a separação das duas categorias de intelectuais como atores da história levou ao desaparecimento efetivo desta categoria, e inclusive da noção que a engendrou: os físicos que conduziam o cenário intelectual à libertação foram substituídos pelos biólogos, e em seguida pelos "french doctors", médicos sem fronteiras, médicos do mundo.

É um tema que até se tornou banal este de insistir no desaparecimento dos intelectuais ou, como às vezes se prefere dizer, dos "grandes" intelectuais. No entanto, faz-se necessário acrescentar que no momento atual de abandono da sociedade industrial e de entrada noutro tipo de sociedade, anunciada pelo surgimento de movimentos sociais e por mutações econômicas, a função do pensamento social é pífio. A principal razão disso, provavelmente, é o poder do engajamento de muitos nos quadros intelectuais do passado. Facilmente se pode perceber que uma grande parcela das pesquisadoras feministas europeias consagra-se ao mais clássico estudo das desigualdades, do emprego, dos salários, ou do estudo da violência, enquanto que, em outras partes do mundo, em particular nos Estados Unidos, existem obras importantes que indicam novas pistas de pesquisa. A capacidade de resistência do discurso interpretativo dominante é mais forte do que imaginamos. Isso é insuficiente para conferir a esta ideologia uma capacidade de intervenção forte, mas é suficiente para impedir a formação de um novo movimento de pensamento capaz de fornecer instrumentos de análise para os novos atores sociais ou políticos.

De forma alguma este julgamento pretende nos desviar desse período notável, sobretudo quando analisado a partir do ponto de vista da história do pensamento. No entanto, o discurso interpretativo dominante exerceu uma função dificilmente contestável enquanto barreira contra as tentativas de renovação do pensamento das Ciências Sociais.

Nosso maior desejo é poder definir a transformação do pensamento social de hoje de forma idêntica com a qual ele foi elaborado no século XIX, época em que foi possível observar a invasão do campo intelectual pelos problemas econômicos e sociais, ligados ao surgimento da sociedade industrial e do capitalismo. No entanto, hoje não vivemos mais entre dois discursos fortes, mas entre duas formas opostas de vazio: entre o vazio, que já apresentei como discurso interpretativo dominante, simbolizando um esforço que visa demonstrar que em sendo impessoal a ação é impossível, e entre a dominação que está fora de alcance, já que toda referência às subjetividades e aos atores parece libertar-se das ideologias "pequeno-burguesas", frequentemente a serviço das forças dominantes; aqui, o mais que podemos fazer é distanciar-nos dos discursos que elas encorajam. Por outro lado, uma das principais causas do silêncio dos intelectuais é a própria globalização: o crescimento das grandes decisões econômicas em nível mundial e a dificuldade de intervenções políticas e sociais na vida econômica depauperaram os meios intelectuais, muitas vezes ligados a instituições nacionais, de suas capacidades de análise e principalmente de suas possibilidades de serem ouvidos. Os intelectuais foram na maioria das vezes homens de discursos e de livros, de petição e de *meetings*; dificilmente eles encontram seu espaço nos programas de televisão ou naqueles jornais que antes de tudo querem dar uma imagem diversificada e cambiante das opiniões e das representações. A cultura de massa não exclui por ela mesma os intelectuais em sua função de crítica e de proposição, mas, para que a palavra dos intelectuais chegue até os vetores da cultura de massa, ainda seria necessário traduzi-la em linguagem econômica ou cultural globalizada, o que não é senão raramente o caso. Cada vez mais, o público do Ocidente é mobilizado por seus medos da insegurança, das "deslocalizações", da crise econômica mundial, entenda-se, de uma crise maior do meio ambiente. A confiança em si é uma das condições para a elaboração dos discursos intelectuais; no entanto, o mundo da confiança foi substituído pelo mundo da desconfiança, pelo mundo da incerteza, pelo mundo do medo do futuro, reforçado, na Europa, pela consciência da irrupção massiva de outros continentes, de ouras culturas e de outros sistemas políticos na gestão dos negócios mundiais.

Nestes países, com muita frequência, os intelectuais são reduzidos ao papel de ideólogos, isto é, de ter que valer-se dos movimentos políticos, sem poder exercer uma real influência sobre suas ideias e estratégias. Esta situação não é necessariamente durável, já que ela corresponde a um período de transição e de redefinição dos papéis que não são favoráveis à formação das ideias e das novas visões de mundo. O que torna tanto mais urgente a tarefa de construir e de tornar mais visíveis as novas modalidades de análise, sobretudo naquelas sociedades nas quais simultaneamente são bastante adultas por terem refletido sobre elas mesmas, mas ainda muito jovens para fartar-se de esperar e esgotar-se em revolver as lembranças de um passado que não existe mais.

3

O assassinato do sujeito

A imagem da sociedade vazia, sem atores e incapaz de agir, e aquela do Estado todo-poderoso e da revolução, única suscetível de transformá-lo, está associada aos discursos interpretativos dominantes que pretendem impulsionar até o fim a já longa guerra contra o sujeito.

1. O declínio do sujeito "burguês"

Como está longínqua a imagem do sujeito humano dada pela Filosofia das Luzes! Herdeiro de todas as teorias do direito natural e, portanto, dos direitos humanos, este sujeito parece reinar acima das realidades da vida social. De lá não existe senão um passo a ser feito para se poder falar do sujeito burguês, isto é, aquele identificado aos homens libertos dos trabalhos materiais, dispondo de certo "desafogo", isto é, de certa fartura, e incumbido de assegurar a defesa da ordem social. Esta imagem do sujeito livre era ofensiva para aquele mundo operário que estava sendo pisoteado pelo excessivo número de horas de trabalho, impostas tanto pela própria cadência do trabalho quanto pela insuficiência dos salários percebidos, sem mencionar as péssimas condições de habitação. Seria possível falar em sujeito para designar aquele que é submetido a constrangimentos tão grandes e que mal pode sonhar com a própria sobrevivência? O mesmo raciocínio vale para todas as categorias inferiorizadas pela elite dirigente: os colonizados, as mulheres e as crianças. O universalismo, em nome do qual fala este sujeito, soa como um pensamento egoísta, como um exercício de uma dominação injusta.

No final do século XIX, todos os grandes pensamentos que perturbaram nosso horizonte intelectual pretendiam destruir esta imagem do sujeito. Marx nos demonstrou que os atores econômicos estavam submetidos à lógica do sistema capitalista, o que não passa de uma lógica de dominação de classe. Nietzsche opôs à moral social e religiosa a força das pulsões e a afirmação de si. E Freud, influenciado por ele, opôs a libido à lei, o ego ao superego, não deixando ao domínio da consciência senão uma posição irrisória, ou seja, aquela do contato da vida física com o mundo exterior.

Todos nós nos afastamos da imagem do sujeito como princípio da ordem. Desde então nos situamos numa sociedade em movimento, concorrencial ou guerreira, brutal e repressiva, que impelia os trabalhadores a um rendimento incessantemente superior. Na medida em que as forças opostas foram surgindo, para limitar esta dominação capitalista, elas conseguiram dar aos trabalhadores as garantias, as proteções e, finalmente, um *welfare state* que largamente contribuiu para liberar o consumo individual. Se acrescentamos que, na segunda metade do século XIX, rapidamente se desenvolveram tanto o consumo quanto a comunicação de massa, podemos deduzir que todos os princípios da organização e da ordem social se desfazem, e que desde então passa a triunfar um individualismo conveniente àqueles que definem exclusivamente a vida social em termos de consumo. Como falar em sujeito quando os seres humanos que observamos são cada vez mais conduzidos por motivações particulares, por desejos específicos, por uma estratégia econômica de gestão do lucro ou das despesas, tanto quanto por heranças culturais, sociais e familiares? Embora dependa de explicações gerais, a história pessoal é cada vez mais particular.

Este individualismo não é condenável em si. Ele apresenta a vantagem de aumentar a liberdade de movimento, de iniciativas, de sucesso ou de fracasso de cada indivíduo. Suas fraquezas evidentes não são mais inquietantes do que o falso universalismo do sujeito burguês datando da filosofia das Luzes ou do despotismo esclarecido. Todavia, podemos duvidar que esta descrição seja completa e que possa se constituir e se perpetuar numa organização social comandada, para além de suas próprias fraquezas, pela lógica dos interesses e das reações que o poder econômico suscita. Em uma formulação que teve seu sucesso, Michel Maffesoli declarou que esta sociedade supostamente individualista era de fato uma sociedade de "tribos", de bandos, de gangues, de comunidades locais ou mais amplas. Nos Estados Unidos, é a ruptura dos grupos e da vida social que tantos historiadores e sociólogos observaram em nosso século, sobretudo em seus últimos decênios. Robert Putnam lhe deu a melhor expressão em *Bowling Alone*. Este mundo desestruturado e individualizado tende a dar-se uma organização que não é mais aquela que propunha a filosofia das Luzes, a cidadania, mas, ao contrário, um novo comunitarismo que submete o indivíduo às crenças e práticas que sua participação em uma determinada comunidade lhe impõe.

Este último meio século foi dominado pela criação de Estados absolutos, impondo aos indivíduos disciplinas inerentes à vontade de reconstruir uma ordem social não mais a partir de um direito natural do *indivíduo*, mas a partir do direito *coletivo* das comunidades. É esta nova filosofia social que fez a ideia da *diferença* triunfar, sem que tenhamo-nos preocupado em saber como podem relacionar-se entre si as sociedades completamente diferentes umas das outras. Para esta questão maior, a resposta mais consistente, mesmo que não enunciada na maioria das vezes, reconhece a prioridade das relações de guerra ou de paz, e, portanto, da oposição entre amigo-inimigo como superiores a todas as demais, e desemboca naquilo que Samuel Huntington denominou de *clash des civilisations*. Mesmo os que vivem ao abrigo das liberdades ocidentais e dos direitos sociais criados pelas sociedades ocidentais ricas devem reconhecer que a segunda metade do século XX e o início do século XXI foram e são sempre mais dominados por sistemas totalitários que vão desde o pseudorracionalismo cientista leninista e stalinista até o fanatismo religioso de muitas seitas, em passando pela reaparição das teocracias e o refluxo de minorias sobre suas diferenças e não mais sobre a busca de participação numa coletividade. Uma a uma, cada instituição criada por aquilo que pudemos denominar de sociedade liberal burguesa do século XIX desaparece ou se transforma em uma das variantes do totalitarismo que acabo de evocar. Este movimento de afirmação das identidades e das diferenças se faz acompanhar do enfraquecimento ou da ruptura com o Estado nacional, como temos visto na Europa balcânica, e, hoje ainda, nos países andinos da América Latina. De tais movimentos "comunitários" nos advêm as reações positivas e necessárias a todas as formas de colonialismo exterior e interior, e que provocam a redescoberta das identidades que foram destruídas em nome da introdução de um universalismo que em geral se reduzia à imposição da lei do vencedor.

Mas, da mesma forma como esta crítica ao orgulho dos colonizadores e dos dominadores é justa, igualmente ela se torna gravemente insuficiente, e até mesmo perigosa, quando desconsiderados os perigos que ela pode suscitar. O apelo à identidade sempre vem carregado de exclusão; a reivindicação das diferenças torna impossível a comunicação com o outro. Em todos os níveis da vida social, desde as condutas individuais ou interpessoais até os comportamentos das grandes aglomerações políticas ou culturais, vemos ressurgir as leis da comunidade cujo desaparecimento, no entanto, já no final do século XIX, com o surgimento da organização mais complexa das sociedades, Tönnies havia prognosticado. Seria possível descobrir um princípio de resistência a esta obsessão "identitária"[2] e a este fechamento na diferença, e até mesmo a este espírito de guerra santa que reduz à violência os contatos com o outro? Lá onde tudo estava carregado de sentido nada mais faz sentido, e descobrimos a ubiquidade do não-sentido e, por consequência, a necessidade de eliminar os elementos mais consistentes da vida social, nos moldes como ela foi concebida no século XVIII: a consciência, a história, a nação, a libertação, o sujeito de direito que atualmente, para muitos, parecem formas hipócritas de uma liberdade que não se aplicava senão a alguns e sempre mais completamente arrastava os outros à submissão.

Tal é o ponto em direção ao qual parece tender naturalmente a opinião. Cada qual, aprisionado nas fortalezas da identidade, recusa-se a reconhecer o outro, e perdeu o desejo de reavivar as esperanças no progresso. Hoje nos sentimos esmagados pela pressão de um consumo sempre mais estimulado e simultaneamente ameaçado de destruição pelos monstros "identitários". Dentro desse clima, seria possível imaginar o aparecimento de uma nova figura do sujeito?

2. Depois do movimento operário

Esta crise da ideologia de um progresso garantido pela razão e pela eficácia tecnológica é bastante antiga e profunda para nos dispensar de explicar novamente um tema tão frequentemente comentado. É mais útil lembrar que esta filosofia da história foi fortemente criticada pelos ideólogos socialistas, para os quais era a união da vontade popular e a modernização que iria realizar estes progressos que o egoísmo da burguesia tinha deixado se corromper. Porém, desde que acrescentemos que esta nova confiança no progresso, mais combativa e apaixonada, há muito tempo está em declínio, e que é o vazio assim produzido que mais diretamente explica o sucesso do discurso interpretativo dominante.

---

[2] A palavra usada pelo autor é *identitaire*, que não consta na maioria dos dicionários. Provavelmente ele está servindo-se de um neologismo, surgido, talvez, com a fundação, em 2003, do *Bloc Identitaire*, movimento político-ideológico de jovens de extrema-direita que luta para que as populações europeias "da gema" façam valer seus direitos de origem; evidentemente, contra todos aqueles não oriundos "originalmente" da Europa, dentre os quais, e em muitos casos, até mesmo os que lá nasceram e que atualmente são a segunda ou terceira geração de levas anteriores, advindas das velhas colônias africanas e do Oriente Médio (N.T.).

O movimento operário enquanto tal deu à luz uma filosofia do progresso que também continha uma determinada concepção de justiça, de liberdade e de solidariedade. Ao longo de décadas este movimento carregou consigo, nem sempre consciente e voluntariamente, uma imagem do sujeito mais direta e mais realista do que aquela dada pelo liberalismo burguês; esta constituiu uma transição forte entre o evolucionismo anterior e as análises mais diretas, sem outro fundamento que ele mesmo, do conceito de sujeito tal como lhe será consagrada a segunda parte desta obra.

Hoje, no momento de refluxo do pensamento marxista, das forças sindicais e da "grande narrativa" socialista esmagada pelo totalitarismo comunista e por seus companheiros de estrada, em vez de ladrar com a matilha devemos recordar tanto a grandeza do movimento operário quanto de seus militantes, apesar de submetidos ao poder comunista nacional e internacional.

Além do mais, precisamos colocar um pouco de ordem em nossa percepção da realidade. Estamos sendo assaltados por dois discursos opostos, e igualmente cientes de que ambos são parciais e inaceitáveis. De um lado nos dizem: o mundo industrial está em vias de extinção; passamos maciçamente do setor secundário para o terciário; a consciência de classe se dissolve; e outros acrescentam que já não existem mais operários, crendo, desta forma, imitar Henri Mendras, que há meio século falava do *fim dos agricultores*, embora ele tivesse razão. De outro lado, ouvimos os termos "socialismo" e "trabalhadores", com os quais a esquerda está sempre associada, embora os assalariados da indústria e os desempregados votem cada vez menos no Partido Socialista e sempre mais no Partido da Frente Nacional, de extrema-direita. Os estatísticos mais sérios não encontram grandes dificuldades em descrever a "condição operária" e sua evolução. A quem escutar? A resposta, talvez, seja menos difícil de ser dada do que possa parecer.

Vista a partir dos assalariados, a sociedade industrial é aquela na qual as relações sociais mais decisivas são as que contrapõem empregadores e assalariados no ambiente de trabalho, nas oficinas, na fábrica, no ramo; é num nível mais organizado e mais integrado que se situam as relações entre empregadores, assalariados, governo ou outros atores políticos; enfim, o nível mais alto é aquele da coletividade local, regional, nacional ou internacional: lá, o ponto de vista vitorioso é aquele que se interessa principalmente pela organização da vida econômica, pelo interesse nacional, pela consciência das ameaças como a concorrência ou a agressividade que questionam o conjunto de uma sociedade. Entre um nível e outro, a solidariedade, valor básico, amplia-se em direção aos direitos sociais defendidos coletivamente, depois em direção à consciência "progressista" que proclama a aliança dos interesses dos trabalhadores com o argumento da produção, da elevação do nível de educação, da consciência de defender no mundo e no país as causas justas. Ora, esta pirâmide não existe mais. As categorias que descreviam a autonomia dos trabalhadores foram substituídas por outras que confiam na falta de autonomia dos assalariados da indústria. Lá onde víamos uma classe operária, cada vez mais encontramos desempregados, trabalhadores precários, excluídos. Lá onde vislumbrávamos os criadores de uma sociedade nova, não vemos senão vítimas. Num nível mais elevado de percepção: após um breve período no qual a indústria apareceu como um ator social central, o mercado, ou seja, o capitalismo, é que mais diretamente passa a comandar tudo, tanto mais pelo fato de ele estar organizado em nível mundial. As categorias de trabalho tendem a desaparecer e são substituídas por aquelas do emprego. A análise sociológica cede seu lugar ao cálculo econômico.

Esta é a transformação principal, a mudança de percepção que tira das relações sociais de produção e da subjetividade dos trabalhadores o papel central na vida social que por longo tempo eles dominaram. Não podemos mais falar dos assalariados em termos de classe, mas somente em termos de risco de desemprego, de aliança política, ou de planos sociais. O discurso interpretativo dominante deve sua força a este declínio do movimento operário, no entanto, sem excluir que este mesmo discurso acelerou o processo de extinção do próprio movimento operário, sobretudo ao subordinar os atores sociais à implacável lógica de um sistema de dominação.

A rejeição da ideia de progresso leva ao desaparecimento de uma referência que temos de nós mesmos enquanto portadores deste progresso. A ideia de progresso identificava a subjetividade do ator com determinada finalidade da evolução e com as transformações da situação e do meio ambiente. Ora, os fatos mostram que a ideia de progresso nos conduziu numa direção completamente oposta daquela indicada neste livro. A ideia de sujeito, que vai ocupar aqui um lugar cada vez mais importante, é incompatível com toda a filosofia da história, quer ela se reduza a uma apologia do progresso, quer o apresente como um processo de realização da felicidade da humanidade, o que está muito longe de uma reflexão do indivíduo sobre ele mesmo e sobre a afirmação de seus direitos. Todas as formas de "progressismo" levaram à criação de poderes totalitários da mesma maneira como outrora a sociedade foi submetida a um projeto divino. É somente quando o indivíduo ou o grupo social se livra do ornamento ao qual estavam associados que então pode deslanchar um movimento de reflexão sobre si que remete ao sujeito, cuja nova definição não tem mais muito a ver com aquela que os filósofos da história podiam dar-lhe.

Para expor claramente os laços entre esta representação da sociedade e o discurso interpretativo dominante, convém primeiramente tomar algumas precauções e reconhecer o conteúdo positivo desta ideologia francesa. O apelo tão frequentemente ouvido em prol dos direitos humanos, dentro do espírito das Luzes, e igualmente a implacável luta entre trabalho e lucro, geraram batalhas, sacrifícios e ideias que testemunham a eloquência da imagem que todos têm, camponeses e adversários, deste espírito da França. Acrescento que, ao longo do meio século ao qual me refiro, mais de uma vez os intelectuais protestaram contra a política de um Estado que pretendia manter sob tutela a sociedade, mas que era igualmente um Estado que se enlameava na Indochina e que torturava na Argélia. Eu mesmo, por vários motivos, sinto-me pertencer à sociedade industrial e seus conflitos de trabalho. Entretanto, a consciência da grandeza desta sociedade torna ainda mais urgente a necessidade de criticá-la, acima de tudo em nome do movimento operário do qual o Estado francês tão constantemente diz ser seu intérprete, mas ao qual permite tão pouco poder no tocante ao destino futuro de seus trabalhadores.

No domínio do trabalho a França é um país que praticamente não construiu um sistema de negociações coletivas, e as grandes reuniões que trazem este nome de fato foram convocações do patronato e dos sindicatos com o objetivo de compreender as decisões assumidas pelo Estado. Na França é a lei e não a convenção coletiva que exerce um papel essencial na organização e na transformação das relações de trabalho.

No entanto, o enfrentamento principal reside na ordem das ideias; é contra o discurso interpretativo dominante que se concentra minha crítica, já que é exatamente este discurso que me parece paralisar a sociedade francesa, impedindo-a de compreender-se e transformar-se por si mesma. Não é na organização do poder econômico e na situação desigual das diversas províncias ou naquilo que denominamos de lentidão burocrática que devemos buscar as causas das dificuldades que a França enfrenta a fim de transformar-se, e que se traduzem, num país onde o sindicalismo está quase ausente, em greves repetidas nas grandes empresas do setor público que, no entanto, concede aos seus assalariados benefícios significativos, e pelo caráter crônico de uma crise escolar sobre a qual as reformas constantemente elaboradas não parecem surtir qualquer efeito. Na França não são nem as pernas nem os braços que não funcionam: é a cabeça, quero dizer, as representações de si, a concepção de mundo, mais precisamente o discurso interpretativo dominante. Eis a razão pela qual concentro minhas análises e críticas contra este discurso. Estas críticas têm dois objetivos: mostrar primeiro que é essa falsa consciência que exerceu uma dominação indevida sobre todo o pensamento francês, e, em seguida, convencer que é a eliminação e antes de tudo o julgamento deste discurso interpretativo dominante que comandam a solução dos problemas, começando pela questão do retorno do sujeito.

3. Um DID liberal?

Será que, de fato, o triunfo das políticas e das ideologias neoliberais não impediu o poder de fogo do discurso interpretativo dominante? Será que o estadismo e a concentração das decisões criticadas aqui não pertencem ao passado, enquanto que, contrariamente, são as formas de gestão mais liberais que exercem a maior influência e que, por sua vez, conviria criticar? Não se formou um discurso interpretativo dominante de conteúdo liberal, que teria substituído aquele que eu analisei até aqui e que estava muito estreitamente associado ao papel dirigente do Estado na sociedade francesa?

Se este fosse o caso, a longa análise que fizemos até aqui do discurso interpretativo dominante, voluntarista e estadista, não passaria de uma curiosidade histórica. Na realidade, ela não é nada disso. O específico do discurso interpretativo dominante é que ele não se reduz a uma simples ideologia protegendo e estimulando os interesses de um grupo dirigente; este discurso é uma criação mais propriamente intelectual, uma representação da sociedade, da ação das instituições e das condutas individuais e coletivas que, por um lado, interpõem-se entre o Estado e os poderes econômicos e políticos, e, por outro, entre os quadros da ação social e coletiva. Trata-se de um espaço de interpretação, e é uma característica específica daquilo que podemos denominar de esquerda, mais precisamente daqueles que formam a opinião num clima dito de esquerda ou numa tradição dita de esquerda fazer resistência à ideologia liberal existente, mas sem eliminar o discurso interpretativo dominante. A distinção feita aqui separa o nível ideológico, acusado de favorecer diretamente os grupos de interesse ou as capacidades de decisão ou os poderes políticos, do nível do discurso interpretativo dominante que autonomamente cria uma representação da sociedade, tendo logicamente efeitos na política e na economia, seja qual for o modo de condução destas últimas. A separação destes dois níveis é mais clara num país democrático e, no caso francês, mais extrema ainda por causa da capacidade de produção intelectual, administrativa e institucional que torna particularmente mais forte nesse país o discurso interpretativo dominante. A França, ao menos no período das liberdades democráticas, praticamente nunca foi governada única e exclusivamente pelos interesses dominantes da economia ou do Estado; ela também foi governada, e de uma maneira igualmente importante, pela criação de um modo de interpretação simultaneamente capaz de resistir aos interesses do Estado, da economia e dos diferentes movimentos de opinião. Daí a importância de analisar este discurso interpretativo dominante e a necessidade de nele simultaneamente enxergar a fonte longínqua e ainda presente de muitas fraquezas de nossa política social, assim como as numerosas dificuldades encontradas em nosso temor e em nossa análise dos novos problemas ao mesmo tempo teóricos, políticos e práticos. É necessário, pois, desenhar um mapa das fronteiras entre práticas institucionais, formas de organização econômica e administrativa, poder econômico, discurso interpretativo dominante e ideologia dominante ligados aos interesses econômicos e políticos, que agem na sociedade.

A separação entre o discurso interpretativo dominante e a ideologia dominante é perceptível pelo simples fato de que o primeiro está mais solidamente instalado no setor público e a segunda tem mais influência no setor privado. Existem numerosas instituições, de maior ou menor envergadura, nas quais são detectadas e ininterruptamente analisadas as intervenções feitas pelos ideólogos liberais. Em contrapartida, estas intervenções atingem em menor intensidade o setor das empresas públicas, que geralmente está ausente dos debates universitários ou não aparece nas revistas que tratam dos problemas gerais. Tal fato é mais preocupante na França do que em outros países, mas ele pode ser considerado como uma característica europeia, ao menos se compararmos os grandes países da Europa com os Estados Unidos ou, de maneira ainda mais diferente, com o Japão.

Num país onde as liberdades de expressão são respeitadas, o papel dos intelectuais tem sua importância, mesmo quando triunfa uma ideologia liberal, e quando os políticos ou os mais altos servidores públicos evitam criar conflitos – embora nem sempre, mas geralmente – com uma instância que não é acusada de exercer o poder, mas que dispõe de uma influência nada desprezível na totalidade do país e da sociedade, e isso ainda mais pelo fato de se tratar de problemas mais distantes da gestão econômica. Esta capacidade de fazer coexistir, com seus bons e maus aspectos, uma ideologia liberal e um discurso interpretativo dominante de orientação mais estadista e intervencionista pode até mesmo ser considerada uma das riquezas do campo intelectual dos países europeus. Isso significa dizer que, ao longo dos últimos quinze anos, não assistimos à substituição de um DID estadista por um DID liberal. Se tivéssemos cometido este erro de julgamento teríamos tornado incompreensível grande parte do funcionamento da vida cultural e social na França. Esta observação une-se à constatação de que raramente falamos dos "intelectuais de direita", a não ser para designar alguns espíritos independentes, enquanto que a expressão, "intelectuais de esquerda", quase sinônimo de "os intelectuais", recobra um sentido coletivo, e quase institucional. Isso se coaduna com a análise que desenvolvi até aqui, a saber: é na esquerda, qualquer que seja a definição dada a este termo, que se situa o espaço dos intelectuais e onde se forma o conjunto de categorias de interpretação que exercem influências, maiores das que geralmente pensamos, sobre outros intelectuais, mas igualmente sobre os políticos e dirigentes administrativos, sindicatos ou outras categorias. Não obstante isso, igualmente podemos falar, de forma idêntica, da Alemanha, da Rússia e dos Estados Unidos.

Seria necessário concluir disso que estamos vivendo num período de ausência ou de desaparecimento dos intelectuais de esquerda, dos intelectuais entendidos enquanto grupo? Não! E isso porque tanto o DID evocado aqui está em via de desaparecimento, e após ter dominado por tanto tempo a vida intelectual francesa perdeu parte de sua influência, quanto pelo fato de podermos ver que os pensamentos que aparentemente estavam mais isolados nas décadas precedentes vão se tornando sempre mais visíveis. O que reforça a hipótese de que o DID ocultou uma faceta da vida intelectual francesa que reaparece agora e pode exercer um papel muito mais criativo num futuro próximo.

Continuo sustentando que, na França, o pensamento social vivo não pode nascer de uma vertente de direita ou da vida política. Ao longo dos decênios passados, era possível pensar conjuntamente com outras categorias além daquelas do DID, mas estas diferenças se situavam "à esquerda", isto é, no domínio particular do DID.

As orientações que eu sempre defendi voltavam as costas ao DID, mas esta oposição não era importante a não ser pelo fato de colocar em conflito as ideias geralmente próximas, pelo menos aparentemente, umas das outras; é por isso que, com a mesma paixão, rejeitei a vontade de seguir as coordenadas de um determinismo estrito. A construção da imagem de uma sociedade sem atores, submetida aos determinismos estritos, esmagada por sistemas de dominação que se infiltram por tudo, une-se facilmente a um espírito revolucionário ainda mais exacerbado, sobretudo junto aos jovens, que não tem mais a ocasião de manifestar-se concretamente. Algumas interpretações das guerrilhas ou de outros movimentos ainda vivos na América Latina são quase impostas por este espírito revolucionário, mesmo quando uma análise um pouco mais aguçada mostra que elas não correspondem mais à realidade. Os intelectuais criadores do DID oferecem ao público uma representação da vida social e política que corresponde a uma demanda de ação revolucionária impossível de ser realizada no mundo contemporâneo, ao menos em regra geral. Assim se forma uma cadeia de reforços mútuos entre este espírito revolucionário frustrado e a construção de um discurso sobre a sociedade que elimina seus atores. Isso convém tanto aos governos quanto aos partidos que não reivindicam senão ocupar o lugar de uma opinião ou dos movimentos sociais que parecem estar em decomposição, ou divididos por lutas internas e reduzidos ao silêncio. Esta aliança de sentimentos e de discursos pode exercer uma vasta influência e levar a classificar como marginais ou enganadores aqueles que não aceitam colocar-se no interior deste ponto de vista ideológico dominante.

Nesse sentido, a constituição do discurso interpretativo dominante se situa no interior das situações políticas que podemos denominar de esquerda, enquanto que o lado oposto, onde impera a direita, não é favorável à criação deste conjunto: a pressão neste lado é diretamente exercida pelas forças econômicas e pelas decisões políticas que lhes são favoráveis, e em geral por uma ideologia liberal que mais frequentemente se resume na exigência de uma menor intervenção possível nos mecanismos de mercado em partindo da ideia de que qualquer política voluntarista culmina em efeitos menos racionais, menos positivos do que a simples proteção das leis de mercado, reputadas de fazer por elas mesmas as melhores escolhas.

4. O declínio do DID

Essa segunda situação, no entanto, está longe de assemelhar-se àquela que hoje conhecemos, que se instaurou depois do declínio dos voluntarismos do pós-guerra. A negação simultânea da ideologia do discurso interpretativo dominante e dos "projetos de sociedade" criou uma situação de silêncio que, às vezes, poderíamos interpretar como uma ausência de projetos. Mas isso não passa de uma meia verdade. Com certeza, o atual triunfo do liberalismo arrasta consigo um enfraquecimento singular dos debates políticos e, sobretudo, intelectuais. Economicamente entendido, o liberalismo não promove tais debates em quase nenhuma parte do mundo. Nos Estados Unidos, é a transformação da direita, a chegada quase imprevista dos neoconservadores na disputa de uma posição importante no mundo político que deu alento ao cenário ideológico; mesmo que isso tenha ocorrido precisamente ao sair de uma visão liberal dominada pela economia e ao substituí-lo pela visão quase profética do papel dos Estados Unidos no mundo como defensores da democracia, como destruidores das ditaduras, como quem quer fazer triunfar o eixo do bem contra o eixo do mal. Poderíamos ver na produção destes "néo-cons" geralmente oriundos de uma esquerda extrema, e também em sua influência sobre uma fração importante do mundo universitário, o surgimento de um novo discurso interpretativo dominante. Parece mais justo dizer que, a partir do momento em que o presidente Bush chegou ao poder – em parte graças ao apoio destes "néo-cons", e, mais ainda, a partir do início da guerra do Iraque –, nos países europeus veio à tona um vazio que não é um sinal voluntário de uma política puramente pragmática, orientada exclusivamente por objetivos econômicos, mas ausência de resposta a uma ideologia do poder de alguns países sempre mais obcecados por sua perda de poder, incluída aqui a Inglaterra, que preferiu acompanhar os Estados Unidos até o fim em seu belicoso caminho no Oriente Médio para tirar proveito deste poder hegemônico. Nós não estamos mais num período de críticas às velhas ideologias, nem mesmo nos encontramos numa situação de passagem do discurso interpretativo dominante ao qual acordei tanta importância no caso francês. Não é sem surpresa, portanto, que de novo vimos desenvolver-se em nossa casa, por ocasião da rejeição do Projeto de Constituição Europeia, algumas expressões virulentas destes discursos e até mesmo tentativas políticas que pareciam irrisórias, mas que pesaram fortemente sobre o Partido Socialista, impedindo-o de apresentar proposições novas ou de simplesmente tomar partido em relação aos acontecimentos tão graves como as revoltas do outono de 2005 nas periferias de Paris.

O vazio político atual deve ser considerado como um sinal de um esgotamento definitivo não somente das ideologias de direita e de esquerda – no tocante ao conteúdo tão fraco com que elas facilmente podem ser definidas em cada mudança de conjuntura –, mas igualmente de um discurso interpretativo dominante dotado de uma densidade, de uma estabilidade e de uma coerência internas muito maiores. Esta interrogação, na França, se reveste de uma importância particular: a distância que se criou entre este discurso interpretativo dominante e a realidade social e econômica é tamanha que temos dificuldade de conceber que este país possa viver por muito tempo ainda dentro de um universo ideológico e intelectual completamente diferente daquele de todos os seus vizinhos; parece particularmente impossível que se mantenha uma esquerda de ruptura e um anticapitalismo radical para os quais não vislumbramos um lugar que eles possam ocupar num mundo dominado pela globalização da economia e pela hegemonia política e ideológica norte-americana. De fato, compreendemos o surgimento, por curtos períodos como aquele posterior à rejeição da Constituição Europeia, de discursos cujo caráter irrealista têm por função não negligenciável ser a expressão exacerbada de uma rejeição do desaparecimento do universo intelectual e político do qual emanaram fortes ações e a criação de um discurso interpretativo que por longo tempo igualmente quis exercer, excluída uma verdadeira hegemonia, pelo menos uma influência dominante. O declínio desta influência, que pode ser um fator de transformação da vida política francesa ao longo do período que se abre, com a renovação das instituições e aquela dos agentes políticos, deve nos conduzir à criação de um novo tipo de representação da sociedade diretamente oposto àquele que por longo tempo nos paralisou.

Quer isso agrade ou não, o teatro da história não ficará vazio. Os discursos políticos e ideológicos que fizeram tanto sucesso serão finalmente substituídos por outros que se apoiarão naquilo que tão constantemente tinha sido rejeitado e que já corresponde às práticas observáveis: o individualismo no sentido mais elevado do termo, aquele que está ligado à ideia de sujeito, vai sair do túmulo no qual seus adversários acreditavam tê-lo sepultado na modalidade de discursos e livros. O tema relativo aos direitos humanos, do sujeito, os debates relativos aos aspectos propriamente morais vão invadir sempre mais a cena política onde sua presença é cada vez mais visível, em particular como prolongamento dos movimentos feministas. É somente assim que se exterminará a longa história do discurso interpretativo dominante que, em muitos países, desde a década de 1970, particularmente na França, ele se acreditou imortal e impôs suas ideias e palavras de ordem com tanto, senão com mais vigor ainda, que o discurso "néo-con" o fez desde então nos Estados Unidos.

Mas esta mudança política e ideológica é difícil, já que ela se inscreve naquilo que denominei de mudança geral de paradigma, na passagem das categorias socioeconômicas para as categorias culturais a fim de explicar a totalidade da experiência individual e coletiva. É preciso elaborar uma reflexão crítica que renove as categorias de análise e modifique profundamente nossa representação da vida social e de nós mesmos. Muitas vezes esta reflexão parece pertencer unicamente aos filósofos; não pode ser assim: a reflexão sociológica, mesmo quando se coloca no nível das hipóteses mais gerais, ela sempre se baseia em dados e análises concretas, o que mostra uma fecundidade que não pode ser silenciada. Faz-se necessário agir em todos os níveis e em todas as direções: o único imperativo é pensar "no novo", sem preconceitos nem interdições, e, mais importante ainda, mantendo-se o mais próximo possível da experiência vivida, dos debates antigos ou novos e dos estudos comparativos.

Nunca é demasiadamente tarde lembrar àqueles que se teriam esquecido de que nenhuma época é totalmente dominada por uma corrente de pensamento, salvo quando esta é imposta pelo Estado; e que nós ainda somos vítimas da sobrevalorização deste Estado que tentou nos impor o discurso interpretativo dominante, ao passo que a todo instante a vida intelectual foi mais rica e mais diversificada do que ela mesma o imaginava. Mas este renascimento pode ser retardado pela formação de um poder central ativo e bastante inteligente para se aproveitar da fraqueza de seus adversários e impor seu próprio discurso. É o que está acontecendo na França de Nicolas Sarkozy.

5. Livres de todo engajamento

De fato, trata-se de algo bem maior do que a vida intelectual. Os franceses estão imprensados entre, de um lado, seu orgulho de ser a "pátria dos direitos humanos" e, de outro, sua atitude negativa em relação a todos os movimentos sociais. Eles não poderiam ser senão um povo definido por sua relação com o Estado, com sua história, com seus combates. Mas o discurso interpretativo dominante não pode esconder aquilo que lhe escapa e que confere à sociedade francesa um calor e uma luminosidade que seus intérpretes intelectuais ou políticos não percebem. O que os grandes discursos e os movimentos organizados não mostram é que os franceses, porque rejeitam as interpretações de seus sentimentos, deixam-se levar pelas emoções, pela generosidade, isto é, pelos ímpetos de cólera que às vezes culminam na violência, porém mais frequentemente na solidariedade. Eles se mobilizaram para ajudar os chilenos forçados ao exílio por Pinochet, organizaram-se para enviar alimentos, tipografias e mensagens aos poloneses encarcerados por Jaruzelski, da mesma forma como haviam acolhido em números bastante expressivos os judeus, sobretudo crianças perseguidas pela Gestapo. Não se trata de dizer que eles façam mais ou melhor do que os outros, entretanto, indóceis às mobilizações, suas emoções são mais livres de todas as interpretações políticas ou religiosas, dado que o discurso interpretativo dominante relegou à penumbra, isto é, ao interdito, tudo aquilo que permitiria ligar sentimentos e ideias, movimentos e política.

4

Das políticas defensivas

É perigoso acusar uma ou outra política de ter produzido efeitos massivamente negativos sobre a vida da sociedade: corre-se o risco de definir o mecanismo em funcionamento em termos demasiadamente vagos. As imagens que acabo de dar da sociedade francesa, de seu discurso interpretativo dominante e de suas tendências liberais não permitem concluir de maneira rigorosa pela nocividade ou pelos efeitos positivos destas orientações culturais e políticas sobre as políticas sociais. Podemos, no entanto, identificar alguns problemas propriamente culturais que a sociedade francesa parece ter para uma particular dificuldade de gerenciar. Ela fracassa quando tenta lhes dar respostas que tornam compatíveis as mudanças necessárias com a manutenção de uma certa continuidade. Citemos alguns obstáculos que devem ser superados:

a) A recusa da escola em levar em consideração as características individuais, psicológicas, sociais ou culturais dos alunos em nome da igualdade, o que acaba culminando de fato no favorecimento daqueles que são ajudados por seus ambientes e a penalizar aqueles que não podem se apoiar senão na escola;
b) Uma segunda dificuldade, ligada à primeira: uma fortíssima resistência a todas as formas de pluralidade das culturas, e a defesa de uma pretensa "exceção" francesa. Mais concreto ainda é o fardo de preconceitos que pesa sobre as periferias e seus habitantes, e que se constitui numa verdadeira rejeição de uma população, no entanto em via de integração apesar de numerosos fracassos;
c) Intransponível parece ser o bloqueio das relações no seio das empresas;
d) Existe igualmente na França uma hostilidade a tudo aquilo que desloca as decisões para fora das fronteiras, desde a construção da Europa até a globalização da economia identificada ao império americano. O que está em jogo aqui é mais difícil de ser definido:

o que pode e o que deve ser a consciência nacional dentro de uma economia globalizada, num mundo dividido por enfrentamentos político-religiosos de grande envergadura e pela difícil construção de uma Europa que se consagra cada vez mais exclusivamente à sua gestão interna?

O conjunto formado por estes quatro problemas não abarca a totalidade dos riscos de frenagem da sociedade francesa; é necessário conceder a mesma importância às dificuldades de funcionamento do sistema político, em particular sua resistência à participação paritária dos homens e das mulheres. Em contrapartida, é inútil voltar aqui às críticas já tão frequentemente feitas à gestão estadista, administrativa, de numerosos setores da atividade nacional. A atenção deve antes se concentrar sobre a aptidão da sociedade francesa para se conhecer e compreender-se, e sobre as mudanças a serem introduzidas dentro do processo de decisão política.

Em uma palavra: a maneira com a qual a França se representa sua própria existência parece impedir uma boa preparação do futuro e a torna cega tanto para suas necessidades como para seus problemas. Será que seria necessário, antes de encetar esta análise, descartar a visão simplista que consiste em considerar toda intervenção conduzida por razões sociais e políticas como negativa, enquanto que uma liberdade extrema abandonada ao mercado propiciaria os resultados mais positivos possíveis? Uma declaração dessas não tem conteúdo real numa sociedade cuja metade de suas entradas não é gerada pelo mercado; e principalmente onde o discurso dominante combina uma visão fundamentalmente crítica da sociedade com uma concepção orgulhosa da nação.

1. A exceção francesa – A "Grande Nação"

A concepção social que exerceu a maior influência na França é a noção do indivíduo reconhecido em seus direitos universais fora de toda pertença social ou cultural, e cuja cidadania não coincide mais com uma pertença nacional, mas reflete a criação de uma comunidade livre definida pelo respeito dos direitos de cada um. Noção libertadora e revolucionária que, para um indivíduo criado dentro da cultura política francesa, é difícil de recusar. O universalismo da cidadania deve sempre ser situado acima de todas as pertenças comunitárias. Tal é a concepção dita francesa de nação a qual é sabido que seu principal representante, Renan, não a opunha frontalmente à concepção alemã de nação como comunidade de destino.

Mas aquilo que é admirável como princípio geral corre o risco de culminar na privação dos direitos culturais de muitos, e até mesmo na negação de todas as culturas, visto que disso deduzimos que a cultura francesa não é uma cultura particular, estando ela mesma ao serviço dos direitos universais. Mais concretamente: esta recusa das especificidades culturais acaba desvalorizando todas as outras culturas que poderíamos fazer figurar numa escala no topo da qual não chegariam senão algumas nações ocidentais, em particular a França republicana. Este raciocínio há muito tempo foi acusado de etnocentrismo, de ignorância ou de desprezo das outras culturas. Não foi em nome do universalismo republicano que foi armado o braço de muitos colonizadores, inclusive os daqueles que usaram as armas e a tortura porque eram contra os movimentos de libertação nacional? E como não ver que este republicanismo se constituiu na mais forte das barreiras construídas contra a mobilidade ascendente daqueles que vieram de alhures ou que são descendentes de escravos?

Como sair desta aparente contradição? Primeiramente por uma política simples de conceber, mas difícil de ser implementada. Os direitos humanos primeiramente foram aplicados aos cidadãos, porém, rapidamente, os protestos se fizeram sentir: de que vale ser um cidadão livre se somos escravos do trabalho? Alguns chegaram inclusive a proclamar que somente os direitos sociais eram reais, enquanto que os direitos políticos não passavam de uma pintura que ilude a realidade no seio de uma sociedade capitalista. Para passar deste ponto e culminar na vontade de reservar todos os direitos aos trabalhadores, não existe senão um passo fácil a ser feito e que culmina numa ditadura imposta a todos em nome do proletariado, o qual transforma imediatamente os trabalhadores mesmos em escravos do Estado-partido. Durante cem anos, nossa história foi dominada pelo enfrentamento de dois erros igualmente perigosos, tanto um quanto o outro: a recusa de conceder os direitos sociais e culturais a todos os que sofrem uma ou outra forma de dominação, e a imposição a todos de uma ditadura em nome de uma classe, de um partido, de uma religião ou de uma nacionalidade. Jamais este enfrentamento em torno de problemas igualmente massivos e fundamentais cessará, mas podemos medir o progresso da democracia pelos esforços desdobrados para combinar posições que aparentemente se opõem. Aquilo que denominamos de social-democracia, cujos primeiros inventores foram os ingleses e os alemães no final do século XIX, marcou um imenso progresso na extensão da cidadania ao conjunto da vida social. Estamos longe de ter realizado os mesmos progressos no domínio cultural, mas é exatamente na mesma direção que urge avançar.

O falso universalismo republicano agrava a dependência da imensa maioria da mesma maneira que o triunfo do "racionalismo", recentemente, na França, conseguiu dar a todos os homens o direito de voto e recusá-lo às mulheres. Não se trata aqui de denunciar uma concepção injusta e repressiva, mas de delimitar o nó das dificuldades: como combinar o universalismo dos direitos e a diversidade de culturas? Isso nos leva a colocar esta outra questão difícil: por que os jovens, sobretudo de origem árabe, são tão fortemente rejeitados por uma grande parcela da população? Descendentes de imigrados, estes jovens que vivem na periferia possuem a nacionalidade francesa, falam o francês, estiveram nas escolas francesas; e, muito frequentemente, eles quase não têm mais laços pessoais fora da França. Não é, portanto, seus comportamentos habituais que provocam a rejeição; é a imagem que os franceses se fazem de si mesmos. Eles se consideram o país da razão e dos direitos humanos, e muito facilmente aceitam o acesso dos imigrados à nacionalidade francesa. No entanto, aqueles que não reconhecem sua superioridade se tornam efetivamente inferiores.

Não tenho qualquer desejo de caricaturar os franceses, dentre os quais nem todos são "racistas". Estamos longe disso, mas também é verdade que muitos dentre eles pensam de boa-fé que somente a França, país que fez a "Grande Revolução", é a pátria dos direitos humanos, e que os novos chegados devem integrar-se nela. É o que se produziu dentro da França do pós-guerra, quando o "ascensor social" funcionava bem. Muitas crianças da mesma geração tinham a ideia de que podiam crescer nesta sociedade; é exatamente isso que hoje não é mais verdadeiro. Ao mesmo tempo, o aumento dos contatos e das trocas entre culturas diferentes impõe que reconheçamos melhor as diferenças. Não devemos crer, no entanto, que nisso a França difere dos outros países que conheceram uma imigração análoga. Os acontecimentos que ela acaba de conhecer foram menos violentos e menos sangrentos do que os enfrentamentos étnicos ocorridos na Grã-Bretanha na geração passada, em particular nas periferias de Londres, ou das grandes crises urbanas dos Estados Unidos, dentre as quais Watts, na periferia de Los Angeles, continua sendo um dramático símbolo. Na França não existe nem mesmo uma resistência particularmente forte em nível da representação que os cidadãos se fazem de seu próprio país, visto como pertencente a um nível superior de civilização e de liberdade. Mesmo se nos defendemos de toda simplificação excessiva e se sustentamos a ideia de que a cidadania é superior às comunidades, esbarramos na resistência e na incompreensão de uma parcela dos franceses. Estes obstáculos, felizmente, pouco a pouco parecem tender a diminuir com a chegada das novas gerações.

Cada um dos problemas evocados aqui se reveste de uma enorme importância, pois as respostas que lhes são dadas determinam nossa relação com os outros. A Sociologia os colocou no centro de seu trabalho atual, ao articular um lugar especial aos estudos feitos por Charles Taylor sobre o "reconhecimento" do outro.

2. A escola da República

Não podemos voltar à eterna lengalenga da luta dos "carrascos da República" contra as escolas confessionais. Há muito tempo aceitamos a opinião de que a Igreja, o exército e os poderes econômicos formaram, dentro da França do século XIX e do começo do século XX, um bloco reacionário. O caso Dreyfus convenceu aqueles que ainda duvidavam disso. Entretanto, com uma dupla reserva que os historiadores nos impuseram: as duas escolas eram menos diferentes uma da outra do que nos fizeram crer, e a França não havia cumprido a solicitação feita por Jules Ferry de que ela devia alfabetizar-se.

Mas, deixemos de lado estas lembranças históricas. Coloquemo-nos questões mais atuais e busquemos, sobretudo, afastar o discurso interpretativo dominante que manteve silêncio e até mesmo recusou-se a reconhecer, por razões ideológicas, os problemas mais importantes da escola francesa. É, no entanto, extremamente mais simples formular estas fraquezas, tão graves que, em termos de orientação, elas impõem mudanças radicais.

A primeira delas, já evocada, é um falso igualitarismo que obriga os professores a considerar os alunos como indistintamente semelhantes, sem se importar se uns são ricos e outros pobres, sem saber se no meio deles existem velhos e recém-chegados, sem se preocupar com as diferenças psicológicas entre eles etc. As razões subjacentes a esta impessoalidade das relações pedagógicas podem ser respeitáveis; elas querem ser uma garantia contra as pressões exercidas pelas categorias raciais mais ricas e mais influentes. Todavia, igualmente é verdade que, de fato, este igualitarismo tem efeitos desastrosos, já que a escola deveria ir ao encontro dos mais fracos para oferecer-lhes uma igualdade de chances juntamente com os alunos que vivem num meio mais instruído.

A segunda fraqueza é uma deformação tão sistemática que acabamos por não vê-la. A escola e o liceu são dominados pela angústia sagrada de saber o que é permitido e o que é proibido, mais concretamente pelo medo das punições. O professor geralmente se identifica com o mundo da regra e da norma, enquanto que a preocupação de explicar os fatos, sejam eles científicos, históricos ou outros, é confinada a um lugar marginal. Enquanto muitos professores se querem, acima de tudo, transmissores de conhecimentos, para os alunos a escola aparece – e cada vez mais para seus pais – como um lugar de aprendizagem das disciplinas necessárias para o sucesso na vida social.

Não precisamos ter medo de dizer que estas duas fraquezas se constituem num real fator de atraso e, ao mesmo tempo, numa falta de orientação. É a qualidade dos professores, no entorno doméstico, que compensa os efeitos negativos deste duplo arcaísmo.

Ora, ao longo de decênios, estes temas não foram nem estudados nem discutidos. E o discurso interpretativo dominante se contentou com pequenas "sacadas" sobre as desigualdades sociais na escola. Atualmente parece quase inacreditável que tenhamos podido negar por tanto tempo e tão completamente o fato de que no interior das escolas existem causas de desigualdade social. A escola, que quis dispensar a igualdade de chances para todos aqueles que partiam de um nível mais baixo, não somente tornou-se transmissora de desigualdades, mas transformou-se em fator de desigualdade.

Seria necessário acrescentar a estes dois temas fundamentais a má orientação dos alunos ou a má formação dos professores? A grande massa só se deu conta dos conflitos entre professores e didáticos, sobretudo no domínio das exatas, da história e da interpretação. Muito raros foram os que, como o Professor Meyrieu, batalharam em favor de um pensamento pedagógico. E quais conhecimentos as IUFM oferecem a seus alunos no tocante aos problemas psicológicos dos adolescentes ou das relações entre culturas diferentes? De modo particular, é a relação professor/aluno que parece estar proibida à observação, ao passo que ela não deveria culminar na acusação ou na condenação de quem quer que seja. Os problemas da educação não podem ser reduzidos a um apêndice do problema mais geral da desigualdade ou da dominação capitalista. Existe um vazio teórico tão grande no domínio da educação que é urgente contradizer tanto o discurso interpretativo dominante quanto examinar o mais concretamente possível o funcionamento interno de nosso sistema educativo, e em todos os estabelecimentos.

A antiga posição não pode mais ser defendida hoje, já que inúmeras pesquisas mostraram que a natureza das relações professor/aluno e, sobretudo, a definição pelos professores de sua função como transmissores do saber têm efeitos muito importantes nos resultados escolares. Lá onde os professores se definem como um grupo em comunicação com outro grupo, o dos ensinados, que se interessam individualmente por cada aluno, ali está o grupo que consegue os melhores resultados. Que problemas tão vastos e tão importantes não possam ser revolvidos em algumas frases, que argumentos em diversos sentidos devam ser comparados, eis o que justifica o calor dos debates sobre a escola! No entanto, o importante é não desviar os olhos da realidade, já que considerações como as que acabam de ser feitas, em particular a afirmação de que o desenvolvimento pessoal do aluno deve estar no centro das preocupações da escola, são rejeitadas com indignação por muitos professores e por uma parcela da opinião pública. E com uma cegueira crescente, visto que, se os efetivos do ensino privado não aumentaram percentualmente, a proporção dos pais que recorreram a este ensino para seus filhos ao longo de um dado período nada mais fez do que, recentemente, aumentar.

Ao mesmo tempo, precisamos sublinhar que os jovens professores e professoras enviados aos setores difíceis imediatamente após a conclusão de seus estudos, ao longo dos quais não receberam qualquer preparação relativa à forma de relacionar-se com seus alunos, de imediato confrontaram-se com as dificuldades que, de fato, geram sofrimentos. Uma porção elevada dentre os que exercem sua profissão nos bairros difíceis rapidamente pediu transferência e ainda sofre de distúrbios pessoais importantes, devidos, sobretudo, àquilo que eles ressentem como uma injustiça contra eles mesmos e contra suas funções. A raridade de experiências feitas, a ausência de interesse pelas experiências das equipes pedagógicas que assumiram iniciativas como aquela da Rua Vitruve, em Paris (no século XX), mostram que o espírito republicano não pode mais nutrir as esperanças e gera até mesmo mais desigualdades do que igualdade de chances. Nenhum domínio da vida social mostra com mais clareza a necessidade de transformar o modelo francês de estudar num espírito muito mais inovador das relações entre um universal que deve ser claramente definido e as características psicológicas, sociais e culturais dos alunos que devem ser levadas em consideração pelos professores.

3. A laicidade

É o mesmo conjunto de reações e problemas que encontramos quando nos interessamos pelo universalismo republicano na escola e nas atitudes gerais em relação à religião, em particular o Islã, a força religiosa mais ativa e que mais se expande na França, dado o número elevado de imigrantes vindos dos países islâmicos. Todavia, tudo aquilo que diz respeito à religião desperta tantos ecos e toca tanto a memória coletiva na França que é necessário elaborar uma análise particular a fim de avaliar o papel do pensamento social, cujas orientações e atitudes em relação à religião eu acabo de criticar.

O termo laicidade condensa nele mesmo todos os elementos da reflexão, visto que, excluídas a França e a Turquia, ele é utilizado em poucos países, e é até mesmo intraduzível em numerosos países, dentre os quais os Estados Unidos. A separação entre Igreja e Estado, votada em 1905 e cujos termos são moderados, mas que se inscreve no interior de uma longa guerra entre a Igreja católica e um Estado fortemente marcado pelo espírito anticlerical ou antirreligioso (como no Brasil, na Argentina e no Chile, na mesma época), não traduz somente o reconhecimento das igrejas por parte do Estado, que em contrapartida não financia qualquer culto; esta separação afirma que a cidadania e, portanto, a esfera da vida política e das liberdades públicas é completamente separada do mundo religioso. Um século depois, a França não aceitou que as origens cristãs da civilização europeia fossem inscritas no projeto de constituição europeia; não para negar uma realidade histórica incontestável, mas para não dar à democracia e à vida política fundamentos de natureza religiosa. Aqui é marcante a oposição com os países onde existe uma religião de Estado e cujos padres e religiosos são pagos com fundos públicos – mas onde geralmente estas igrejas exercem fraca influência – e mais ainda com as democracias que associam as regras da democracia aos princípios da moral cristã. Nenhum caso é mais notório do que os Estados Unidos, onde as reuniões governamentais começam por uma invocação religiosa e onde o Presidente Bush sempre mais frequentemente repete que ele combate o eixo do mal em nome dos valores cristãos.

É pelo fato de eu ter incessantemente criticado o modelo ideológico dominante na França, em particular no âmbito escolar, que mantenho sem hesitação meu apoio à posição francesa, isto é, à laicidade enquanto elemento que não permite conceder fundamentos religiosos ao modelo de organização social. As situações de anticlericalismo e de espírito antirreligioso que na França observamos são muito menos perigosas do que todas as formas de justificação moral e religiosa das políticas ou dos programas de ensino. Tudo aquilo que evoca a expressão *Gott mit uns* ("Deus está conosco"), mesmo quando proclamada por espíritos altamente democráticos, parece-me carregada de projetos de guerra santa e, consequentemente, torna mais plausível um "choque de civilizações" embasado em elementos religiosos. As sociedades que colocam numa crença o princípio de unidade de suas instituições e de seus objetivos correm o risco de uma integração de todos os conflitos num enfrentamento global.

Hoje é impossível discutir as relações entre as religiões e a vida política como se não existisse uma cruzada e uma contracruzada, cujo enfrentamento está repleto de perigos maiores para o mundo. No entanto, não precisaríamos denominar de Islã o conjunto dos países nos quais predomina a religião muçulmana, nem chamar de cristandade os países – dentre eles a França – onde as igrejas cristãs eram frequentadas pela grande maioria da população. Sobre estes pontos fundamentais, eu me sinto muito mais em conformidade com os laicos do que com seus adversários.

Esta tomada de posição geral deve ser completada pela convocação ao debate provocada pela lei que interditava o uso do véu na escola. Na comissão Stasi, encarregada pelo presidente da República de dar um parecer sobre tal problema, eu defendi, como outros, uma posição que parecia contraditória com minhas posições habituais em favor da diversidade cultural. Se o número de mulheres que usam o véu aumentou, as razões não são estritamente religiosas. Com certeza é necessário dar ao culto muçulmano e ao gênero de vida dos países árabes ou da Turquia um visibilidade normal, portanto, melhores garantias do que no passado. Mais profundamente: o fenômeno religioso em geral – cristianismo, pensamento judeu, universo islâmico – é, na minha opinião, estupidamente colocado à margem de nossos programas oficiais. Mas esta evocação de minhas posições habituais não contradiz em nada minha posição no seio da comissão Stasi. O uso de véu não depende somente da diversidade cultural; as colegiais podem livremente usar o véu fora da escola. Trata-se de defender um espaço que é comum a todos. Não é, de modo algum, contraditório desejar uma maior diversidade cultural contra a cultura "única" com a qual geralmente somos convidados a nos identificar, e dar *prioridade* à *cidadania* antes que às comunidades. Tanto como não é contraditório defender uma laicidade mais respeitosa dos modos de pensamento e expressões religiosas, mesmo se elas não são gerenciadas por uma igreja ou por um culto. Acrescente-se que o parlamento e a opinião pública na França aprovaram massivamente a lei que mantinha a interdição do véu, e que nenhuma grande organização muçulmana recorreu em protestos de massa nesta matéria.

Este caso importante, que foi arduamente discutido em todo o país durante mais de seis meses, permite-me formular claramente minha opinião. Eu defendo sem concessões a laicidade e desconfio dos Estados que buscam impor sua vontade ao conjunto da sociedade; contra estas tendências hegemônicas, procuro preservar o lugar do sujeito humano dentro da realidade e nas análises sociais. A rejeição das pretensões hegemônicas do Estado como das igrejas é necessária na construção de um pensamento que subordina a análise e a avaliação dos fatos sociais a um princípio externo e superior ao poder estabelecido, que denominamos consciência de si, direitos humanos ou solidariedade. Mas esta defesa da laicidade deve constantemente fazer-se acompanhar de um melhor conhecimento e de um maior respeito pela diversidade das culturas.

4. As periferias da República

Os problemas da escola fazem parte de uma crise geral das sociedades contemporâneas, em particular de seu sistema político. Na França, eles revelam a resistência francesa à mudança de paradigma social e cultural. Esta dificuldade apareceu claramente com as revoltas que, em novembro de 2005, agitaram algumas periferias, notadamente ao redor de Paris. De uma amplitude sem precedentes, estas não tiveram qualquer conteúdo religioso e já não se explicam mais por razões propriamente econômicas. Existe um amplo acordo entre os observadores de que o que desencadeou estas revoltas foi um sentimento de discriminação sentida na pele por estes jovens de origem árabe, turca ou africana, duramente atingidos pelo desemprego. Após duas gerações para as quais alguma integração de imigrados ou de descendentes de imigrados foi obtida, a atual geração, aquela dos filhos ou netos de imigrados, surge como engajada num processo de "desintegração" com o agravante de que muitos dos franceses "da gema" exercem contra eles uma discriminação ativa, sobretudo em relação aos meninos. É quase impossível para um jovem Beur[3] ou para um jovem africano ser

[3] Na década de 1980 surge a expressão "génération beurs" para identificar os filhos de um subproletariado de trabalhadores de imigrados e de trabalhadores manuais, nascidos na França. O termo "beurs" expressa a identidade bicultural desta jovem geração árabo-francesa, ou nem árabe nem francesa, e também remete à noção de gente da periferia, de favelados, morando em bairros abandonados (N.T.).

convocado para uma entrevista de emprego, salvo se ele esconde sua identidade, o que lhe permite o encontro e que, naturalmente, fracassa a partir do momento em que ele se apresenta. A esta rejeição se segue um confinamento familiar e comunitário que se traduz pelo controle sempre mais repressivo das filhas, feito por seus irmãos mais velhos. O fosso aumenta, de forma que se torna uma verdadeira segregação.

Estas indicações são necessárias; os fenômenos coletivos devem ser situados no tempo e no espaço, e é indispensável definir a natureza da crise ou do conflito que está ocorrendo. Entretanto, como não se espantar que as análises sobre estas questões não tenham sido feitas muito antes? Ao longo das décadas passadas, os problemas se acumularam e alguns bons observadores como François Dubet, com seu pioneiro livro *La galère, jeunes en survie* (Fayard, 1987), e Mathieu Kassovitz, com seu filme *La haine*, ou Didier Lapeyronnie, forneceram informações e propuseram variadas interpretações sobre a vida social e as ações dos jovens das "periferias" ou dos "bairros". Apesar disso, afora pequenas e remarcáveis exceções, a sociedade francesa e seu discurso ideológico dominante quase sempre permaneceram mudos diante dos fenômenos massivos que queríamos crer marginais. Nós nos obstinávamos, buscando encontrar explicações cujo conteúdo era exclusivamente econômico ou demográfico; não nos interrogávamos sobre a população implicada; condenávamos os grandes blocos do HLM, a degradação dos imóveis, a péssima comunicação com o centro da cidade; raramente questionávamos as municipalidades para as quais em geral lhes rendíamos homenagem tanto mais insistente do que sublinhávamos sua impotência. Do outro lado do horizonte cresciam as críticas concentradas na polícia. Pouco se falava da escola, e quase nada da vida familiar e profissional dos jovens implicados. Divulgávamos antes a imagem de uma população dessocializada, em estado de regressão, como o demonstra a vida de grupo na qual o chefe, que se impôs pela força, atribui-se o poder análogo àquele dos machos dominando certas matilhas. A linguagem tradicional dispunha de uma categoria: o subproletariado (lumpemproletariado), mas não levava em conta a dimensão étnica destas situações. E nem mesmo a importância da economia ilegal – dita "business". Quando as revoltas explodiam, e conjuntos de habitação eram abandonados por seus ocupantes, registrávamos estes fenômenos como marginais, o mesmo termo designando aqueles que, sendo pobres e pertencendo às minorias culturais, mostravam uma capacidade de ascensão social muito fraca.

Quais eram as razões desta recusa de conhecimento? Nós nos contentávamos em pensar que toda mudança, mesmo associada a uma forte modernização, tem uma face sombria, e que era necessário aceitar a existência sempre mais permanente de marginais ou excluídos. No entanto, problemas econômicos, pertença cultural, formas de vida familiar, situação das mulheres, relação com as instituições de ajuda social e as municipalidades e conflito entre as etnias, todos estes temas por muito tempo ficaram justapostos numa semiobscuridade, como se cada indivíduo fosse constituído por um determinado número de compartimentos isolados uns dos outros. O silêncio dos ideólogos uniu-se da melhor forma possível ao silêncio da sociedade que se contentava em combinar um pouco de repressão policial com algumas intervenções humanitárias. O SOS Racismo com certeza impulsionou um imenso movimento de solidariedade, daqueles que fizeram da França uma terra generosa e que se inflama pela liberdade. Mas, para além destas reações, a vida profissional e intelectual francesa prestou pouca atenção aos problemas e às condutas dos descendentes de imigrados de cultura islâmica. É por isso que, quando o SOS Racismo se deu conta de que sua ação não apoiava mais somente os indivíduos em dificuldades, porém grupos nacionais ou nacionalistas, ele montou um grupo de reflexão para escolher entre as duas orientações possíveis. O Parlamento, que sempre exerceu uma influência mais direta sobre este movimento, incitou-o a escolher a posição mais prudente, visando com isso não dar a impressão específica de que o governo francês estaria apoiando o PKK curdo. Lá, novamente, a reflexão mudou bruscamente de direção e não saiu mais das fórmulas mais usadas.

Meu objetivo aqui não é propor uma interpretação precipitadamente construída; ele se resume em demonstrar que o discurso interpretativo dominante impediu o desenvolvimento das análises, das interpretações, bem como o surgimento de novas ideias. Como se aí não houvesse tido nada a dizer sobre as pessoas que não eram senão uma massa cinzenta dentro da qual não se pode distinguir mais nada. A "Marcha dos Beurs" mobilizou muitos jovens e, depois de um longo percurso, conquistou tamanho apoio da opinião pública que François Mitterrand, presidente da república, recebeu seus organizadores. Uma iniciativa dessas desde há muito tempo parecia impossível de acontecer. O silêncio e a confusão se instalaram tão solidamente que a revolta das periferias surpreendeu a todo mundo e passamos então a confundir os incendiários, os traficantes e os jovens desempregados, o que acabou tornando toda análise impossível. Os próprios jovens geralmente não querem compreender o que eles são, o que eles buscam e o que eles podem fazer.

Entretanto, não é normal que uma sociedade reputada sem "atores" perceba seus próprios distúrbios em termos de crise ou de desintegração sem mencionar a existência de protagonistas, seu passado, seu futuro, suas escolhas e suas experiências vividas? Se partilhamos desta opinião, devemos admitir que o sucesso é total: para o discurso interpretativo dominante, estes jovens ou menos jovens, homens e mulheres, "beurs" ou africanos, simplesmente nunca existiram.

5. Conscientes e organizados?

A consciência de si não pode surgir do nada; o espírito de liberdade não pode resultar da privação da liberdade. Esta constatação nos leva muito frequentemente a atribuir um papel central a uma elite vinda do exterior e que sozinha vai transformar os dominados em libertadores. É o tema central de Zola, em particular no *Germinal*. Esta ideia era bastante comum no século XIX onde um proletariado, em parte caído na marginalidade, não parecia capaz de realizar por ele mesmo sua libertação. O movimento socialista, em particular marxista, comprovou esta ideia. O menos instruído dos companheiros de Lenin, Stalin, não fez senão os estudos de seminário enquanto que a maioria dos outros eram verdadeiros intelectuais. O século XX foi dominado pela crença nesta forma de pensar, e o triunfo da ideia de que a luta de classes não podia ser conduzida a não ser por uma vanguarda que culminou na tomada do poder por uma ditadura exercida sobre o proletariado, e, mais amplamente, sobre o conjunto da população.

A ideia de sujeito nos faz compreender tanto a exploração e a dominação quanto a libertação. A sorte de todos os movimentos de libertação se decide neste vaivém entre o apelo à liberdade, que vem de cima e dá ao novo dominante a convicção de que é ele que liberta os dominados, e o movimento de libertação propriamente dito, que é a destruição do adversário e de sua fortaleza, mas também desejo de tornar-se sujeito. Se o povo revoltado destrói as obras do espírito, viola as sepulturas, queima os livros, rapidamente se torna escravo daqueles que lhe ensinaram a não ver no dominado senão a dominação, e não as marcas do trabalho do sujeito. Se, ao contrário, o dominado que se liberta tem consciência de que se liberam nele as forças de criação, e se – o que é mais difícil – ele tem o sentimento de que sua libertação significa acesso de todos, inclusive do dominante, à criação e à liberdade, a subjetivação então se espalha por toda a parte, carregada de liberdade e de criatividade.

A modernidade não se forma, o racionalismo e o individualismo não se vinculam a não ser se os indivíduos se desligam de seus quadros sociais e se apreendem eles mesmos como sujeitos. Mas falta a esta formulação um elemento: como este indivíduo-sujeito reconhece o outro como sujeito? A resposta habitual reside na complementariedade do reconhecimento do outro como sujeito e do reconhecimento de si como sujeito; mas a referência feita ao pós-feminismo mostra que esta resposta fácil é insuficiente. As mulheres não buscam apenas ter relações de igualdade com os homens; elas lutaram contra as discriminações e as desigualdades sofridas, mas desejam acima de tudo construir-se a si mesmas como mulheres. Dito de outra forma: elas dão uma importância maior à relação consigo mesmas do que à relação com os outros, que não quer ser um objetivo em si. O outro não passa de um meio – geralmente da maior importância – para construir a relação de si para si.

É a isso que se opõe a longa tradição intelectual e política na qual se situa o discurso interpretativo dominante que conservou um lugar dominante dentro da vida política e intelectual francesa, afastando do poder Michel Rocard e dando a vitória aos partidários do "não" no referendum sobre o projeto de constituição europeia. Sempre aparece na França a desconfiança de que falar dos atores desemboca num subjetivismo manipulado pelas forças mais conservadoras, em particular religiosas. Muitos foram até mesmo tentados em pensar por longo tempo que as mulheres, dado que elas seriam menos racionais, mais expostas à influência da Igreja, dizia-se, eram antes levadas em direção a este subjetivismo e, portanto, em direção às ideias conservadoras.

Esta primazia do político, que jamais permitiu ao sindicalismo de ação direta se desenvolver e que sempre subordinou a ação sindical a um partido, tornou impossível a formação de uma sociologia ou de uma história dos atores; as explicações pela situação econômica ou pela dominação de classe parecem trazer respostas suficientes para todas as interrogações. Se é verdade que, pouco a pouco, estas recusas foram atenuando-se e que de todos os lados se desenvolvem as ciências sociais dos atores, se é mesmo verdade que o tema do sujeito, por tanto tempo rejeitado violentamente e que reaparece por toda parte após um período de ausência, a força e a influência do discurso interpretativo dominante permanecem tão grandes que seria necessário, para melhor combatê-lo, assumir um tom mais polêmico. Mas, de minha parte, persistirei dando prioridade a um projeto de reconstrução refletida do pensamento social.

5

Sombras e luzes

1. Depois de Jean-Paul Sartre

O discurso interpretativo dominante, personagem principal dos capítulos precedentes, não pode ser compreendido fora do contexto histórico no qual ele exerceu sua influência: a Guerra Fria que quebrou as iniciativas e as revoltas de ambos os lados da cortina de ferro, embora com métodos bem diferentes. Para melhor compreender a razão de ser e a lógica deste discurso dominante, basta ler os melhores autores dentre aqueles que o difundiram.

É Jean-Paul Sartre que teve a maior influência e foi o mais atacado por aqueles que detestavam seu humanismo. Estranha incompreensão, já que a obra de Sartre é impregnada pelo fim da sociedade burguesa e do movimento operário, e seu alinhamento com a política comunista, depois de 1956, deixou-nos um sabor mais de solidariedade mortal do que uma esperança de um novo amanhã. Jean-Paul Sartre não pertence ao modelo cultural e político dominante e é por isso que ele só aparece aqui, fora de minha análise do DID, pelo fato de ele ter preparado o surgimento do DID ao esvaziar os atores históricos do período precedente, deixando um vasto espaço desocupado onde, como erva daninha, pôde então crescer o discurso interpretativo dominante. A ambiguidade de Sartre, que fez dele a melhor testemunha e o mais influente do pós-guerra até 1956, e mesmo até 1968, vem daquilo que ele mostrou das individualidades vítimas da própria ilusão de encontrar o bem, o justo e o sentido, ao passo que cegas para as realidades que as sobrecarregam de duas formas: de um lado, aqueles que se identificam seriamente com a virtude, mas sequer são capazes de pensar-se a si mesmos; do lado oposto, aqueles que são tão completamente dominados que só podemos nos aproximar deles e nos unir a eles pelo nivel mais baixo, isto é, ao aceitar a dialética brutal que faz com que somente se possa alcançar o bem ao passar pelo mal. Assim o repete com frequência Goetz, o personagem mais extremo que haja criado Sartre dramaturgo, que acaba por assumir o comando dos camponeses alemães após tê-lo recusado, numa revolta que este personagem conduz com enorme brutalidade. Nele, no entanto, as massas sociais não são atores históricos. Aí não existe movimento social, mas, ao contrário, esta pseudovida social que acabou influenciando Roquentin na obra *La nausée* (A náusea). Nem capitalistas nem empresários, mas "burgueses" contentes deles mesmos, mais atrelados à ordem estabelecida do que à criação de uma sociedade industrial. Da mesma forma, total ausência de movimento social junto a esta classe "dominada": sua dominação é tão completa que ali não pode mais haver espaço para a formação de um ator, e ali nenhum ator tem a palavra. É em seu nome que falam os chefes que estão, acima de tudo, afastados do povo e de suas experiências vividas. Esta história vazia de história é a verdade de um período no qual movimento operário não existia mais, seja porque ele tinha sido aniquilado pelos partidos comunistas, seja porque ele tinha sido absorvido pelo brutal desenvolvimento capitalista do país que não lhe era mais lícito de reequilibrar.

Sartre olha principalmente as categorias intermediárias mais ambíguas onde vivem aqueles que Francis Jeason soube tão bem nomear de "bastardos", concedendo a esta palavra um lugar central na obra de Sartre; aqueles que são também denominados de "impostores", no meio dos quais monta acampamento o próprio Sartre, que indiretamente aparece em suas peças de teatro antes de se tornar o personagem único dos *Mots* (Termos, ou Palavras). Mas, para ele, é impossível fechar-se completamente neste ódio de si que não atingiu, na França, a mesma violência que no mundo germânico. Existe, pois, um Sartre doce – "frouxo", dizem os que querem apagá-lo de nossa memória –, aquele que escreveu o *Existencialismo é um humanismo*, que tenta a aventura do RDR com David Rousset e Gérard Rosenthal. Sartre bastante irreal, de fato, cuja imagem se dissolveu nas posições sempre mais radicais que assumiu a partir de 1956, ano do Relatório Khrouchtchev, que revela ao mundo os crimes de Stalin; um Sartre que chegou inclusive a adotar as posições mais inquietantes em favor de uma justiça de classe ou de um terrorismo cuja vacuidade, no entanto, ele já havia descoberto ao dar seu apoio ao grupo Baader-Meinhof na Alemanha. O Sartre vendedor de *La cause du peuple* (A causa do povo) em Billancourt, na entrada das fábricas da Renault, é não somente patético, mas atolado no contrassenso. A história na qual ele se engajou é exatamente uma história sem atores, sem conflitos, sem reformas, sem consciência possível. É este conjunto de julgamentos negativos sobre uma visão de sociedade vazia de sentido e plena de má-fé, onde se deslocam sem objetivos os próprios indivíduos privados de todas as ilusões de sentido e da ordem, que explica a importância e o imenso sucesso de Sartre. Pois a época em que ele escreveu foi exatamente uma época verde-mar.

É na *L'Âge de raison* (A era da razão), romance que não teve um sucesso comparável às obras teatrais nem similar à *La nausée*, que se construiu com a maior força a visão de um mundo vazio no qual Mathieu, o personagem central, conseguiu afastar os falsos semblantes e as tentações de uma ação artificial para abrir espaço a uma vida feita de não-sentido, de defeitos, que não tem outra unidade e outra força senão a lucidez que o impede de perder o controle dele mesmo, mas o deixa sem energia diante dos problemas mais imediatos, como aquele do aborto de Marcelle. Mathieu, sem sombra de dúvida, é um sujeito que construiu sua vida sem submetê-la a qualquer autoridade ou a nenhuma ideologia exterior, e mesmo um sujeito que nos protege das mobilizações como deve ser. Mas um sujeito que não existe a não ser em não agindo, em não enfrentando o mal, a injustiça ou a ignorância. Nenhum personagem do romance, nem mesmo Brunel, o militante comunista, tem uma realidade singular, visto que o tema do romance é a recusa das condições de toda e qualquer ação. Este vazio, esta impotência, esta negação de engajamento são provavelmente imagens do sujeito, mas em grau zero. Se estes personagens defendem um espaço de liberdade contra uma burguesia impotente ou frouxa, Sartre faz julgamentos lúcidos sobre eles, reduzindo-os à não-existência.

Se colocamos Sartre lá onde a História o colocou, no ponto de partida dos movimentos intelectuais dos anos 1950, 1960 e até mesmo 1970, fica evidente que ele não pertence ao campo daqueles que poderíamos denominar de "pós-marxistas". É por isso que o sentido principal de sua reflexão, aquele no qual se juntam as tendências mais opostas, é lido em referência ao Partido Comunista. Sua crença elementar na missão histórica do proletariado o conduziu a não vislumbrar qualquer outra solução política senão a adesão ou o apoio ao partido. Na obra *Les communistes et la paix* (Os comunistas e a paz) ele fala em nome dos comunistas sem aderir ao partido, mas multiplica os ataques e as polêmicas contra aqueles que a eles se opunham. Porém, é extremamente mais fácil ridicularizar M. Robinet, colunista do *Fígaro*, e condenar de forma muito elementar o jornalista G. Altman que, como tantos outros, fez o caminho que conduz da esquerda para a direita, mas que, antes de tudo, o fez para distanciar-se do partido comunista que lhe aparecia como a maior das ameaças.

É, finalmente, num texto anterior, datado de 1946 (republicado em *Situations 3: matérialisme et révolution*), que encontramos o que, tudo bem examinado, situa a melhor imagem que nos restou do pensamento de Sartre. De forma ainda pouco política, liberta das polêmicas sobre a atualidade, ele condena o materialismo como contrário ao espírito revolucionário, já que este não existe sem vontade de liberdade e de libertação de todos, e não somente de uma classe. Ele escreve (p. 208): "Não existe oposição entre as duas exigências de ação, isto é, que o agente seja livre e que o mundo no qual ele age é determinado... A liberdade é uma estrutura do ato humano e ela não surge senão no engajamento; o determinismo é a lei do mundo". Cada página deste texto poderia ser citada: como afirmar mais claramente o primado de uma liberdade que não existe senão numa subjetividade impotente?

O texto mais complexo de Sartre sobre a classe operária e o comunismo é *La réponse à Lefort* (A resposta a Lefort), escrito em 1953 (retomado igualmente em *Situation 3*). Meu objetivo não é julgar este pensamento, em particular o julgamento fundamentalmente favorável que Sartre faz do Partido Comunista, julgamento que soa estranho e irrita o historiador-sociólogo que aprendeu de Hannah Arendt e de Claude Lefort ele mesmo o que é o totalitarismo. Sobre este ponto essencial, foi Sartre que perdeu a partida: as sutilezas de seu pensamento sobre os laços e a distância entre classe e partido concluem enfim pela necessária existência do Partido Comunista para que a revolução, inelutável mas não automática, efetive-se. Este texto foi escrito em 1953 e republicado em 1956: datas que o tornam dificilmente aceitável. O mesmo vale para estas páginas sobre a "paixão" da classe operária, prisioneira de um trabalho desumanizado, o que requer o papel reconstrutor do partido. Por que uma visão tão negativa e unilateral do trabalho operário? Na mesma época, eu passei anos interrogando operários de todas as categorias e de todos os ramos, e disso concluí que a consciência de classe culminava no momento em que a profissão e a autonomia operária são quebradas pela invasão da organização dita científica do trabalho, isto é, pela lógica do lucro. Realidade que Sartre conhece historicamente, já que ele evoca 1903 sem, no entanto, parecer conhecer a grande greve de 1913. Mas, por que falar somente das "massas" enquanto que, às vésperas da Primeira Guerra Mundial, mais da metade dos operários já são qualificados, a multiplicação dos OS só ocorreu por causa das transformações da produção depois do segundo conflito mundial? Podemos pensar que Sartre reconhece parcialmente a visão bem fundamentada de Lefort, que insiste em colocar todo o sentido da ação na experiência operária, mas, de sua parte, ele enxerga este sentido vindo de fora, do partido. Em suma, ele tende a concluir que o sentido da ação classista emana somente do partido, posição inaceitável depois de 1936, 1937 e 1948. Com certeza, ele não a identifica completamente ao partido; ele se limita a exigir que não se enclausure a classe operária nela mesma. Todavia, o resultado é na verdade a negação da capacidade de ação autônoma e libertadora desta classe.

Sartre é, portanto, a grande testemunha do crepúsculo do movimento operário. Ele o alcança no momento em que este movimento deixa de ser um movimento social, sem nem mesmo se perguntar se não é a dominação totalitária dos partidos comunistas que explica esta degenerescência. Sartre não se situa na margem de um período, mas no ocaso do período precedente. O discurso interpretativo dominante que se desenvolve durante a última fase de sua vida, na maioria das vezes contra ele, não está errado ao compreender que o discurso de Sartre reporta-se ao passado, mesmo se este discurso se equivoque ao não perceber, na obra de Sartre, as invocações geralmente desesperadas a atores desaparecidos.

2. Obscuridade ideológica e liberdade pessoal

Eu reuni muitos argumentos para demonstrar o caráter negativo do "clima" intelectual do último meio século, aquele que começou com o declínio de Sartre. O domínio do pensamento social e, mais especificamente, das Ciências Sociais, foi esterilizado não por uma orientação teórica, mas por um discurso interpretativo dominante que se infiltrou por toda a parte, fechando assim inúmeras dimensões da pesquisa, e às vezes exercendo até mesmo uma pressão direta que culminou em violências. Não estamos falando aqui do estruturalismo: este produziu grandes obras, e o discurso interpretativo dominante não o utilizou a não ser deformando-o, como o fez com o marxismo com o objetivo de criar uma sociedade sem atores, submetida a rigorosos determinismos, sobretudo econômicos, e impondo aos não-atores seu poder absoluto.

A situação foi bem diferente e pior do outro lado da cortina de ferro, onde somente a Polônia nunca perdeu o contato com o mundo intelectual ao qual ela pertencia. Alhures não se podia ensinar senão um catecismo peneirando alguns textos considerados sagrados. Nas universidades de alguns países ocidentais, a referência a uma escola qualquer de pensamento não era obrigatória, mas grande parte de nós estávamos bastante decididos a ignorar os resultados das pesquisas das quais desconfiávamos *a priori*. Mais concretamente: o recrutamento dos pesquisados não se baseava somente em critérios profissionais, dado que a avaliação de seus trabalhos se baseava numa totalidade inexistente. Ao redor destas largas manchas obscuras existia uma vasta zona preenchida por preconceitos, proibições, pelo não querer saber, que se constituíram em obstáculos para a criação de pensamentos novos. Estas pressões foram exercidas em favor de orientações intelectuais muito diversificadas, e minha crítica não poderia ser unilateral. Nos Estados Unidos, o presidente da Associação Americana de Sociologia declarou em seu discurso inaugural que não se devia mais falar da escola estrutural-funcionalista, já que as outras não mais existiam e que ela era, portanto, *a* Sociologia. Lembro-me ainda do choque que levei quando, no começo de minha primeira estada nos Estados Unidos, em 1952, participava do seminário de Talcott Parsons, no auge de sua glória em Harvard. Eu não o acuso absolutamente de, naquele momento, ter-se fechado em seu sistema, mas ainda tremo ao repensar a imensa distância que dele me separava naquele momento; praticamente não existia nada em comum entre as grandes universidades americanas e o espaço mal organizado onde se formava a nova geração europeia, influenciada tanto pelo marxismo quanto pelos regimes ditatoriais.

Seria necessário concluir disso que o mundo das Ciências Sociais, durante uma parcela considerável deste período, foi dividido em "escolas" como o fora no passado o império de Carlos Magno, repartido após sua morte em três reinos, por sua vez rapidamente fragmentados? Uma conclusão destas seria não somente inaceitável, mas rapidamente revelaria seu caráter excessivo e doutrinário. Em nenhum país onde trabalhei tive o sentimento de estar enclausurado num "pensamento único"; obviamente não na França, nem na Itália ou na Bélgica, e acrescentaria que menos ainda na Polônia, nos Estados Unidos, em Quebec, no Chile e na Argentina antes dos golpes de Estado militares. As margens de liberdade real, que não se limitavam em aceitar o que não era proibido, variaram segundo os países, ou de uma universidade a outra, mas convém incessantemente fazer uma análise particular dos limites causados à reflexão sem acusar de ser repressivo um sistema que geralmente estava enclausurado nele mesmo.

Se aqui insisto em limitar-me ao caso da França é porque, acima de tudo, minha vida de trabalho se desenvolveu neste país, e igualmente porque há muito tempo ele exerce uma grande influência. É bem verdade que as ideologias dominantes neste país se dividiram, e criaram expectativas para muitos; mas é igualmente verdade que, em sua essência, a liberdade de pensar e de se expressar foi maximamente respeitada aqui.

Foram as sociedades que conheceram uma forte centralização do Estado, apoiadas com frequência numa concepção de progresso que exigia uma franca ruptura com os quadros antigos, que elaboraram as concepções mais integradas da vida social. Bem diferentes foram as sociedades mais precocemente capitalistas. Mais diferentes ainda aquelas que foram modernizadas pelos despotismos mais ou menos esclarecidos. Na sociedade francesa, que pertence à primeira categoria, a lentidão do pensamento de Estado não exclui a existência de espaços ocupados por condutas e conflitos de valores. Na França de então, o controle exercido sobre a vida intelectual era muito fraco. Os intelectuais franceses por longo tempo foram mobilizados pelas grandes causas. Eles haviam convocado os cidadãos a lutar contra os reis, e, apesar das violências inúteis, os laicos impuseram aos clérigos a separação entre a Igreja e o Estado que culminou, depois de um tempo considerável, em efeitos positivos e com a criação de uma laicidade tolerante. Seria paradoxal que um intelectual como eu, tendo integrado toda a minha vida dentro das instituições universitárias, me queixasse de não ter tido liberdade. Não somente fui completamente livre, mas as habilidades de extrema delicadeza ajudaram tanto aos intelectuais de minha geração como a mim mesmo a ir não somente em direção à liberdade, mas igualmente ao encontro do espírito de criação. Foi no CNRS que Georges Friedmann criou as primeiras equipes de pesquisa em sociologia do trabalho nas quais ele me integrou. Mas é antes de tudo uma instituição nova, a Sexta Seção da Escola de Estudos Avançados, em 1975 transformada em Escola de Estudos Avançados em Ciências Sociais, que deu às Ciências Sociais, associadas aos estudos históricos, a existência oficial que lhe faltava. Várias personalidades exerceram um papel maior na criação desta instituição, mas foi Fernand Braudel, figura de ponta nas pesquisas históricas, que soube realizar este encontro entre estudos históricos e Ciências Sociais, para o maior benefício de ambos. Foi também ele que naquela escola associou as especificidades mais diversas sem separá-las umas das outras, criando assim um espaço aberto correspondente ao ideal alemão do século XIX e à realidade das melhores universidades americanas ou inglesas. De forma alguma este livro se pretende uma autobiografia, mas meu julgamento sobre o meio século que acaba de findar é bastante crítico para deixar de registrar aqui minha admiração e meu reconhecimento ao homem e à instituição que permitiram desenvolver meu trabalho dentro do espírito de criação. Eis a primeira zona de luz que devo sublinhar após uma longa passagem por uma nuvem sombria que parecia não ter fim.

3. O retorno do político

Agora pretendo projetar alguns outros raios de luz neste panorama. O que primeira e mais profundamente sacudiu o discurso interpretativo dominante foi o retorno do político no pensamento social. O peso dos regimes totalitários obrigava a dar novamente prioridade à análise do poder político, já que ninguém podia defender seriamente a tese de que o nazismo tinha estado antes de tudo ao serviço do capitalismo alemão, mesmo se alguns acreditassem nisso. A influência do Partido Comunista impediu por longo tempo o reconhecimento da preeminência dos fatos políticos em numerosas situações. Foi sua influência que levou a França a substituir a ideia forte de totalitarismo que colocava o Partido Comunista do lado do mal, pela ideia fraca do antifascismo, que o colocava do lado dos defensores da democracia. Claude Leford, o primeiro a reivindicar a ideia do retorno ao pensamento político crítico, não conseguiu abrir completamente um pensamento francês semelhante ao de Hannah Arendt. Raymond Aron teve mais sucesso, visto que ele era considerado de direita e porque as pessoas de esquerda o escutavam mais à vontade, sem, no entanto, sentir-se compromissadas. Enfim, no pensamento histórico, a influência predominante foi a de François Furet, que fez uma releitura política da Revolução Francesa. Este retorno da história política foi bastante espetacular ao conseguir culminar concretamente na elaboração de trabalhos conjuntos realizados por François Furet e Jaques Le Goff com René Rémond. Foi este retorno do pensamento político, consequência direta do peso arrasador dos totalitarismos, que abriu uma brecha no horizonte "intransponível" de um marxismo empobrecido, transformado na linguagem de um mundo intelectual e universitário que nele se havia enclausurado.

Aqueles que vislumbram em François Furet a inspiração dos "néo-cons" franceses cometem um grande erro. O renascimento do pensamento social não foi o subproduto de uma corrente política ou intelectual: ele é indissociável da oscilação geral que propiciou a passagem de um pensamento e de uma ação dominada pela busca de leis de um sistema para uma formulação das exigências de liberdade e de justiça daqueles que não queriam escolher entre uma esquerda comunista ou pós-comunista e um liberalismo sempre mais diretamente ao serviço dos mercados e das empresas transnacionais. Sob formas muito diversas, todos os grandes países ocidentais viram produzir-se neles tais transformações.

Este novo reconhecimento da autonomia da ação política faz dela um instrumento eficaz de luta contra os regimes totalitários. Ela também conduziu, às vezes, a um republicanismo defensivo, que acabava dando prioridade aos problemas do Estado antes que aos problemas da sociedade. Mais precisamente: o retorno do político induziu a abandonar as categorias do totalitarismo e procurar os problemas da sociedade.

Do lado oposto, o renascimento do político no pensamento social também nutriu o altermundialismo. A defesa dos palestinos e, sobretudo, a oposição sempre mais crescente na Europa à política americana em relação ao Oriente Médio contribuíram para que ele se desenvolvesse; sua importância advém do fato de que, em nível mundial, ele se coloca como resposta à globalização econômica e à hegemonia americana. Faz-se necessário ainda distinguir nele duas orientações: a primeira se apoia em reivindicações “locais” para reforçar o que os americanos chamam de “*Grass roots democracy*”, cujos fóruns, inaugurados em Porto Alegre, foram sua expressão mais forte; a segunda se manifesta mais na ponta da pirâmide do que na base, e combate gravemente a hegemonia americana; ela é, pois, mais política do que social. É o mesmo espírito que anima o movimento antiamericano deflagrado nos quadros do castrismo pelo presidente da Venezuela, Chávez, que não somente ganhou as eleições em seu país, mas conseguiu uma notável influência em Buenos Aires, passando pela Bolívia, Equador e Nicarágua. Na França, a força desta nova ultraesquerda se manifestou de forma espetacular com vitória do “não” ao *referendum* sobre o projeto de constituição europeia e, sobretudo, com os numerosos discursos e iniciativas retomando as formas mais extremas de ruptura com a ordem capitalista.

Não existe qualquer razão para confundir as duas afirmações, bem diferentes uma da outra, formuladas neste subcapítulo. A primeira, a mais importante, diz que o político é uma dimensão autônoma da vida social, e que é esta autonomia que garante as liberdades públicas, enquanto que nos regimes totalitários tudo é político, sobretudo o econômico e o social. A outra posição, quase inversa, que encontramos entre os “republicanos” considera que a sustentação das instituições é mais importante do que as lutas pelos direitos de certas categorias particulares; este tema é central em todos os jacobinismos.

4. O trabalho de campo

O renascimento do pensamento social debutou com o desenvolvimento do trabalho de campo. A ideia de uma dominação global exercida por uma classe dirigente ou qualquer outro sistema foi abalada simultaneamente pelo reconhecimento da autonomia do político e mais ainda pela multiplicação de ações humanas diante das forças impessoais, como aquelas do mercado ou da guerra. Após uma fase de inquietação e até mesmo de desespero diante de nossa aparente impotência de ação sobre uma economia mundializada, vimos reaparecer movimentos sociais que contestavam essa ordem econômica imposta. Foi dentro da defesa do meio ambiente que se criaram as primeiras críticas que rapidamente levaram a um questionamento dos modelos anteriores de desenvolvimento. Nossas sociedades modernas estavam organizadas em torno da racionalização e da secularização, mas nos damos conta agora de que o dinamismo da sociedade capitalista, que lhe rendeu a conquista do mundo, não era dissociável de uma concentração extrema de riquezas nas mãos de uma elite dirigente, e consequentemente da transformação das outras categorias em figuras inferiorizadas. É por isso que, após a fase de conquista do mundo, vimos nascer as lutas de libertação das categorias dominadas. Todas essas lutas vitoriosas tiveram como resultado o enfraquecimento e até mesmo a destruição do modelo de modernização que se havia revelado tão eficaz ao longo de vários séculos. Ao ponto de alguns pensarem, em dados momentos, que a sociedade não era feita senão de conflitos e de negociações, esquema diretamente oposto ao pensamento histórico que havia triunfado com Fernand Braudel, este tendo insistido, ao contrário, na longa duração, isto é, naquilo que foge das intervenções humanas diretas.

O que fez renascer a análise sociológica, ao menos na Europa, contra o determinismo econômico e igualmente contra um voluntarismo autoritário, foi a sociologia do trabalho. Esta disciplina mostrou os erros ou as mentiras inerentes às declarações pseudocientíficas da organização científica do trabalho, de Taylor até Ford, e a presença, inclusive nas oficinas, de formas de controle coletivo do trabalho permitindo um exercício de pressão sobre o patronato e consequentemente abrindo negociações sobre as condições de trabalho. Estes estudos pontuais por vezes podem parecer demasiadamente próximos das realidades que eles observam. No entanto, eles se revestem da maior importância, já que nunca cessaram de trazer um desmentido às afirmações de que a ordem social, por ser "científica", não podia ser transformada por nenhuma forma de oposição. As pesquisas de campo nos livraram destes discursos ideológicos sem fundamentos. A Sociologia conseguiu sobreviver porque manteve suas exigências de pesquisa e de análise de documentos, o que é menos espetacular do que uma condenação radical da globalização, mas solapa as bases das visões tanto arbitrárias quanto grandiosas. Lá onde a Sociologia teve que abdicar dos estudos de campo, ao contrário, ela não teve a força de resistir às pressões ideológicas que contra ela se exerciam. É a razão pela qual, depois de ter analisado "calorosamente" o movimento de maio de 1968 na França, posteriormente a vida e a queda da Unidade Popular no Chile (1970-1973), eu realizei um conjunto de estudos de campo sobre os "novos movimentos sociais" e elaborei, a este propósito, o método de *intervenção sociológica*.

Esta intervenção, acima de tudo, consiste em substituir o estudo à distância dos atores e das situações pelo estudo da relação entre o pesquisador e o ator. Os pesquisadores ajudam um grupo de atores a refletir sobre eles mesmos e elaboram por sua parte uma hipótese que escolhem como sendo a mais favorável possível, aquela que dá à ação estudada a importância maior. Esta forma de agir, em geral é facilmente aceita pelos atores, que veem nisso o reconhecimento de sua ação. Se a hipótese é falsa, ela introduz a confusão e uma linguagem dupla, enquanto que, se ela for verdadeira, aumenta a capacidade de pensar e de agir dos atores. Este procedimento, longo e difícil de ser realizado, como o lembram as obras que arrolaram os resultados das intervenções que conduzi juntamente com François Dubet, Michel Wieviorka e, durante um período mais curto, Zsuzsa Hegedus, está o mais distante possível da concepção determinista que tão frequentemente confrontamos com as formas de agir concretas da pesquisa sociológica. Todavia, ficamos impressionados pela profundidade com a qual é acessada a palavra do pesquisador e, em resposta, a palavra do ator interrogado. Aqui entramos no coração do universo do ator que não se considera como tal senão por ser portador de valores superiores, isto é, portador da ideia de que o sujeito, fundado sobre ele mesmo, vai romper com os discursos que discutiam muito comodamente sobre sua existência. Foi a Sociologia, em suas atividades menos ideológicas, isto é, na coleta e análise de documentos, que produziu a força de resistência mais eficaz contra as ressacas ideológicas arbitrárias que buscavam nos sufocar sem nem mesmo dar-se ao trabalho de buscar as bases empíricas.

Mais recentemente, um exemplo me impressionou mais vivamente ainda. Eu tinha lido um grande número de livros e artigos, o mais frequentemente fundados em dados objetivos, e me sentia cercado pelas formas mais variadas da mesma afirmação central, a qual era igualmente uma denúncia: as mulheres são vítimas da desigualdade que elas sofrem e, mais ainda, de violências cujas origens geralmente procedem do interior do meio familiar. Não se trata ali de um discurso reduzido a uma vaga denúncia; ao contrário, excelentes trabalhos já exploraram as razões da desigualdade, da violência e do *sexual harassment* (assédio sexual). Mas eu estava constrangido por jamais ter ouvido mencionar a menor iniciativa, a menor resposta positiva contraposta pelas mulheres à sua condição sofrida. Eu decidi então fechar os livros e escutá-las, individualmente e em grupos, mulheres escolhidas dentro de categorias diversas e falando de sua experiência de vida pessoal. Muito rapidamente descobri que a palavra destas mulheres era profundamente diferente daquela que lhes emprestávamos, e que ao escutá-las transformamos completamente nossa representação das mulheres. Elas não são, certamente, somente vítimas, mas igualmente criadoras de uma nova cultura, primeiramente para elas mesmas, e para os homens também. A ideia de impossibilidade de escapar da dominação masculina, da forma como foi publicada pelos trabalhos pós-marxistas, ficou marginalizada.

Como pode um sociólogo não atribuir uma importância primordial às observações feitas em pesquisas de campo ou nas informações recolhidas em documentos que lhe permitem formar seu pensamento ao sofrer também o menor envenenamento possível das ideologias dominantes? Tudo somado: ao longo do último quarto de século, o discurso interpretativo dominante trouxe à luz pouquíssimas pesquisas e se apoiou em pouquíssimos resultados, enquanto que, pouco a pouco, os trabalhos que merecem o nome de *sociologia* recuperaram terreno e evidenciaram inclusive o vazio e a arbitrariedade das declarações que, à primeira vista, pareciam ter revelado as verdades mais profundas, mas que não passavam de formulações nada originais dos preconceitos fundamentais.

5. Michel Foucault, o barqueiro

Inicialmente evoquei a forma com a qual o discurso interpretativo dominante tentou impor-se ao jogar na penumbra ou ao condenar todas as outras formas de pensamento. Felizmente ele nunca ocupou completamente o campo todo. Podemos ficar até mesmo admirados com a diversidade e a riqueza de correntes de pensamento que lhe fizeram frente, para não mencionar os pensamentos que não se aperceberam de sua existência. No entanto, o que não encontramos ainda é um pensamento que revire do avesso este discurso interpretativo dominante ao dar um espaço central à ideia de sujeito que odiosamente ele queria eliminar. Ora, este pensamento existe; é aquele de uma das figuras mais importantes deste período, talvez até mesmo a mais eminente: Michel Foucault.

Eu me senti encorajado a criar um modo de pensamento oposto àquele do discurso interpretativo dominante quando cruzei, em meados de minha vida, com a última parte da obra de Foucault, aquela que ele escreveu entre 1976 e 1984. Esta parte é conhecida principalmente pelos últimos livros que ele publicara em vida: *Le souci de soi* (A preocupação consigo) e *L'Usage des plaisirs* (O uso dos prazeres. Gallimard, 1984), aos quais se adicionam a edição de seus cursos no *Collège de France*, em particular *L'herméneutique du sujet* (A hermenêutica do sujeito, curso de 1982) e a republicação, no segundo volume de *Dits et écrits* (Ditos e escritos), cujo texto foi organizado por Daniel Defert e François Ewald (Gallimard, 1994 e 2001), textos geralmente dispersos em revistas de difícil acesso. A referência à obra de Foucault que faço aqui, quase na junção das duas partes deste livro, pode surpreender. Não é Foucault o autor de *Surveiller et punir* (Vigiar e punir, traduzido pela Vozes) e, muitos anos antes, 1966, de *Les mots et les choses* (As palavras e as coisas), obra que permaneceu como bandeira do anti-humanismo? No entanto, é exatamente porque Foucault ocupou um lugar preponderante dentro da corrente dominante que se faz necessário mostrar que ele igualmente foi um de seus principais críticos. Bem antes deste período de sua vida, que começou com suas interrogações sobre seu vasto projeto de uma história da sexualidade, introduzida pelo livro *La volonté de savoir* (A vontade de saber. Gallimard, 1976), numerosas vezes ele manifestou sua irritação diante daqueles que lhe faziam dizer que o saber é o poder, ideia que ele rechaçava totalmente, já que ela tornava incompreensível grande parte de sua própria obra. Desde aquele momento, ele insiste em esclarecer que o objetivo central de sua vida foi "sempre a verdade, dizer a verdade, *Wahr Sagen*, aquilo que diz a verdade". Mas, imediatamente acrescenta: "E a relação entre dizer a verdade forma-se de reflexões, reflexões de si sobre si".

Esta dualidade de alvos de seu pensamento não cessou de reforçar-se até se revestir de sua forma mais completa em seus últimos livros. Sobretudo quando ele insiste em demonstrar que, entre os gregos, o conhecimento de si (*Gnôthi Seautou*, segundo a resposta de Pythie[4] a Sócrates) devia ser associado à preocupação consigo (*Epimeleia Seautou*). O ser humano é, pois, um sujeito que simultaneamente produz o conhecimento e reflete sobre ele mesmo como criador de conhecimento, e mais profundamente como relação de si para si. Foucault encontra inclusive em Platão a origem de todos os pensamentos que, na era helenística e dos primeiros séculos do cristianismo, insistem na preocupação pelo si, e que se transformam em centro ético, ao passo que Aristóteles e seus sucessores, de Santo Tomás de Aquino a Descartes, permanecem atrelados unicamente à função primordial do conhecimento.

O que impeliu Foucault a dar este lugar central à reflexão de si sobre si está no próprio coração de sua obra. Primeiramente sua rejeição a um humanismo essencialista enquanto que ele constantemente quis mostrar como varia a maneira com que se opera a construção do sujeito numa sociedade ou noutra; a subjetivação, em seguida, porque ele pensa que esta construção não é possível sem a resistência a uma dominação, ou melhor, sem uma resistência às relações de dominação sofridas. Estes dois temas se tornaram caros para ele desde quando ele concentrou sua atenção na sexualidade, isto é, na forma com a qual as diferentes sociedades a constroem, a partir do desejo e inclusive do prazer, como um domínio da moral. É bem verdade que, como discípulo de Nietzsche, ele tentou considerar que esta criação era menos aquela de um universo moral do que aquela de um universo estético; mas sua consciência de todas as formas de repressão o conduz ao tema da ação sobre si e à afirmação do primado desta (*askésis*) sobre o conhecimento de si (*mathesis*).

É desta forma, através da sexualidade, que ele vê o homem moderno constituir-se maximamente como sujeito.

Mesmo se os últimos livros de Michel Foucault publicados em vida e o primeiro livro importante sobre suas ideias, aquele de Hubert Dreyfus e Paul Rabinow, foram amplamente lidos e comentados, podemos nos questionar se esta última fase de sua vida, em ruptura com seu primeiro projeto relativo à história da sexualidade, obteve a atenção que ela merece. A distância criada por seu recurso à história grega, helenística e romana, criou um obstáculo ao reconhecimento da reviravolta de um modelo ainda presente na primeira fase de sua obra, que é objeto de uma crítica bastante geral em seus últimos cursos no *Collège de France*

[4] Pítia, sacerdotisa de Apolo, em Delfos (N.T.).

e em numerosos textos que escreveu durante seus últimos anos de vida. Michel Foucault nada mais é do que um grande barqueiro. Este, partindo de sua oposição a Sartre, e atravessando os maiores temas do discurso interpretativo dominante, alcança a ideia de sujeito e de subjetivação que nos libertam do sufoco imposto pela noção de uma sociedade sem atores, sem reflexão e sem consciência. É por isso que fiz aqui uma peregrinação ou um desvio para o Foucault dos últimos anos antes de expor mais diretamente minha reflexão, que cruza uma etapa da sua e que se sente confortada e até mesmo legitimada por seu esforço inovador.

PARTE II

Um novo olhar

1

Introdução à segunda parte
O teatro está repleto

1. A eloquência póstuma

Aos que nasceram ao longo deste período vou consagrar o que segue neste livro; mas é necessário, antes de deixar para trás a tonalidade cinzenta deste fim de etapa, avaliar o mais corretamente possível a importância e a natureza dos discursos que foram feitos sobre ela. Minha hipótese é de que, ao longo deste meio século, assistimos ao esgotamento e à sobrevivência fantasmagórica do modelo europeu de modernização. Já evocado, este modelo deve ser apresentado dentro de sua lógica principal.

Enquanto os impérios anteriores tinham se fechado dentro da conservação da ordem social, o Ocidente concentrou todos os seus recursos nas mãos de uma elite conquistadora. Esta dominou a natureza pela ciência e pelas técnicas, conquistou o espaço pelas telecomunicações e os territórios pelas guerras. Desta forma ela pôde acumular instrumentos materiais e o bem-estar. Esta concentração de recursos dentro de um corpo de batalha hiperarmado teve como contrapartida a criação de um estatuto geral de inferioridade para as outras categorias: trabalhadores, mulheres, colonizados, crianças. Estas poucas palavras resumem a história do Ocidente: ele conquistou o mundo ao preço de extremas tensões internas. A criação de uma monarquia absoluta, os primórdios do capitalismo, os da ciência bem como os da filosofia do direito, marcaram os inícios deste período, mas foram seguidos pela era das revoluções: os cidadãos derrubaram os reis; os assalariados, seus patrões todo-poderosos; os colonizados expulsaram seus colonizadores; as mulheres obtiveram o reconhecimento de seu direito de dispor delas mesmas. As riquezas acumuladas foram repartidas um pouco menos desigualmente, a mobilidade no interior da totalidade aumentou, o nível de tensão baixou: os movimentos revolucionários se transformaram em programas de reformas sociais. A decomposição deste grande modelo europeu de conquista da Modernidade foi total quando a elite conquistadora cedeu seu poder ao mercado enquanto se formavam os novos impérios fora da Europa e contra o modelo europeu. No centro da própria Europa este modelo foi desnaturado e coberto de sangue pelos regimes totalitários que quiseram impor um comunitarismo racista a todas as populações, suprimindo os inimigos internos, vistos como inferiores. A Alemanha de Hitler aplicou o golpe de misericórdia ao modelo europeu que já se havia enfraquecido ao perder seu sangue ao longo da Primeira Guerra Mundial.

Foi quando este modelo europeu se viu desgastado e posteriormente destruído, quando sua força conquistadora desapareceu e quando as categorias dominadas conseguiram libertar-se, ao menos em parte, de sua sujeição que apareceu o fantasma ideológico desta história. Aqueles que não estavam nem do lado dos poderosos nem dos humilhados, sejam eles intelectuais, políticos, jornalistas ou outros, interpretaram este período, doravante quase vazio de atores, como uma narrativa épica incapaz de mobilizar os personagens reais. Eles reavivaram então o "espírito" do desenvolvimento europeu; eles buscaram e encontraram em toda parte as marcas de uma dominação absoluta, mas sem mais encontrar nem dominantes nem dominados, e num período no qual os Estados social-democratas ou nacionalistas redistribuíam uma parte significativa da renda nacional e onde a classe operária estava dividida pela ruptura entre os socialistas que escolheram o Oeste e os comunistas que, inicialmente mais poderosos em vários países, escolheram o Leste, ou seja, o campo soviético.

2. Um novo caminho

Retomemos nossa reflexão lá onde a abandonamos no final da primeira parte desta obra. De todos os lados vemos ruínas se empilhando. Os nobres estandartes que representavam as instituições ruíram; em toda a parte a violência ultrapassou as possibilidades de controle social. A fome, as deportações e a doença destroem populações inteiras. A sociedade como combinação de formas de interação, de sistemas de decisão, de agentes de aculturação e de repressão, em quase toda parte está se decompondo. E o "corpo social" aparece como um corpo extenuado, decapitado, quebrado. O mal corrói as sociedades reais como piolhos ou drogas; é a atração do dinheiro fácil corroendo a vida do indivíduo. De repente as instituições deixam de inspirar confiança: não existe mais justiça, escola, partidos, sindicatos. Esta visão pessimista facilmente pode ser temperada por aqueles que se lembram dos horrores do século que acabamos de vivenciar. Não é menos verdade que depois das grandes catástrofes totalitárias, cujas réplicas aqui e acolá não deixaram de existir, vemos criar-se um mundo completamente desorientado antes de um mundo vítima da barbárie de dirigentes selvagens.

Eu não busco pintar com cores negras ou sombrias a situação do mundo contemporâneo; meu desejo é, ao contrário, nesta segunda parte, indicar alguns sinais que podem levar a um novo pensamento e a uma nova ação social. Foi para avançar o mais rapidamente possível nesta via que inicialmente tive que desenterrar os obstáculos que não permitiam o acesso a este mundo contemporâneo. Eu repeti suficientemente que a sociologia das sociedades, seja ela funcionalista ou crítica, colocou-se em trajetórias que devem ser abandonadas. As concepções da vida social que ao longo da primeira parte evoquei não podem criar espaços verdadeiramente favoráveis para esta disciplina. A herança marxista conduz à denúncia da globalização, da hegemonia americana, da ruína das culturas locais ou até mesmo das novas formas de escravidão e dominação das mulheres; os sociólogos que cunhei de liberais agravam ainda mais a crise das sociedades: eles não acreditam senão no interesse e no prazer; o utilitarismo impede toda e qualquer política de reconstrução social. Enfim, quero lembrar mais uma vez o forte movimento de retrocesso que nos desloca da sociedade para a comunidade, da diferenciação para a homogeneização, da laicidade para a obsessão pela identidade.

Sim, todas as vias estão fechadas – salvo uma. Entretanto, esta é tão larga e vasta que facilmente nela podemos encontrar a diversidade dos temas e das escolas sem os quais a Sociologia se reduziria a algumas mensagens aspergidas do alto, várias vezes ao dia, pelos alto-falantes, sobre toda a população. Avançaria assim o mais rapidamente possível neste caminho sem jamais esquecer que, se acabo de distanciar-me dele, é para não cair inevitavelmente na cova das serpentes.

Se afastamos ambas as representações da ação social que repousam sobre a ideia de *sociedade*, cuja utilização penso que não pode mais ser feita, convém formular um princípio que possa servir de fundamento principal para a sociologia de hoje. Esta nova orientação do pensamento e da análise social é aquela que denomino de *sociologia do sujeito*, em dando a este termo ainda mais força pelo fato de que ele foi por longo tempo difamado e considerado como pertencente a um passado que já não existe mais.

Por que uma sociologia do sujeito? A primeira razão, provavelmente a mais importante, é a reação histórica contra o nazismo. Este não podia ser compreendido como uma manobra do grande capitalismo alemão, menos ainda como a aventura de um reduzido grupo de exaltados e furiosos, certamente também não unicamente como uma forma exacerbada de nacionalismo alemão. Aqueles que colocaram a perseguição contra os judeus no centro da análise tiveram razão e puderam apoiar-se em textos do próprio Hitler e de seus colaboradores mais próximos; mas a realidade foi de tamanha violência, passou tão longe de qualquer projeto social, cultural ou político, para se transformar na expressão do Mal, que era impossível não apelar, diante deste desencantamento, para um sentimento elementar de humanidade que se traduziu em desespero, compaixão, revolta, coragem. Protesto mais silencioso do que formulado: a voz dos mortos era mais ouvida do que a dos vivos, e quando, mais tarde, vimos a extensão dos campos soviéticos e que a Kolyma veio unir-se novamente a Auschwitz no centro de nosso espírito, como não teríamos buscado imperativamente um princípio de avaliação e de compreensão que não seja nem social, nem político, nem econômico, que até mesmo teríamos dificuldades em qualificá-lo como cultural, já que se trata de defender o que é mais vital: a afirmação pelos humanos de que eles têm direitos, mesmo diante dos regimes que negam a milhões de seus cidadãos os mínimos direitos, inclusive o direito de seres humanos.

Não é necessário, entretanto, deixar-se levar por um otimismo voluntarista. Para além da ruptura e do enfraquecimento das instituições, eu particularmente vi no "fim do social" um confronto face a face entre o mundo "objetivo", o do mercado, das tecnologias e também da guerra, e o mundo do sujeito, justamente por ele estar diretamente engajado na sociedade presente, enquanto que, nas sociedades de um passado recente, ele escondia-se por detrás das imagens do cidadão, do trabalhador. Todavia, estou ciente de que este discurso repousa sobre uma confiança na ação libertadora do sujeito e dos movimentos sociais, confiança que acredito justificada e mesmo necessária, mas que não deve fazer esquecer a face sombria de morte que recebe este movimento do "fim do social". O que esta noção introduz, de fato, é a decomposição interna das condições de formação dos atores. O que é bem diferente dos fenômenos de dominação, de colonização ou de destruição que conhecemos tão continuamente durante o período clássico do modelo europeu, ele mesmo voltado acima de tudo para a conquista do mundo exterior. Nós passamos dos problemas que poderíamos definir em termos de dominação e de exploração para novos problemas que certamente devem ser definidos em termos de decomposição e de dessocialização, por um lado, mas também de construção mais direta do sujeito por ele mesmo, por outro lado. Os que acreditam que ainda vivemos dentro do antigo modelo político, isto é, que todos os problemas se reduzem em definitivo, seja a uma dominação colonial, seja a uma dominação de classe – cuja dominação masculina não passaria de um aspecto particular –, enganam-se profundamente: os problemas mais dramáticos estão no interior de nosso mundo e de nossa cultura, não na oposição entre nosso mundo e aqueles que estão submetidos à sua dominação. É por esta razão que o problema mais visível é aquele da ecologia, das ameaças de morte que pesam sobre nosso meio ambiente, portanto, sobre o planeta, e aqui se trata exatamente de um questionamento de um modo de desenvolvimento, de um modo de vida, de um modo de controle da totalidade das atividades econômicas e sociais.

É nossa representação de mundo que faz com que não avancemos suficientemente rápido. As ideias falsas, que não recortam as práticas observáveis, que são fundadas sobre informações errôneas ou são simplesmente confusas, impedem-nos de buscar, de encontrar, de discutir os problemas reais, portanto, de fazer as boas escolhas. No entanto, ao longo deste período foram criadas grandes obras do espírito, dentre as quais algumas permanecerão como clássicas, e conseguimos neste começo de século XXI introduzir em nosso meio pensante numerosos problemas novos e respostas novas. As ciências humanas foram renovadas pela reflexão sobre o totalitarismo e a mundialização, sobre os encontros entre as culturas e o respeito das minorias, sobre a impossibilidade de prosseguir com o modo atual de desenvolvimento econômico e sobre a necessidade de elevar o nível de vida dos mais pobres. Nós também aprendemos a avaliar uma cultura pelo lugar que ela reserva às mulheres e nos livramos das ilusões sobre o fim das religiões. A tudo isto se ajuntou uma capacidade de transportar e de utilizar informações em quantidade rapidamente crescente. Não adotemos, pois, o prazer perigoso de nos definirmos como um continente em declínio ou como um conjunto de países tornados incapazes de gerir seu presente e de preparar seu futuro! Um tal pessimismo é realmente muito cômodo; ele nos dispensa de procurar nossas reais fraquezas. Sobretudo, na ordem dos saberes, precisamos identificar os erros cometidos, as ideias que não soubemos elaborar e utilizar. Temos necessidade de nomear, de estudar, de avaliar as maiores insuficiências do meio século que acabamos de atravessar.

Eu constato que pouco a pouco o nevoeiro se afasta, que as nuvens se dissipam. Cada vez mais as pessoas se despertam, mesmo se com cara de ressaca. Ninguém mais está ao abrigo da autocrítica. Quanto a mim, creio ter mostrado com constância a direção de pensamento que me parecia justa; eu sempre acreditei na libertação dos atores, na importância dos conflitos, na necessidade de transformar nossos principais instrumentos intelectuais. Por esta razão mesma, atribuo-me o direito de adotar um tom crítico para falar de um passado ainda recente. Doravante, num período em que as grandes esperanças e as grandes cóleras recaem novamente, é mais fácil distinguir o verdadeiro do falso, os conhecimentos duráveis daqueles que estão fadados a uma destruição rápida.

A reconstrução de um pensamento social analisando o mundo contemporâneo, em particular nos países ditos desenvolvidos, avançados, parte necessariamente daquilo que chamei de *o fim do social*. É uma hipótese bastante pesada, mas que me parece de acordo, ao menos em grande parte, com a orientação geral dos estudos mais bem sedimentados. Procuro evitar aqui o confronto entre os pensamentos que seriam opostos em tudo. Os temas do fim do social e da mudança de *paradigma* me parecem um ponto de partida suscetível de ser aceito por muitos.

Em seguida se apresenta uma escolha: seria ou não necessário explorar todos os temas que devem constituir um novo pensamento social? Evidentemente, seria o objetivo a ser alcançado, mas aqui é impossível tratá-los de maneira satisfatória conjuntamente. Escolhi, pois, apresentar alguns conceitos que me parecem indispensáveis para retomar um trabalho de reconstrução. Precisamos redefinir a ideia de *modernidade*, aquela de *sujeito* e, por consequência, aquela de *movimentos sociais*. Uma vez cumprida esta tarefa, eu ainda estarei muito distante das realidades sociais que pretendo apreender. Precisarei, antes de tudo, de dois outros conceitos dos quais a Sociologia não pode passar ao largo: aquele de *conflito* e aquele de *alteridade* (antes que de diferença). Se eu puder ir mais longe, vou encontrar pelo caminho o tema das *instituições*, já que teria primeiro definido o sujeito como um ser de direito. Aí sim será possível abordar os temas cujo estudo, sempre complexo, deve ser abordado o mais tarde possível: a religião, a política, a vida familiar, as relações com o tempo e o espaço, tudo aquilo que constitui o trabalho permanente da Sociologia. Mas, por hora, ficaria satisfeito se pudesse ao menos abrir as portas dando acesso aos meios para compreender as novas condutas e os novos modos de transformação das sociedades.

3. Sonho ou realidade?

Na abordagem da segunda parte deste livro, onde proponho uma concepção da vida social que melhor explica a realidade do século passado, que por tão longo tempo foi dominado por pensamentos dominantes, não é nos sociólogos próximos ou distantes que eu penso; é na questão inquietante que nos lega este século sangrento, fanático e mentiroso: nas margens deste oceano de morte existe ainda lugar para um pensamento da liberdade, do indivíduo, para uma compreensão dos combates conduzidos em favor dos direitos políticos, sociais e culturais? O pensamento que busco elaborar não é irrisório? Tem ele a mínima chance de direito e cidadania numa época de enfrentamentos entre regimes totalitários, de distúrbios engendrados por um capitalismo brutal ou pelo capitalismo de Estado chinês? Não teriam razão os que falam não sem desprezo de nosso "idealismo pequeno-burguês"? Se eu não tivesse respostas a estes ataques humilhantes, há muito tempo teria parado de publicar livros e seguramente não escreveria a segunda parte deste, aos pés do qual eis-me chegado. Que tantos bons espíritos, dentre os quais os das ultraesquerdas europeias ou americanas, tenham-se enganado tão constantemente, que tantas personalidades de renome não tenham visto o crescimento do nazismo, que não tenham querido compreender o sentido da política de Vichy ou desistido de denunciar os campos soviéticos, isso não me serve de ajuda alguma. Isto porque minha primeira preocupação não é denunciar o mal e a morte, mas demonstrar a realidade e a importância das condutas políticas criativas e cheias de conflitos às quais quero consagrar toda a minha atenção. Não obstante isso, tenho receios; o mundo ainda existe?

Sinto-me no dever de repetir, portanto, antes de me engajar na exposição de meu pensamento, a razão pela qual falo mais especificamente da realidade e não de uma pura criação proveniente de minha imaginação. Visto do alto, o planeta está coberto de campos e desertos, de centros comerciais, de prisões, de escritórios. Desta altura, não ouvimos vozes humanas, não recebemos mais mensagens, nem apelos ou protestos. Para fugir desta descrição demasiadamente geral e superficial, os sociólogos de todas as tendências, desde seus primeiros trabalhos, escolheram colocar-se o mais proximamente possível daqueles que queriam conhecer e compreender: nas fábricas, nos hospitais, nos subúrbios, nas escolas, nas prisões. Há muito tempo que igualmente eles buscam criar espaços protegidos nos quais podem ouvir belos projetos acompanhados de protestos. Da mesma forma com que os historiadores de hoje garimpam todos os documentos, orais e escritos, suscetíveis de nos informar o lugar e o período que estudam. Alguns até ouvem os indivíduos, porém mais dialogam do que interrogam. Não é abaixo da "sociedade" que um sociólogo deve colocar-se, ao menos se ele se pretende um verdadeiro pesquisador, mas acima dela, na mesma medida daqueles que ali vivem, pensam e formulam suas reclamações ou projetos.

Não é em nome da sociedade que devemos julgar o ator; é em nome do sujeito que devemos julgar a sociedade. Meu objetivo é iluminar a experiência, as orientações, as informações a partir das quais você e eu vamos construir nossas vidas. Esta experiência não pode mais ser um simples reflexo da grande História, já que guiada pela relação subjetiva do si para si, da forma como no-la permitem a reflexão e a consciência. Estes termos não são menos vagos daqueles que designam a sociedade industrial ou os diversos regimes políticos; tais termos lhes são até menores, visto que o que se construiu apoia-se em longas escutas, em noções que não representam uma realidade objetiva, mas uma situação do sujeito. É este universo do sujeito constantemente confrontado àquele do objeto e de sua gestão que devemos compreender prioritariamente se quisermos descobrir como e por que agimos. Aqueles que colocam este mundo da subjetividade em curto-circuito estabelecem a melhor das vagas correlações que não explicam nada, mesmo se sua utilidade descritiva é incontestável.

É necessário, pois, começar por lá: pela escuta dos atores sociais e culturais que tantos autores e tantos programas escolares haviam condenado ao desaparecimento e que os redescobrimos enfim no momento em que o barulho da manhã torna inaudível a litania daqueles que repetiam sem parar: "o sujeito se suicidou, o sujeito morreu".

Não, ele não está morto, ele nos convida a visitar seu atelier, muito mais real do que todos os castelos imaginados por aqueles que se acreditavam os intérpretes do sentido da história.

2

A Modernidade

Dentro da escolha dos quatro temas apresentados nesta segunda parte, não qualquer intenção de esboçar a confecção de um tratado ou de um manual de Sociologia. O que me orientou foi a vontade de colocar em relevo as formas pelas quais se constrói um novo tipo de pensamento social. O tema da *modernidade*, sobretudo na definição que aqui lhe dou, parece-me merecer prioridade primeiramente porque ele carrega consigo todos os verdadeiros e os falsos combates. Esta noção, de antemão informo que vou construí-la ao mesmo tempo contra os guarda-costas da racionalização e contra os pregadores do multiculturalismo. Mais positivamente: este tema cria por si mesmo a distância do sujeito ao ator que vai permitir que a ideia mesma de sujeito seja compreendida. Ao afirmar a presença do universal dentro de cada experiência particular, o tema da modernidade nos premune ao mesmo tempo contra toda a filosofia da história e contra toda tentativa de impor seu pensamento de maneira hegemônica por não importar qual tipo de sociedade, em particular pelas mais poderosas. Esta ruptura entre o mundo das práticas sociais e a ideia de um sujeito que não pertence a este mundo é indispensável para entrar na perspectiva que eu tento apresentar aqui em seu conjunto. A importância da ideia de *sujeito*, tal como aquela de *direitos humanos*, é a de fazer avaliar as condutas sociais através de uma referência positiva ou negativa na construção do sujeito como portador de direitos universais, e não mais em termos de utilidade social.

O tema dos *movimentos sociais*, que foi enfraquecido por sua utilização demasiadamente vaga, não recobra toda a sua força a não ser se estreitamente associado àquele do sujeito. Um movimento social não se reduz jamais a um conflito de interesses; para que o emprego desta noção seja justificado, é necessário acrescentar ao conflito a referência comum dos adversários quanto às "vantagens", aos recursos ou aos valores, como foi o caso para o movimento operário e para o capitalismo industrial.

É somente depois de ter percorrido a primeira parte deste itinerário que podemos abordar o problema mais discutido na Sociologia contemporânea, aquele das *relações interculturais*, expressão por mim escolhida porque ela afasta um multiculturalismo radical que impede toda a comunicação entre culturas diferentes, e, concomitantemente, um falso universalismo que acaba negando a especificidade de cada cultura ou de cada movimento social. Bom seria avançar na reconstrução do pensamento social, mas, neste caso, far-se-ia necessário percorrer até o fim o caminho e apresentar um quadro conjunto da teoria sociológica, o que mascararia a intenção central deste livro, que visa individuar os elementos primeiros de uma reconstrução do pensamento social.

Nenhuma noção foi mais atacada do que a da *modernidade*. Muitos quiseram ver nela um sinal da dominação ocidental sobre o conjunto do planeta: ela não nos diz que "a modernidade somos nós, o que fizemos, e como o fizemos, e que vocês, o resto do mundo, não passam de subdesenvolvidos, obstáculo para a modernização"? Convém distanciar-se com o mesmo vigor desta definição e daquela que se atribui uma aparência quantitativa, como se o desenvolvimento consistisse exclusivamente em ultrapassar um certo limiar. Foi assim que falamos por tanto tempo dos países desenvolvidos, subdesenvolvidos, e em vias de desenvolvimento, expressões difíceis de definir, que não podem ser aceitas e utilizadas senão para situar os limiares mais característicos e levantar a lista dos países que, num dado momento, podem ser classificados numa destas três categorias. Não encontramos qualquer dificuldade em perceber que os diferentes critérios não se correspondem estritamente, que o nível de produção e de produtividade, o nível de educação, o estado mais ou menos democrático das instituições políticas, referem-se a critérios tão numerosos que, para levá-los em consideração conjuntamente, logo nos apercebemos que nem todos se fundem dentro de uma dimensão geral do desenvolvimento. Foi assim que Amartya Sen detonou as definições monetárias relativas ao nível de vida.

1. A razão e os direitos

É de uma forma completamente diferente que devemos definir a Modernidade. Ela existe lá onde cada situação particular, cada elemento do funcionamento de uma sociedade pode ser considerado e definido de um ponto de vista geral, *universal* mesmo, extrapolando as condições particulares da ação considerada. Para tomar um exemplo mais difundido: nós reconhecemos como verdadeiro, desde os últimos dois ou três séculos, o desenvolvimento científico em certos países do mundo, desde que seguramente, através de causas locais, econômicas, políticas ou culturais, ele tenha feito aparecer leis científicas, métodos de produção e, principalmente, possibilidades e meios combinados de valor universal. É absurdo falar em física ocidental, em biologia norte-americana ou europeia; em contrapartida, é necessário saber separar nitidamente o específico da universalidade e as condições historicamente muito concretas e particulares que explicam a aparição da Modernidade num dado momento e num dado lugar.

Quais são os elementos deste grande movimento de reviravolta que conduz cada indivíduo e cada grupo particular a reconhecer nele mesmo não somente um usuário da razão e de seus princípios universalistas, mas o portador de um individualismo universalista, isto é, afirmando os direitos de cada um, iguais para todos e, consequentemente, universais?

Reduzamos ao máximo possível o número das componentes da Modernidade, assim como a periculosidade que consiste em ver por toda parte o universal. Neste espírito, é possível limitar a dois os princípios fundamentais do universalismo que define a Modernidade.

O primeiro é a crença na *razão* e na *racionalidade científica e técnica*, pois tanto os costumes e as técnicas mesmas estão estreitamente associados a uma época e suas formas particulares de organização social e de orientações culturais quanto a razão científica e técnica; esta não tem qualquer motivo para rejeitar *a priori* as técnicas e os costumes tradicionais, nem pode sozinha apelar para o caráter universal da demonstração científica e negar a possibilidade de reproduzir as experiências e formular leis válidas para todo o planeta e para todas as culturas. Afastemos o mais rapidamente possível as objeções que não deveriam intervir aqui. O recurso à razão e a crença na racionalidade científica não significam que o conhecimento científico se define inteira e unicamente pelo universalismo. De Popper a Merton e a Kuhn, numerosos são os que nos ofereceram uma concepção menos ambiciosa da ciência. Isto não significa que o conhecimento científico, tal como está constituído, ultrapasse o quadro das diferenças sociais e culturais. Outra objeção consiste em protestar contra a redução da experiência humana a componentes racionais; esta afirmação não pode ser defendida, já que ela nunca foi formulada pelos sociólogos. Invocar o caráter universal da razão não significa, de forma alguma, que a experiência não seja feita senão pela razão; seria de fato irracional defender esta tese.

A outra componente, que diz respeito mais diretamente às ciências humanas e ao conhecimento histórico, é a afirmação dos *direitos individuais*, independentes de todo atributo e de toda particularidade da ordem social, econômica ou outra ordem qualquer. O célebre texto da Declaração dos Direitos Humanos e do Cidadão de 1789 diz: "Os homens nascem livres e vivem livres e iguais em direitos". Ali está o essencial, que evidentemente não é uma constatação empírica, mas a afirmação de que existe, para além das evidentes diferenças separando os indivíduos em todas as ordens de capacidade de comportamentos, uma definição universalista do ser humano que ultrapassa todas as formas de organização social ou política. Ali, ainda, seria um tanto quanto aventureiro acusar esta posição grandiosa de esquecer o conteúdo das experiências humanas e de imaginar uma igualdade entre os indivíduos reduzidos à sua mera individualidade, fora de sua posição política, de suas relações sociais e de suas pertenças culturais.

Muitos afirmaram a unidade destas duas componentes da Modernidade: não é o trabalho da ciência que destrói todas as tentações "holistas" do pensamento social e obriga a considerar o indivíduo ele mesmo como particular, e não como parte de um todo?

Esta interpretação não pode ser aceita, pois, se é verdade que a ciência separa o conhecimento dos objetos estudados, a acumulação das fontes engendra por ela mesma uma forte polarização da sociedade, de forma que as categorias consideradas como inferiores devem renunciar à sua subjetividade tanto quanto à sua capacidade de iniciativa. Elas não podem receber uma individualidade a não ser de uma concepção *religiosa* para a qual esta subjetividade é uma graça de Deus. A religião pode reforçar a interdependência dos elementos de um sistema e, portanto, sua imobilidade; mas ela igualmente pode criar um individualismo que concebe cada qual como criatura divina, capaz de estabelecer relações com o divino. Estas duas interpretações da religião são complementares e não opostas uma a outra. A religião garante a ordem estabelecida ao ponto de querer ser seu poder central; mas ela também oferece um *recurso* contra o poder político, militar e econômico. No cristianismo, o martírio de Jesus, filho de Deus, confere uma força sem igual à afirmação do indivíduo e de seu próximo. Eis quem nos libertará de toda tentação globalizante, como postulavam os filósofos da história, para quem todos os elementos da evolução histórica – a política, a economia, as formas de vida religiosa – caminham juntos.

A afirmação de todos os direitos, isto é, do universalismo de direitos em todos os domínios concretos da vida, quer se trate de direitos políticos, sociais ou culturais, é uma postura tão pouco "natural" que não pôde ser realizada senão no final de um longo período histórico delimitado por batalhas, vitórias e defeitos. A afirmação dos direitos humanos jamais está assegurada; incessantemente os sistemas de poder e os espíritos comunitaristas tendem a negar este universalismo que se lhes aparece como a negação de seu papel central. Desde então, devemos, pois, encarar a hipótese de que se formam sociedades que *recusam* a Modernidade. A hipótese não tem nada de artificial: nossa história moderna e contemporânea está cheia destas sociedades. Todos os comunitarismos, desde as seitas formadas até o regime nazista, recusaram esta Modernidade, sendo que este segundo o fez de maneira muito consciente ao se definir ele mesmo como *völkisch*, isto é, popular – e ao dar ao termo "povo" a significação que ele tem dentro da tradição germânica, ou seja, uma unidade ao mesmo tempo histórica, cultural e biológica de um conjunto humano, concepção que, bem o sabemos, opôs-se longamente à concepção dita francesa de *civilização*, que reivindica uma significação universalista. (Nos absteremos de entrar num debate que mereceria ser tratado com mais nuanças para não contrapor radicalmente uma concepção dita francesa à outra dita alemã, o que não corresponderia à realidade.)

Mais inquietante é a imagem de um possível futuro sem modernidade. Esta inquietação é mais viva hoje, pois o rápido crescimento em poder da China parece realizar-se dentro dos quadros de um capitalismo de Estado sem liberdade, sem política social nem cultural, mas que, no entanto, chegará muito rapidamente, disso ninguém duvida, a uma dimensão econômica, tecnológica e militar capaz de desafiar qualquer outro poder no mundo. Eu só introduzi brevemente esta hipótese para lembrar que a existência da Modernidade não tem nada de necessário nem de natural. É uma criação humana, de ordem social e cultural, constatação que não deve por isso introduzir qualquer relativismo. A importância da ligação histórica entre a Europa do século XVIII e o universalismo não impede este último de existir por si mesmo e de poder se afirmar em situações históricas muito diferentes.

A definição da Modernidade pela conjunção do pensamento racional e dos direitos humanos de cada indivíduo, no entanto, permanece na superfície das coisas. Pois estas duas componentes, acusadas efetivamente de unir-se, tendem constantemente a dissociar-se.

A história e a natureza da Modernidade são definidas antes de tudo pela separação crescente do mundo objetivo e do mundo da subjetividade, do conhecimento do mundo e da compreensão de si. No universo moderno, as relações que unem as coisas entre si não têm quase nada a ver com o sentido com que elas se revestem para os consumidores. As Ciências Sociais nasceram deste dualismo: seu objetivo não é aquele das Ciências Naturais; o objetivo é compreender as condutas carregadas de *orientações normativas* em relação ao semelhante. Esta autonomia do mundo do sujeito não parou de se reforçar. Ela era ainda fraca no momento das grandes revoluções, quando a linguagem da necessidade se confundia com aquela da liberdade; ela tornou-se mais forte quando os primeiros sociólogos nos ensinaram que o sentido inerente a uma situação e seu sentido para os atores são complementares, que a única maneira de compreender as condutas consiste em definir sua função para uma sociedade, considerada seja como uma instituição seja como um sistema de dominação. Ela ainda cresceu quando essa Sociologia clássica se decompôs; e atualmente ela está em vias de desaparecimento. Permanecem frente a frente os canais de comunicação e a consciência de si.

As construções que denominamos de sociedades, feitas de atividades e de leis, de hierarquias e de solidariedades, se dissolvem como se os monumentos que concebíamos como feitos de mármore e de cimento não passassem de castelos de areia, que têm uma aparência sólida, mas que se degradam na secura do vento. Este vento, que se tornou tempestade, é o movimento acelerado das trocas financeiras, econômicas, midiáticas; ele sopra sobre o planeta inteiro e coloca tudo em movimento. Lá onde existiam territórios não existe senão fluxo; lá onde foram traçadas as fronteiras, propaga-se a globalização da economia. E nossas instituições, nossas leis, nossas vontades políticas não têm mais influência sobre estes influxos planetários. Temos dificuldade de admitir que aquilo que chamamos de economia e aquilo que denominamos de sociedade, por tanto tempo as duas faces de uma mesma moeda, separam-se como se de cada lado desta moeda se lessem dois idiomas diferentes. A sociedade desaparece, pois nenhuma instituição, nenhuma vontade coletiva tem influência sobre a economia mundial. Nós, desde há muito tempo, estávamos acostumados a definir os grandes domínios da vida social pelo seu papel dentro da atividade e da sobrevivência da coletividade; esta ideia não é mais aceitável. O que nos coloca uma questão à qual nenhum adivinho tem resposta global, mas para a qual faz-se necessário encontrar os elementos de solução, suficientemente para que a questão tenha sentido e para que nossas ações não sejam desmentidas.

Por muito tempo as Ciências Sociais buscaram reconstruir os conjuntos que se decompunham, ou mesmo negar sua composição. Eu proponho aqui uma resposta diferente: o sentido não está mais na situação, dentro do sistema; ele está dentro do ator, dentro de sua consciência, dentro de sua exigência de ser um ator criador dele mesmo. Aqui reaparece o termo por tanto tempo proibido, cassado do vocabulário e da ação coletiva: a definição do "bem" pelo ator de hoje é o que lhe permite ser um *sujeito*, construir-se e afirmar-se como ser de direitos e de liberdade. O sujeito é o encontro direto, sem intermediários, do ser empírico com a imagem dele mesmo como valor para ele mesmo, sem intermediário nem religioso, nem histórico, nem social. Face a face difícil de sustentar, mas que ninguém consegue evitar a não ser ao tombar no inferno dos objetos privados de sentido.

Dissociação das práticas e do sentido simbólico: esta constatação, alojada no coração de nossos problemas, clareia a oposição completa entre uma visão global, integrada da sociedade e, portanto, também do indivíduo, e, por outro lado, uma representação que dissocia às vezes radicalmente a realidade objetiva das situações e o sentido subjetivo das condutas.

Seria perigoso considerar a integração dos dois pontos de vista como "normal". Em particular, em nosso tipo de sociedade é inútil querer integrar os indivíduos, notadamente os jovens, ainda que se quisesse reconhecer a estes indivíduos o direito de se afirmar na visão deles mesmos em termos não sociais, mas também não somente individuais; de se afirmar como portadores do direito de serem homens ou mulheres responsáveis por eles mesmos e livres. O que é necessário procurar é a correspondência dos dois níveis: aquele das práticas e aquele dos direitos. Pois os direitos humanos nem sempre recebem o mesmo fundamento: este depende antes de tudo do grau de intervenção da sociedade sobre ela mesma e de seu grau de produção de si que, em meus primeiros livros, eu denominei em termos de "seu nível de *historicidade*". A representação que temos de nossa capacidade de nos criar a nós mesmos e de nos transformar depende do nível de historicidade de nossa sociedade. Se este nível é muito baixo, a imagem que temos de nossa criatividade se distancia de nós, é projetada por nós (*entaüssert*) na transcendência, longe da experiência vivida. Ao contrário, quando nossa capacidade de agir sobre nós mesmos – pela técnica ou pelo pensamento – é extremamente forte, nós nos apreendemos diretamente como criadores de nós mesmos. Mas este elo de dependência da representação dos direitos do sujeito em relação à nossa capacidade de criar um mundo técnico e administrativo racional não deve ser dissociado do elo inverso. O nível das práticas, ele próprio depende do nível dos direitos naquilo que a avaliação de uma sociedade não pode mais ser pensada em termos que são aqueles das funções a serem preenchidas no sistema social; ela deve ser feita em termos de liberdade do sujeito e medir nossa capacidade de produzir livremente nossa existência. O julgamento feito sobre uma sociedade não pode mais depender somente de sua organização, de sua integração, de sua capacidade de gerir suas próprias mudanças. Ele depende do respeito dos "direitos humanos" fundamentais por parte desta sociedade ou, ao contrário, da recusa que ela lhes opõe. Somente o primeiro tipo de sociedade merece ser julgada como moderna. Dessa forma, não podemos chamar de moderna uma sociedade que não reconhece às mulheres os direitos iguais àqueles dos homens, nem o livre acesso por parte delas a estes direitos.

Em resumo: para se expressar em termos históricos, é possível falar numa sucessão mais ou menos desordenada das figuras do sujeito, cada uma das quais fortemente ligada a um nível e a uma forma de ação da sociedade sobre ela mesma. Após os distúrbios da Reforma e da Renascença, a construção de uma imagem cidadã do sujeito levou séculos; e é somente no final do século XVIII que ela recebeu sua expressão mais forte nas obras de Jean-Jacques Rousseau; ela permaneceu visível ainda naquela de Alexis de Tocqueville. Depois veio a decomposição do paradigma: o dinheiro substituiu a razão, e a religião, ou o romantismo, desviaram-se da defesa da cidadania. O rápido desenvolvimento da sociedade industrial fez então nascer uma nova figura do sujeito. O racionalismo triunfou com o desenvolvimento científico e industrial, mas o movimento operário impôs a ideia de direitos sociais em favor dos quais foram encabeçadas lutas tão duras quanto aquelas que haviam permitido a libertação do cidadão. É com o século XX – aquele que começa em 1917 e termina em 1989 – que assistimos a toda uma série de crises que cobriram o mundo de sangue e de campos de concentração, que atacaram igualmente a razão científica e que queriam suprimir os direitos de todos, quer fossem cívicos, sociais ou culturais. A ideia de democracia esvaziou-se de seu sentido; os direitos sociais recuaram diante da necessária mobilidade dos fatores de produção e do triunfo dos mercados. Os direitos culturais sofreram ameaças de desaparecimento, triturados pelos racismos e golpeados pelos comunitarismos.

Todavia, para além destes anos de desgraças, eis que recomeçam os esforços de conhecimento do ser humano. Em particular, vemos a defesa dos direitos das mulheres e a salvaguarda do planeta, ameaçado por nós, recobrar uma importância crescente. A figura do sujeito deve ser hoje redefinida como a bandeira destas novas batalhas na continuidade da herança do cidadão e do trabalhador.

Como toda vez que é destruída ou deturpada uma imagem do sujeito, alguns tendem a eliminá-lo reduzindo a vida social aos efeitos de uma lógica própria dos fenômenos naturais. A estrutura busca substituir o sujeito, mesmo quando nada obriga a considerar estas duas dimensões como incompatíveis. No entanto, o sofrimento e a injustiça, a exclusão e a discriminação, a violência que se prolifera por todo lado nos obriga a dar, de nossa parte, uma resposta à questão da esfinge, em cada século: O que é o bem? O que é o mal?

Antes de abandonar a noção de modernidade para explorar suas consequências ou suas condições, sinto-me no dever de explicar por que não dei ao termo um sentido mais habitual. Há muito tempo definimos a Modernidade pela rapidez das mudanças, pela ausência de organização estável, portanto, pelo desaparecimento dos quadros de referência e dos sistemas de normas duráveis. A forma extrema desta definição foi dada, desde o início, por Baudelaire, em seus *Salons* (salas de visita), onde ele denominava de "modernidade" a presença do universal no instante, e não na estabilidade. Aceito voluntariamente o lado negativo desta definição: a Modernidade é, de fato, o contrário de uma ordem estabelecida capaz de se reproduzir. Todavia, a existência de mudanças sempre mais aceleradas culmina num impasse, num dissenso: as mudanças de toda ordem são hoje muito mais rápidas do que nos meados do século XIX, e não podemos mais dizer, consequentemente, o que é moderno ou não, já que o que hoje aparece como mutável rapidamente amanhã aparecerá como pertencente a um passado relativamente estável. Da mesma forma, quando hoje observamos o século XIX, vemos que ele mostrou uma surpreendente estabilidade em relação às reviravoltas do século seguinte. É a razão pela qual, se for justo afastar a ideia de que desaparece uma ordem estável, não podemos nos contentar em falar de mudanças rápidas e incessantes; é necessário encontrar um elemento de definição que ultrapasse a simples mudança, e que dê as costas à pesquisa de uma ordem estável e tradicional. É por isso que a ideia de *universalismo*, presente desde o início da filosofia das Luzes, parece-me indispensável. A utilidade de uma definição como esta da Modernidade é claramente demonstrada pelos exemplos *a contrario* que já dei, a saber, que existem sociedades contemporâneas em crescimento rápido que são antimodernas enquanto elas reconstroem uma visão comunitarista da sociedade.

Meu objetivo é iluminar a experiência, as orientações, as informações a partir das quais cada um de nós constrói sua própria vida, que não é um simples reflexo da grande história, já que ela é guiada pelas relações subjetivas de si para si na medida em que nos permitem a palavra, a reflexão e a consciência. Os termos que acabo de indicar geralmente são rejeitados por serem vagos demais; ora, eles não são mais vagos do que os termos política ou família; eles são até mesmo menos vagos, já que aquele que se constrói o faz ao se apoiar em grandes noções que não designam uma realidade objetiva, mas uma situação do sujeito: a Modernidade é a mais importante, mas a consciência de classe, os direitos, a liberdade, também o são. É entrando neste universo do sujeito, constantemente confrontado com aquele dos objetos, que podemos compreender como e por que agimos. Aqueles que curto-circuitam este mundo da subjetividade são os que melhor estabelecem as correlações vagas; eles não explicam nada, não compreendem nada. Ao menos é assim nesta época em que vivemos, pois no passado existiram universos que não eram nem objetivos nem subjetivos: o universo da "sociedade" era seu próprio fim e ela definia o bem e o mal em relação a ela mesma. Mas aquelas situações pertencem a um passado que já não existe mais.

2. A Modernidade não pertence a ninguém

Não podemos, pois, separar a afirmação da ideia de modernidade, naquilo que ela tem de mais geral e até mesmo de universal, da crítica que deve ser feita contra todos aqueles – em geral os países mais avançados e mais poderosos – que se identificam com a Modernidade opondo completamente *sua* modernidade, seu desenvolvimento, ao atraso e ao subdesenvolvimento dos outros, ou ao fracasso desta ou daquela representação da história. O fato de que existem países mais avançados do que outros, econômica e mesmo socialmente, não tem nada a ver com a ideia de que os países mais avançados estariam completamente identificados com a Modernidade. Se cometermos esse erro, o conceito de modernidade perde imediatamente seu caráter universal. Este caráter universal não pode ser conservado a não ser que admitamos que nenhum país, nenhum personagem, nenhuma empresa ou região não pode identificar-se com a Modernidade, que permanece um princípio geral de avaliação.

Ainda é necessário completar esta resposta com outra, dirigida contra a reprovação feita ao racionalismo e ao individualismo de rejeitar e de destruir todas as outras dimensões da experiência humana individual e coletiva. Alguns os acusam de negligenciar a vida afetiva que se desenvolve principalmente fora da consciência; outros censuram este "racionalismo" de não reconhecer que o ser humano é um ser social vivendo de seu trabalho, portanto, dentro de sistemas sociais, em particular dentro de formas particulares de autoridade; outros, enfim – hoje os mais eloquentes –, veem neste racionalismo a negação das crenças religiosas, dos modos de vida culturais tradicionais, da consciência histórica das nações, e mais ainda das minorias. Todos estes ataques constituem um conjunto tão expressivo que é impossível imaginar que pensadores sérios tenham podido cegar-se tão completamente em suas visões da experiência humana. De lá, não existe senão um passo para se acusar este racionalismo de ser a ideologia das elites dirigentes.

Devemos lembrar, pois, àqueles que fazem estas críticas o que foi a história de nosso pensamento e de nossas sociedades durante os últimos séculos. A noção de modernidade, é necessário dizê-lo, corta as amarras, as pertenças, os deveres. Mas ela também tem um aspecto positivo: postula o direito de cada indivíduo a ser conquistado e defende seus direitos e suas escolhas contra os poderes estabelecidos. Esta afirmação de direitos humanos, de cada homem ou de cada mulher, sempre foi exercida no seio das lutas coletivas contra o poder. O cidadão se afirmou ao derrubar a monarquia absoluta; o trabalhador obteve, por meio de uma ação coletiva, seu direito a um contrato de trabalho e a uma indenização dos riscos a que se expunha; o colonizado conquistou sua independência; as mulheres fizeram reconhecer seus direitos, mesmo se elas não obtiveram uma completa igualdade nem a cessação das violências que se exercem contra elas. Em todos os domínios, vimos desenvolver-se uma imagem do indivíduo que se enriqueceu na medida em que se alastrava a dominação do poder sobre ele, dominação que não é o efeito da razão, mas de instrumentos cercando sempre mais estreitamente os indivíduos ao mesmo tempo em que eles chegaram a dar à sua dominação uma forma menos visivelmente brutal.

3. Modernidade e modernização

Antes mesmo de nos concentrar no imenso problema da diversidade cultural e histórica, é necessário escrever aqui com letras maiúsculas que NÃO EXISTE UMA ÚNICA MODERNIDADE, mas que existe ao mesmo tempo uma PLURALIDADE de MODOS de MODERNIZAÇÃO, imediatamente acrescentando que nenhum destes modos se reduz à simples produção da Modernidade. Não existe imagem mais falsa do que aquela que representa o conjunto de países como uma caravana à frente da qual marcham os países mais avançados, enquanto que os atrasados metem seus pés ou suas rodas nas pegadas daqueles que os precederam. Os caminhos da modernização são múltiplos, a Europa mesma facilmente nos convence disso: o modo de modernização holandês e inglês, fundado sobre o papel da burguesia, foi muito diferente do modo francês, que deu uma grande importância ao Estado, e mais diferentemente ainda do modo alemão, que repousa sobre uma concepção de Estado completamente diferente. Se saímos dos limites da Europa, encontramos diferenças maiores ainda, como é o caso entre os Estados Unidos e a maior parte dos países da Europa Ocidental. A ausência de separação entre *a* Modernidade e *as* modernizações, entre um princípio *geral* de análise e a *diversidade* dos casos históricos, semeia tanta confusão que, de fato, impede qualquer debate útil, visto que cada qual acusa o outro de erros que são efetivamente possíveis e que só podem ser evitados ao se distinguir entre os modos de transformação e de modernização das sociedades e um conceito de modernidade ao qual jamais corresponde plenamente uma situação específica, nacional ou local.

A confusão mais frequente consiste em definir a Modernidade com os mesmos termos da modernização, como um grau de avanço em direção a um determinado tipo ideal ou final de sociedade. Tarefa árdua esta de isolar na vida de uma sociedade aquilo que é seu modo de modernização e ali encontrar simultaneamente os elementos de não-modernidade, ou mesmo de antimodernidade. O tema da *reinterpretação* dos elementos das sociedades tradicionais nas sociedades em vias de modernização rápida nos permite evitar uma grande parte destas confusões. O essencial é não falar em países "modernos" ou "tradicionais", e principalmente não pensar que todos os elementos de uma sociedade ou de uma cultura altamente moderna são, pela mesma razão, modernos, ainda que as sociedades mais modernizadas comportem um grande número de elementos que não o são, isto é, que se opõem à modernização.

Uma sociedade que rejeita o reino do pensamento racional e o respeito aos direitos humanos pode ser considerada moderna? Ela pode adquirir poder, sobretudo em matéria militar; ela pode acumular recursos nas mãos de um Estado ou de uma categoria dirigente; ela pode até mesmo ser favorável ao desenvolvimento das ciências e das técnicas. Mas isso tudo não a impede de virar as costas à Modernidade, já que ela não adota uma visão universalista dos direitos humanos como ela o faz com seu sistema de produção. Podemos dizer que não existe modernização sem referência à Modernidade, mas, em contrapartida, que existem muitas formas de modernização com objetivos diferentes daqueles da Modernidade e que não os utiliza senão como um meio.

4. Existe um "para além" da Modernidade?

A entrada num novo tipo de sociedade e de cultura reinstala-se no novo paradigma no qual as categorias culturais substituem as categorias socioeconômicas na análise e organização desta sociedade e desta cultura. Esta passagem não se faz nem na continuidade nem na clareza. Por isso, é necessário, ao menos, sublinhar os dois principais aspectos dessa mutação.

Tal mutação começa por uma ruptura em 1964, em Berkeley, e em 1968, em Nanterre e Paris, mas igualmente em Nova York, Trento, Berlim e Tóquio, só para mencionar os acontecimentos mais visíveis. Ruptura com a sociedade reconstruída depois da guerra, que tinha dado prioridade aos mecanismos de base, que não conseguiram modificar nem a vida social nem a vida familiar, e que criaram um fosso sempre mais fundo entre a juventude e as autoridades. Na França, esta ruptura foi dirigida contra o governo Pompidou, orgulhoso de seus resultados econômicos e, no entanto, cego quanto às reivindicações dos estudantes. Tal ruptura, simbolizada pelas barricadas e pelas manifestações em massa, engendrou a ocupação de numerosos edifícios universitários e sedes industriais. Todavia, os estudantes e aqueles que os acompanhavam se expressavam com a única linguagem conhecida de todos, a do movimento operário e, sobretudo, a dos grupos de esquerda trotskista e maoísta. Daí o recurso dos estudantes aos operários, apesar de seus erros de julgamento: eles acreditavam, em suas mãos frágeis, entregar a bandeira da revolução nas mãos firmes dos operários; no entanto, a grande greve de maio não produziu praticamente nada, ao passo que o movimento estudantil transformou toda a sociedade francesa.

O sentido principal de maio de 1968 é que os problemas culturais invadiram o cenário político; mas os estudantes provocaram esta mudança maior ao olhar para trás, e não para frente. Muitos, depois de 1968, lançaram-se na ação revolucionária ao ponto de se aproximarem do terrorismo, ou de aderi-lo. Felizmente, a criação do novo Partido Socialista, por François Mitterrand, aliado ao PC, fez os esquerdistas acreditarem que se realizava a situação definida por Trotski como "revolução permanente", isto é, a passagem direta da revolução burguesa para a revolução proletária. Nisso a França não seguiu o caminho da Itália.

É esta a distância, este atraso analítico sobre a ação que, por um lado, explica o sucesso – sobretudo ao longo dos anos 1969-1974, na França – de um marxismo que rejeitava completamente a contribuição hegeliana do jovem Marx, que afirmava que um corte epistemológico o separava de sua maturidade e de sua análise puramente econômica de *O capital*; de outro lado, aquele dos pensadores como J.-F. Lyotard que, lamentando profundamente o fim do discurso marxista e de todas as filosofias da História, embrenharam-se numa concepção pós-moderna, rompendo com os princípios fundamentais do pensamento moderno: Lyotard proclamou o desaparecimento de todo o princípio central da organização e do pensamento social; eliminou a referência ao progresso e a importância extrema acordada à diferença; implodiu da imagem integrada e autocontrolada da personalidade, o que induziu à ideia de um eu "implodido".

Esta corrente de pensamento, pouco unificada, mas vigorosa, teve ampla aceitação; tão grande, sobretudo nos Estados Unidos, que a entrada numa sociedade pós-moderna foi considerada como um fato consumado. Os professores de Ciências Sociais rapidamente se encarregaram de proliferar esta ideia de substituição da sociedade moderna pela pós-moderna. Ideia reforçada pelas críticas mais antigas dos arquitetos contra o modernismo como inspirador da arquitetura contemporânea, através, por um lado, de Le Corbusier, e, por outro, de Gropius e Bauhaus, cujos skylines (arranha-céus) de Nova York e Chicago tornaram-se seus símbolos triunfantes. A influência deste movimento teria durado por mais de uma geração. Eu o considero em recuo, e muitos outros pensadores, como Z. Bauman, rompem com ele. Pois entramos cada vez mais nitidamente não numa fase de decomposição da Modernidade, mas na instalação de uma *nova Modernidade*. A dominação das categorias culturais nos novos movimentos sociais, como a ecologia política e o novo feminismo, marcam o sucesso desta nova Modernidade. Neste começo do século XXI, esta longa transição, confusa mas vigorosa, parece estar acabando ou se esgotando em todos os países.

Faz-se necessário, portanto, dedicarmo-nos doravante à compreensão dessa Modernidade nova que permanece fiel aos princípios gerais da Modernidade, tornando definitiva a ruptura com o historicismo, o marxismo ou outro.

Se aceitarmos a definição da modernidade proposta aqui, isto é, o apelo aos critérios universalistas aplicados tanto ao conhecimento da natureza quanto à reflexão sobre os homens, a ideia de uma pós-modernidade é difícil de ser concebida fora daquela, já evocada, de um Estado autoritário. É menos aceitável ainda, por um lado, reduzir o mundo a um enfrentamento entre a razão e a liberdade e, por outro, aos fanatismos religiosos. Mas é verdade que, por um lado, acentuam-se os conflitos entre um sistema econômico sempre mais global e, além disso, portador de uma hegemonia política e, por outro lado, a defesa do vivido que pode confundir-se com o respeito pelos poderes estabelecidos. Os que falam de tecnocracia ou de tecnoburocracia se enganam se acreditam que estas categorias definem os detentores do poder. Este poder está quase sempre nas mãos de indivíduos ou de grupos para os quais a tecnicidade e a racionalidade não são suas preocupações maiores, e principalmente para os quais os direitos humanos não são nem a preocupação mais alta nem a mais constante. Aqueles que denominamos de tecnoburocratas são efetivamente pessoas que têm em geral um sentido amplo da Modernidade tanto no domínio técnico quanto no domínio social. É falso acreditar, portanto, que passamos de um mundo de príncipes e de chefes de partido para um mundo de burocratas. Adoraríamos que isso fosse verdade e que a preocupação com a racionalização estivesse aumentando; mas o contrário é, pelo menos, igualmente verdadeiro: as técnicas atuais deixando uma parte crescente às escolhas políticas ou religiosas, independentes dos aparelhos científicos e técnicos de que um país dispõe.

É tão necessário não se satisfazer com a definição da modernidade em nível dos conjuntos históricos quanto paradoxal acreditar que tais conjuntos se decompõem totalmente. Temos igualmente o dever de conceber um estado do mundo dentro do qual o modelo de modernidade desapareceria. Sua civilização não seria pós-moderna; seria, antes, antimoderna. Ela repousaria sobre a recusa da razão e dos direitos individuais por uma população e seus dirigentes. Ela eliminaria a maior fração possível daquilo que denominamos de sociedade civil ao submetê-la a um Estado absoluto: Estado religioso, militar ou burocrático, Estado "orwelliano" no qual toda referência à individualidade seria banida. Não é absurdo imaginar que o modelo que denominamos de "ocidental" perde seu papel dominante, e que um capitalismo de Estado autoritário, apoiando-se num grande poderio militar, venha a exercer um papel central nas questões mundiais. Muitos outros cenários catastróficos são imagináveis: desde uma guerra ou um genocídio até mesmo ações terroristas de massa levando ao caos.

Por que estas evocações? Porque elas nos ajudam a compreender que a importância dada ao indivíduo e, por consequência, à democracia, não é "natural", não é o ponto final em direção ao qual convergem todos os caminhos da modernização; e também porque é necessário, consequentemente, empenhar-se o máximo possível para criar condições sociais favoráveis ao respeito pelo indivíduo.

Não se trata aqui de se submeter a um relativismo cultural destrutivo, como se cada tipo de sociedade tivesse sua própria concepção da Modernidade. Ao contrário, é porque eu pude escolher *uma* definição da Modernidade que me é plausível sonhar com a aparição e mesmo a posição dominante das sociedades para as quais esta categoria não teria sentido. Isso nos faz compreender melhor que vivemos dentro de instituições nas quais a crença na razão e o respeito aos direitos individuais devem ocupar um lugar central. A principal consequência não é que o mundo rico deva ser protegido, mas, inversamente, que devemos buscar em *todas* as partes do mundo os elementos constitutivos de uma sociedade democrática. É o que se recusaram a fazer, ao longo do último meio século, muitos intelectuais, políticos e militantes de toda ordem, que rejeitaram esta noção de modernidade. Os grupos revolucionários ou terroristas, como as Brigadas Vermelhas e suas rivais na Alemanha e França, não acreditavam senão na revolução, e muitos deles, tanto na França quanto na Itália, serviam-se do *slogan*: "Uma só solução: a revolução". A existência desses grupos políticos, enquanto não dispunham de certa capacidade de agir, não preocupou os intelectuais ou semi-intelectuais que pretendiam atuar na criação de uma verdadeira via "democrática", impedindo os "inimigos do povo" de participarem da vida política, de se engajarem nas veredas que voltavam as costas à democracia. Além disso, é necessário acrescentar que pesquisas confiáveis, ou construções intelectuais duradouras, não podiam deduzir ideias tão falsas e coniventes com o vazio destes discursos, alguns dos quais exercendo uma influência duradoura. O primeiro dever profissional de um intelectual é de meter o nariz no alambique cujo líquido ele pretende destilar.

5. A individuação

Para aqueles que dão à Modernidade o sentido mais corrente de tendência à mudança e à diferenciação, portanto, à destruição dos blocos imóveis, dependurados acima da sociedade, a reprovação deste tema e do individualismo é automática. Se alguns sentem prazer em condenar a cidade onde reinam o anonimato e a violência, muitos outros ali percebem um leque aberto de chances, um mercado de trabalho muito mais diversificado, a emancipação da autoridade familiar ou das tagarelices da vizinhança. Os dois discursos são complementares; o enfraquecimento das relações primárias de pertença à família, à escola, à vizinhança, ou ao grupo de amigos, é libertador para o indivíduo se este é impulsionado pela busca de um objetivo que pode ser profissional ou mais amplamente social, geralmente muito individual, que vai sempre mais até um ponto de partida ao menos provisório, hoje desejado por numerosos jovens que preferem tentar sua remota chance.

A face negativa do individualismo é a solidão, a ruptura das pertenças, que vai de par com a ausência de projeto ou de renúncia a todo projeto anterior. Este isolamento geralmente leva ao uso de drogas ou ao recurso às comunidades delinquentes que se isolam da sociedade.

A percepção destes dois tipos opostos de individualismo não traz grandes descobertas; as pertenças ao grupo e, mais ainda, as identificações, aparecem como obstáculos para a individuação. A distância entre estas situações pode ser reduzida se colocamos entre as duas a ideia à qual Danilo Martucelli deu uma forma muito elaborada por meio dos estudos de caso. A individuação se forma pela resistência às *provas* encontradas em diversos domínios da vida antes que pelo isolamento ou pela integração a um grupo. Esta fórmula apresenta a grande vantagem de instalar no centro da análise, no lugar e espaço do indivíduo ou indivíduos, a *individuação* e, por consequência, de combinar o ponto de vista do indivíduo e aquele da sociedade. Martucelli se distancia daqueles que dizem que é em nos tornando cidadãos que nos transformamos em indivíduos, expressão realmente perigosa, já que não se aplica de maneira positiva a não ser se a cidadania foi definida por um conjunto de direitos e não por uma série de obrigações. Ainda mais pelo fato de que o sentido da cidadania, que precisamos defender e reforçar o máximo possível, enfraquece-se por toda parte, os Estados nacionais perdendo uma parte de suas capacidades de ação autônoma. Numerosos mesmo são por toda parte hoje os indivíduos privados de direitos cívicos e até mesmo do direito de trabalhar.

Não se trata aqui de defender um individualismo extremo, que dá um valor em si à não-pertença social e exalta antes de tudo a recusa. O tema da individuação, da forma como aqui a ele recorro, imprimiu um primeiro impulso na postura necessária para sair de uma oposição cada vez mais vazia entre o mundo do indivíduo e aquele da sociedade.

Não podemos mais aceitar nem a reciprocidade de perspectiva nem uma oposição completa entre as duas esferas.

Mas a noção de individuação pode revestir-se de sentidos muito diferentes e precisamos escolher a versão desta noção geral que corresponde melhor às análises que pretendemos fazer.

O individualismo definido como rejeição das pertenças e dos determinismos sociais pode inscrever-se muito facilmente numa sociedade de massa, e até mesmo romper os laços com a sociedade estabelecida, gerida pelas leis, para encontrar outro lugar definido pela marginalidade que, geralmente, vai até a delinquência. De maneira menos extrema, a afirmação individualista pode identificar-se com a adesão a um grupo ou a uma comunidade bastante minoritária. O crente é profundamente individualista, já que ele experimenta a presença divina através de uma mensagem que lhe é destinada particularmente. As próprias formas de possessão são bastante individualizadas, já que um fiel pode ser "cavalgado" por um Orixá enquanto que seu vizinho nada sente.

Esta grande diversidade de exemplos nos conduz, pelo menos, a uma primeira conclusão: a afirmação da individualidade e o processo de individuação não se reduzem à rejeição da vida regrada pelas instituições. A individuação é, na realidade, endereçada contra muitos outros aspectos de uma sociedade, sobretudo quando esta está em ruínas, mas ela age como força de defesa dos direitos em todos os aspectos da vida social e cultural, e não fora deles.

6. Não existe liberdade positiva sem liberdade negativa

Não estamos mais atrelados à ideia de direito natural que prolongava uma tradição religiosa e que nos assegurava que nascemos e vivemos livres e iguais em termos de direitos. Derrubamos esta formulação para afirmar que, num entorno social desorganizado, ou, ao contrário, burocrático e autoritário, o indivíduo não pode construir-se, levar a bom termo sua individuação, a não ser reivindicando contra a ordem social sua legitimidade própria e, por consequência, julgando e avaliando uma situação em relação à sua própria demanda de individuação. Esta reviravolta é a mesma já formulada: não é a relação com a situação que define o ator ou o indivíduo; é a liberdade criativa oferecida ou recusada a um indivíduo que melhor define uma situação.

Este gênero de raciocínio, nós o fazemos constantemente ao falar de uma família, de uma escola ou de uma empresa. Esta orientação nova pode revestir-se de formas muito diferentes, do encurvamento do indivíduo sobre si mesmo na afirmação de seus direitos em seu princípio até a ação pela transformação da ordem social, visando encontrar nela um suporte, uma proteção para a criação de si mesmo.

Esta ideia deve receber o maior suporte possível. Da mesma forma que a socialização representou a concepção que uma sociedade tinha da integração de seus novos membros, igualmente ela deve ser o objetivo último das políticas sociais, na contramão das normas que impõem uma subordinação à autoridade. Ela é a afirmação de si, isto é, de uma individualidade, pelo maior número possível de membros desta sociedade.

A linguagem comum acolheu de maneira muito favorável esta nova definição de relações entre o indivíduo e a sociedade. Hoje falamos sempre mais em direitos do indivíduo em termos concretos e totais, e não somente para que seja reconhecido o direito de cidadania, mas igualmente para defender seus direitos sobre seu ambiente de trabalho como em seu meio cultural e, em particular, linguístico e religioso. A reivindicação do direito de ser um indivíduo reconhecido como tal não teria qualquer sentido num universalismo distanciado das situações sociais concretas.

O indivíduo afirma fortemente seus direitos cívicos e políticos, mas sente-se ameaçado por uma contradição entre o direito de permanecer livre em relação a toda autoridade exterior e o dever de oferecer às coletividades, isto é, aos camaradas, uma cooperação que corre o risco de ser utilizada por uma autoridade não orientada para o reforço de sua autonomia individual. A solução habitual é aquela encontrada pela sociedade industrial quando uma ação coletiva permitiu conquistar a liberdade de trabalho para cada um. A ação coletiva em todos os domínios inverteu a tendência autoritária dos meios dirigentes. Estes se apoiavam na violência ou em reuniões de massa para impor uma coesão e uma hegemonia de grupo que questionam diretamente as chances de emancipação do proletariado. Os dirigentes dos movimentos sociais reivindicam uma ditadura do proletariado a qual, bem o sabemos, torna-se de modo inelutável uma ditadura sobre o proletariado.

O que significa afirmar o direito de um indivíduo? O que reclama aquele ou aquela que reivindica seu direito? Este indivíduo, porventura, coloca-se fora da sociedade, do ambiente de trabalho ou familiar, fora da equipe esportiva ou da relação amorosa? Cada qual sente que corremos facilmente o risco de cair no absurdo. Por que defender o direito de não-pertença antes que aquele da pertença? O isolamento antes que a participação? Afastemos estas formulações que não têm outra finalidade senão ridicularizar a questão que acabo de colocar.

De fato, o direito de não-pertença, de não ser integrado, de não ser identificado com uma categoria não é uma coisa tão vaga. Trata-se da liberdade negativa da qual tanto fala o pensamento britânico. Não devemos colocá-la em oposição à liberdade positiva à qual nos referimos quando falamos de direitos culturais. Entretanto, é possível existir uma liberdade positiva quando não existe primeiramente uma liberdade negativa? Tomemos o exemplo mais corriqueiro.

É necessário apoiar a reivindicação daqueles que querem praticar livremente uma religião. O Estado não deve colocar entraves à prática religiosa, e a opinião não pode desencadear-se contra as minorias. Mas esta afirmação do direito de praticar uma religião teria o mesmo sentido se acrescentássemos ou não que cada qual deve poder praticar a religião de sua escolha ou cessar de praticá-la, converter-se a outra igreja ou a outra fé, ou casar-se com alguém que não pertence a esta igreja? A liberdade de não praticar, de não ter qualquer pertença religiosa, de se converter ou de abandonar uma igreja é não somente tão importante quanto as práticas positivas, mas está no coração da liberdade. Não existe liberdade de práticas se não existe a liberdade de não fazê-lo, de não integrar-se.

Estas observações não são simples exercícios estilísticos. Em muitos países, existe uma religião não somente de Estado, mas identificada com uma nação e com uma civilização. Muitas coletividades religiosas proíbem seus membros de se converter a outra religião ou de esposar-se com um homem ou uma mulher que não pertença a esta religião. Os direitos culturais, que devem ser reconhecidos para todos, podem se transformar em deveres, em obrigações religiosas, em ausência total de escolha, ao menos que se abandone a coletividade social e nacional quando se deseja trocar de igreja. A única garantia contra este desvio é a liberdade de não praticar. Da mesma forma, os direitos sociais, sobretudo para os trabalhadores, podem servir de objetivo aos partidos ou sindicatos que entendem impor seu poder a todos os membros da classe social ou do grupo profissional do qual se julgam os únicos representantes autorizados.

Nenhum problema é mais importante do que aquele lá, já que inúmeras sociedades foram ou são dominadas pelos partidos ou pelas igrejas únicas e obrigatórias, e que é impossível reconhecer os direitos culturais se não se pode lutar contra a inversão destes direitos em instrumentos de poder. A única garantia que poderíamos ter é fazer reconhecer a prioridade da liberdade individual sobre toda liberdade de pertença a uma coletividade. Este é um aspecto-chave daquilo que os franceses denominam de *laicidade.*

O respeito do indivíduo é condição para o respeito dos direitos sociais e culturais e é, por consequência, a condição da democracia. Isso retoma as fórmulas mais clássicas, geralmente mencionadas: a igualdade dos cidadãos supõe que cada indivíduo disponha das mesmas chances que os outros, seja qual for sua riqueza, sua nacionalidade, sua religião, seu gênero. Numa determinada época, muitos adoravam dizer que somente os direitos concretos contavam, e que os direitos políticos, ditos “formais”, não passavam de uma maneira de esconder uma dependência econômica e social. Este tipo de discurso provocou catástrofes, por ser o respeito do caráter universal dos direitos individuais uma componente indispensável da Modernidade, mas igualmente da democracia. Seria necessário afirmar que não devemos respeitar as organizações políticas ou religiosas a não ser se elas respeitam primeiramente *todos* os direitos individuais, em particular se elas respeitam a igualdade de direitos entre mulheres e homens, entre jovens e velhos? A resposta só pode ser negativa. Um Estado não tem o direito de intervir nas condições do exercício das atividades privadas. A igualdade, em particular entre homens e mulheres, é tão importante que cada qual deveria poder atacar seu partido, seu sindicato ou sua igreja se estes não respeitam seus direitos e lhe causam prejuízos que podem ser condenados pela lei. Um Estado certamente não tem o direito de intervir nas condições de exercício da vida religiosa, por exemplo, mas ele deveria agir de tal forma que todo indivíduo pudesse recorrer contra um partido, um sindicato ou uma igreja quando seus direitos são desrespeitados. O que significa dizer que a lei ou, melhor, a Constituição, deve suplantar todos os textos fixando o funcionamento das organizações particulares. Esta observação condena a afiliação obrigatória a um sindicato (*closed shop*), que foi aceita em inúmeros países e neles foi reconhecida como democrática, mas que não condena a obrigação das empresas de assinar acordos com o sindicato majoritário: o respeito aos direitos do indivíduo é indissociável do respeito aos direitos sociais e culturais coletivos; as duas ordens de direito e de comportamentos não podem ser separadas uma da outra, o que impõe certos limites à liberdade de expressão ou de organização de qualquer que seja a associação. Uma revolução não democrática pode não respeitar os direitos do indivíduo; porém, sabemos que a adesão a uma revolução questiona intelectualmente a democracia.

7. O ódio do indivíduo

O indivíduo, da forma como o descrevi até aqui, é um ser de direito, portanto, um elemento fundamental na construção de uma organização social cujo principal critério de avaliação deve ser o respeito aos direitos do homem e da mulher. O respeito do indivíduo e de suas escolhas é o teste número um da democracia.

Não somente não podem me acusar de dissolver os problemas da sociedade naqueles do indivíduo, mas geralmente censuram-me por um motivo inverso, já que o indivíduo ao qual me refiro, dizem-me, não é o indivíduo real, pelo fato de eu nada dizer sobre a formação da subjetividade, da individuação! Acusam-me também de ficar tranquilamente distante da psicanálise; a realidade do inconsciente nunca foi evocada aqui, e o leitor apressado poderia concluir que minha reflexão se refere ao indivíduo identificado com sua consciência, portanto, de fato, com as normas da sociedade.

Ao longo de muitos anos estudei o trabalho, a consciência de classe e o movimento operário, e nunca delimitei minha análise na busca dos efeitos do estado do capitalismo ou de qualquer outra estrutura profunda da economia. Para compreender os movimentos de libertação originados no mundo operário, orientei minha reflexão na produção, no trabalho, nas técnicas, nos ataques contra a autonomia dos operários. Este esquema, rapidamente lembrado, visa recordar a análise de um sistema econômico pela compreensão dos atores cuja lógica de ação central era guardar ou reconquistar o controle daquilo que é produzido. Esta sociedade industrial repousava nos esforços de investimento tanto no capital quanto no trabalho e, por consequência, numa ética de "satisfação diferenciada": não podemos consumir o que adquirimos, mas economizá-lo para melhorar o futuro de nossa própria existência. A personalidade humana, acima de tudo nesta sociedade, define-se pelo enfrentamento de leis e pulsões, muitas das quais incompatíveis com a construção desta sociedade de investimento produtivo – o que nos obriga a repensar algumas destas pulsões. Esta sociedade ainda é iluminada por uma luz exterior: o progresso, o desenvolvimento, a supressão dos privilégios e o triunfo da razão.

Mas, o que acontece quando aquela construção desmorona? O modelo europeu de modernização foi definido por uma extrema concentração de riquezas e, portanto, por tensões internas muito fortes: ele produziu simultaneamente formas de dominação e de protestos dos quais as categorias dominadas buscam libertar-se, e conseguem. Depois dos sujeitos do rei, os assalariados da empresa, os países colonizados, as mulheres e já em parte as crianças romperam os laços que os mantinham prisioneiros. Eles conquistaram uma certa liberdade e às vezes um certo bem-estar; os indivíduos contemporâneos se sentem definidos pelos outros e se definem eles mesmos como consumidores e comunicadores. A reserva de pulsões rechaçada se esvazia, o desejo se amplia por toda parte, a sexualidade substitui o trabalho. Mais de uma vez eu desenvolvi estes temas. Mas o indivíduo como reivindicação e vontade de individuação não se realiza – ou não somente – em sua liberdade sobre o mercado.

As mesmas observações podem ser feitas sobre as relações interpessoais e igualmente sobre as atividades de grupo. Por toda parte o indivíduo é invadido pelas identidades de grupo, pelas relações de concorrência, pela busca dos prazeres coletivos tão imediatos quanto possíveis. Seria necessário concluir disso que o indivíduo, no momento em que se torna seu próprio fim, desaparece, dissolvido em suas ações e em suas relações, sem mais possuir o núcleo central em sua vida pessoal e coletiva?

A resposta em direção à qual nós nos orientamos é que este indivíduo não somente não desaparece, como ele não cessa de reforçar-se, ao menos o suficiente para resistir à escalada do consumo e das trocas. Ele lhe opõe uma resistência suficiente para evitar sua própria destruição, mas esta resistência não impede a demanda de individuação, de construção de si, de ser rechaçado. Ao nosso redor se condensou permanentemente um mundo imaginário feito de romances, de obras de ciência-ficção, de novas metodologias prematuramente arquitetadas. Mas não vamos além destas experiências quase diretas daquilo que é proibido, rechaçado; existem formas de individuação que resistem aos assaltos deste mundo imaginário e deste esquema de consumo imposto pelos poderosos meios de publicidade. Por um lado, nunca sentimos que nossa escolha individual é completamente determinada pela política dos Estados ou das empresas; só o é lá onde existe um monopólio da decisão e do poder. Por outro lado, naqueles casos lá, ocorre uma contração que é uma defesa eficaz contra os discursos que não conseguimos mais compreender, como era o caso para os telespectadores dos países do Leste sob o regime comunista.

Todavia, para compreender melhor a capacidade de resistência do indivíduo, é necessário considerar aqueles que o destroem: como não compreender que nas batalhas, nos campos de concentração, ao redor dos navios de tráfico negreiro, nos campos onde os escravos recolhiam algodão ou milho, o objetivo central, obsessivo, daqueles que destroem, torturam, humilham tantos seres humanos foi e continua sendo arrancar-lhes a individualidade, uma subjetividade que, no entanto, jamais desaparece completamente, mesmo quando eles não passam de um número tatuado no antebraço. E o que faz do nazismo um monstro incomparável aos outros é que ele anunciou, proclamou sua vontade de desumanizar os indivíduos e reduzi-los a cinza ou sabão. Chegamos a nos perguntar se o indivíduo que a SS queria reduzir a um não-humano antes de assassiná-lo, de colocá-lo na câmara de gás, de atirá-lo numa vala ou num crematório era um homem. É necessário sustentar que ele era um homem, enquanto que a SS deixava de ser humana. Nós não impediremos alguns espíritos falsos de ver na defesa do indivíduo um refinamento de "pequenos burgueses ocidentais", enquanto que os subproletários dos países mais pobres morrem sem chegar à consciência, esgotados pela fome e pelos maus-tratos. Mas, na realidade, esta objeção é proferida por pessoas que vivem no centro mesmo dos países os quais denunciam a vontade de desumanizar. Para melhor justificar a raiva da própria sociedade, eles negam ao indivíduo toda individualidade, todas as características humanas.

É aqui que se faz necessário sentir a presença do ser individual: no meio da raiva de destruir e da violência das proibições que não permitem a maior parte daqueles que são destruídos de voltar o olhar sobre eles mesmos, de pronunciar seu próprio nome, ou seja, um nome amado. O individualismo não é uma flor que um aristocrata coloca em sua botoeira, nem a busca pelo espetacular daquele ou daquela que tenta criar a moda através de declarações provocantes. Aquilo do qual falo aqui não tem nada a ver, nem positiva nem negativamente, com estas imagens. Se eu evoquei a raiva do indivíduo é porque a consciência de si como indivíduo pode ser diretamente interditada pelos detentores do poder, mas ela também pode ser interditada por nós mesmos se ela parece constituir-se em obstáculo para nossa busca de prazer, de sucesso ou mesmo de conhecimento. Nossa consciência era mascarada por nossas pertenças e nossas crenças; ela o é cada vez mais frequentemente pelo fluxo de nossas pulsões que não encontram mais interditos. A individualidade não é revelada pelo olhar cristalino da consciência, pela introspecção; ela está escondida tanto debaixo do "ferro velho" do consumo como no catecismo das religiões.

A forma a partir da qual eu busco me definir como indivíduo está próxima daquela que eu mesmo utilizei na *Intervenção sociológica.* Ela difere em todos os pontos de uma pesquisa. Ela repousa sobre a intervenção do pesquisador que apresenta a um grupo hipóteses sobre o sentido de sua ação e observa como a adoção desta hipótese muda, positiva ou negativamente, a capacidade de pensar e de agir do grupo. Aqui se trata menos da individualidade ela mesma do que de um esforço coletivo para conquistá-la. A intervenção do sociólogo reenvia o grupo a ele mesmo, o ajuda a conquistar a imagem de si. A sugestão que deve ser guardada desta breve incursão no domínio da psicologia dos indivíduos é que o conhecimento de si não é nem espontâneo nem puramente refletido. É através do exame crítico de sua situação que o ator pode se avizinhar da consciência de seus próprios engajamentos. A individualidade não está confortavelmente instalada na consciência; geralmente dela é banida, talvez mais frequentemente do que o desejo, que ultrapassa as interdições e pode conceder-se livre acesso ao fluxo do consumo imediato.

Os temas principais deste capítulo – *modernidade, modernização, individuação* – concentraram neles tantos ataques e condenações que pode parecer surpreendente que ainda estejam vivos e que possamos empregá-los. A rejeição destas noções vinha da convicção de que eram os problemas internos do sistema capitalista que definiam as situações comandando a luta de classes. Portanto, seria desprovido de senso avaliar uma sociedade capitalista em termos de modernidade. A crítica pode ser endereçada à ideia de modernidade a partir do momento em que a definimos como um avanço nas sendas do progresso, definido antes de tudo pela racionalização e pela secularização. Mas esta crítica é impotente contra minha definição da modernidade em termos de adesão ao pensamento racional e de respeito aos direitos individuais.

Não podemos negar que a ex-União Soviética, ao longo dos anos 1960, havia conseguido um difícil redirecionamento econômico e que este, em parte, era devido ao sucesso da ciência soviética. Moderna, neste sentido, a ex-URSS o era, e seus grandes institutos de pesquisa, sobretudo em Matemática e em Física, herdeiras do Antigo Regime, eram exemplos marcantes nos ambientes de produção científica. Naquilo que se refere aos direitos individuais, em contrapartida, o julgamento não podia ser senão brutalmente negativo, o que obrigava a não considerar a ex-União Soviética como um país moderno. Julgamento insuportável para os companheiros de luta para quem a fidelidade à ex-União Soviética era um artigo de fé. Ao romper esta oposição supostamente geral entre mundo capitalista e mundo socialista, a ideia de modernidade exerceu assim um papel importante. Uma observação análoga poderia ser oposta aos adoradores incondicionais da economia de mercado, para quem os princípios enunciados pelo "Washington consensus" garantem o sucesso econômico, o que dispensa considerar a natureza política dos países estudados. Todas essas formas de redução da análise social à informação econômica devem ser eliminadas, mas sem com isso recair nas análises puramente jurídicas e políticas, indiferentes aos problemas econômicos e sociais. Entretanto, jamais conseguiremos sublinhar suficientemente a ruptura produzida entre essas pseudoexplicações, alicerçadas *a priori*, e a construção de análises verdadeiras.

Por que situei a ideia de modernidade na entrada daquilo que creio ser uma necessária reconstrução das Ciências Sociais? Porque, após as pesadas afirmações e o fracasso geral de uma concepção que oferecia às "bases econômicas" da sociedade um papel explicativo central, o pensamento social se afastou desta visão quase teológica, e voltou-se para a extrema fluidez das explicações que limitavam-se a meras "leituras", a velhas narrativas, eliminando os atores tão completamente quanto o fizeram os sociólogos deterministas.

Contra estas duas formas de destruição do conhecimento histórico e social, preferi buscar uma noção que lhes faça obstáculo. Eu o fiz, num primeiro tempo, de forma clássica, ao definir a *Modernidade* pelos recursos universalistas que nos protegem de todo relativismo histórico e cultural. O conhecimento *racional* ultrapassa todos os modos particulares de explicação dos fenômenos e, ao mesmo tempo, a ideia de *direitos humanos* se aplica a todos os indivíduos, seja qual for sua pertença ou características.

Não é difícil afastar os contrassensos que estas formulações podem suscitar. Mas elas devem ser completadas por uma resposta à interrogação que dominou os últimos dois séculos: quem é este "homem"? Ou, melhor, quem é este ser humano possuidor de direitos? Trata-se do homem em geral? Mas, então, seus direitos são muito abstratos, bem distantes de sua situação social concreta. E se substituímos este ser humano numa sociedade, numa cultura, num gênero, como conservar-lhe seu caráter universal?

Não podemos responder imediatamente a estas questões que pesam tão fortemente sobre nossa vida pessoal e coletiva. É necessário primeiramente – etapa indispensável – instalar solidamente a noção que completa direta e necessariamente aquela de modernidade: a noção de *sujeito*.

3

O sujeito

1. O olhar interior

Nós sempre vivemos sob o olhar do outro. É uma outra figura de nós mesmos, mas não é a nossa sombra, já que geralmente somos nós que a sentimos como nossa. Nunca é um olhar estrangeiro, mas, se ele viesse a desaparecer, nós também cessaríamos de existir como ser humano. Cada qual conheceu ou conhece homens e mulheres que haviam perdido sua sombra e que não podiam mais falar nem controlar seu corpo. Sempre presentes, nossas relações com o corpo são constantemente cambiantes. Quando caminhávamos nas trevas, nosso olhar tinha dificuldade de perscrutar a obscuridade, mas muito acima de nós brilhava uma luz viva que nos permitia encontrar nosso caminho. Depois, na medida em que fomos saindo da noite, esta luz, como aquela da lua, enfraqueceu-se, ao passo que nossa visão passou a enxergar mais longe. Chegados ao meio-dia, a intensidade das duas luzes se tornou tão idêntica que pensávamos que seu encontro era iminente e que nós nos transformaríamos *nele* como ele em *nós*. Momento de exaltação e de angústia: afinal, o mundo não é um único mundo? Nós chamávamos de secularização, de racionalização, de conhecimento positivo este encontro que parecia garantido.

O que se passou – já vai longe o tempo – foi algo bem diferente. Nós, com efeito, deixamos de ver acima de nós uma imagem semelhante à nossa, mas a sentimos dentro de nós, debatendo-se segundo os casos com nossa cabeça ou com nosso ventre, sempre inseparável de nós, mas nos dividindo conosco mesmos, como as classes, os partidos dividiam as sociedades. Dificilmente, e nem sempre com sucesso, limitamos estas crises e os sofrimentos que elas nos causavam. Conseguimos viver ao dominar esta imagem que por tanto tempo havia nos dominado.

Quanto mais nos sentimos seguros de nós mesmos, mais podemos nos livrar destes distúrbios internos. Descobrimos e aceitamos então que o outro não é nossa cópia, que o outro não pode ser nós mesmos, sem que possamos existir nele. Sempre que tentamos nos livrar dele, as catástrofes acontecem, as prisões se enchem, os patíbulos são ativados. É tentador dizer que somos um outro, mas a expressão tem, de fato, outro sentido. A realidade é que nós somos nós mesmos duas figuras, uma das quais sempre comanda a outra, mesmo se este comando ao longo da jornada se reveze. Tornados sábios, instruídos pelas catástrofes, nós devemos renunciar a toda tentativa de não ser senão um, de ser um único ser bifacial, como Júpiter. Aceitamos nossa existência como uma parelha entre aquele que fala e aquele que escuta, aquele que aprova ou comanda e aquele que busca seus interesses ou seu prazer. Aquilo que poderia nos destruir seria perder de vista, mesmo que por um instante nossa dupla face, que não é nem um primo distante nem nosso clone. É somente quando conseguimos aceitar nossa dualidade que compreendemos que a sabedoria e a felicidade são possíveis, mesmo se elas nunca estão asseguradas.

2. O ser duplo

Estas linhas que entestam este capítulo visam sublinhar que a definição de um ser social por suas relações com ele mesmo é mais importante do que aquela que considera sua posição dentro da sociedade. Esta última permite prever condutas comandadas pelo nível social do ator e descobrir que as pessoas que dispõem de uma maior segurança são mais conservadoras do que aquelas que estão expostas à insegurança. Podemos dar uma forma concreta a estas hipóteses que em absoluto são tautológicas. No entanto, estas correlações não nos ensinam diretamente nada sobre as condutas morais que realmente comandam a maioria de nossos atos. Nós não explicamos as condutas religiosas referindo-as à posição social daqueles que as expressam. Quando nos tornamos capazes de compreender o sentido das crenças daqueles que se definem como cristãos ou muçulmanos, começamos então a fazer uma ideia do alcance daquilo que eles aceitam como obrigações e regras de vida. Numa sociedade onde as instituições religiosas são fracas e que não controlam mais as crenças, é ainda mais necessário definir uma crença pelo sentido que ela tem para o próprio crente, e que não é o mesmo para todos.

Eu avanço a hipótese de que um indivíduo ou um grupo vive uma situação em função do laço que esta situação reforça ou, ao contrário, ameaça entre ele, o indivíduo real, e seu eu ideal, que não é um superego mas, ao contrário, um portador de direitos, acima de tudo do direito de ser reconhecido como ator autônomo, livre e responsável por suas próprias condutas. Esta formulação pode ser compreendida facilmente quando se fala dos problemas de bioética e do respeito para com a pessoa humana. Numerosos dentre nós respeitam os princípios morais porque eles são outro tanto de garantias de nossa liberdade. Nos países de cultura cristã, reconhecemos facilmente que os ensinamentos mais importantes de Jesus Cristo são: amar seu próximo e separar o poder temporal do poder espiritual. É aquilo que comentamos ao dizer e escrever que os direitos individuais são universais, que cada indivíduo é simultaneamente a humanidade inteira. Nós compreendemos com a mesma clareza a frase que abre a Declaração Universal dos Direitos Humanos (26 de agosto de 1789): "Os homens nascem e vivem livres e iguais em direitos". A proximidade das duas formulações é impressionante, pois de ambos os lados não é o indivíduo particular que está em questão, com seus atributos e pertenças, mas o fato de que todos os indivíduos são iguais entre si porque todos carregam direitos universais. E faço lembrar que no capítulo precedente reconheci que o respeito aos direitos universais de cada indivíduo é uma das duas condições principais da Modernidade.

É esta relação do ser social, da forma como ele é definido por suas identidades e pertenças, com o ser de direito que eu quis tornar sensível na introdução deste capítulo. Com certeza, uma apresentação destas não pode explicar as condutas religiosas, nem mesmo aquelas dos movimentos sociais, pois a espessura e o poder das forças institucionais de uma ação religiosa ou política concreta são consideráveis; em contrapartida, nada pode dispensar de buscar a relação de si para si como fundamento do julgamento moral presente em cada religião ou movimento social. Quer falemos de Deus, do progresso, da classe operária ou da nação, sempre se trata de recorrer aos direitos humanos nos quais reconhecemos a presença do sujeito. O binômio direitos/deveres é expressão de uma duplicidade de sentido da pessoa que se define então, simultaneamente, por suas pertenças e pela consciência de si. E o conjunto dos direitos do homem nada mais é do que o direito à consciência de si. Mais simplesmente, o direito à palavra, já que o duplo sentido não existe a não ser pela palavra e pela capacidade de expressão simbólica. É este duplo sentido que faz de um indivíduo ou dc um grupo mais do que eles mesmos enquanto seres empíricos. Os homens se reconhecem como criadores de uma imagem deles mesmos, portadores de uma consciência deles mesmos. O que é superior ao indivíduo ou ao grupo é aquilo que, neles, permite-lhes dar nomes: o direito de dizer "eu" ou "nós", e primeiramente o direito de estabelecer e de manter uma relação consigo mesmo que seja superior a si, já que ela é a consciência de si. É o logos, a palavra que criou o mundo dos direitos e de seus complementos diretos, os deveres. Quando falamos de interioridade, de consciência, ou ainda de oração ou de engajamento, estamos reconhecendo nossa capacidade de criarmo-nos a nós mesmos pelo ato de nomearmo-nos, de desenhar nossa imagem ou de colocar limites às nossas pertenças e às nossas identidades. Nada é mais fundamental do que a *distância de si para si*, cuja palavra é simultaneamente instrumento e causa. O mundo dos direitos e deveres não existe a não ser quando dito, "declarado".

Não podemos falar de sujeito sem empregar a palavra *consciência*. Quando falo do binômio e do duplo sentido, ou ainda da ação da sociedade sobre ela mesma, a palavra consciência não está presente, mesmo que subentendida? Todavia, não sem provocar reações de rejeição. Objetam-me que a maioria das pessoas não adquiriu a capacidade de refletir sobre elas mesmas e de exprimir de maneira clara e consciente aquilo que elas ressentem e o que querem. Que ingenuidade, que entusiasmo não se denuncia em minhas proposições que supõem que todos os seres humanos pensam e vivem como o faz um professor de inglês, alemão ou francês! Esta reação não me parece aceitável, mas atinge um ponto preciso: quando falo de consciência não é seguramente a uma capacidade de análise e de formulação que me refiro. No entanto, quem acreditou que a consciência operária de classe, que tanto estudei, seja um discurso intelectual, emprega o termo consciência num sentido que já não é mais puramente intelectualista. É necessário, pois, precisar o sentido dado a este termo, tão fácil de ser pronunciado e tão difícil de ser definido.

O que entendo por consciência é a presença num indivíduo, ou num grupo de indivíduos, de representações de si que carregam nelas julgamentos de valores morais sobre as condutas deste indivíduo ou deste grupo. Poderíamos nos expressar com justeza ao falar da consciência moral, mas com a condição de compreender que esta não é o reconhecimento de valores e de normas de uma sociedade, mas uma exigência em face de nós mesmos, o reconhecimento de nossa responsabilidade em relação a nós mesmos e, consequentemente, de nossos direitos no seio da sociedade. Não podemos falar de direitos humanos sem pensar que o ser humano age em nome dos direitos fundamentais que devem ser defendidos contra todas as formas de autoridade. Se digo que todos os homens devem ser respeitados e reconhecidos em suas crenças, e não mais por seu respeito às leis, com isso entendo dizer que a consciência é a capacidade dos seres humanos de falar deles mesmos em termos de direitos e, portanto, de não se definir por aquilo que fazem, por suas competências profissionais, pelo lugar que ocupam na sociedade ou pelo nível de educação. Logo que Robert Badinter, seguindo a vontade expressa por François Mitterrand de abolir a pena de morte na França, obtém da Assembleia Nacional e do Senado o voto em favor desta abolição, ele não invoca o risco de erro judiciário, nem a desigualdade de tratamento entre brancos e negros; ele convence os eleitos de que a sociedade não pode se apossar da vida de um homem, dado que ela reconhece um princípio de igualdade superior a todas as desigualdades e a todas as situações sociais, princípio que não pode ser compreendido senão por esta "consciência" da qual falo, e da qual fala, principalmente, as declarações dos direitos humanos.

Esta noção não é de difícil compreensão; ela reconhece os seres humanos como dotados de consciência. Este termo introduz na sociedade moderna o que é tão importante quanto a razão e que, no passado, não conseguiu sustentar-se por si mesma, e teve que revestir-se da fé religiosa, da honra dos príncipes e guerreiros, da crença no progresso dos burgueses conquistadores e, posteriormente, dos operários revolucionários. Foi necessário que a consciência se livrasse de todas estas formas sociais para que, finalmente, surgisse o sujeito humano. Falar de consciência é entrar diretamente no domínio do universalismo; é afirmar que o homem individual é simultaneamente universal e que ele não pode afirmar-se como ser humano individual sem, por este ato da palavra, afastar-se dele mesmo enquanto ser particular e se constituir em ser universal, já que descolado do indivíduo empírico pela palavra, pelo gesto que o criam.

Aqueles que defendem uma concepção determinista da ação humana não veem no ator senão um ser social definido e, portanto, determinado por uma situação, por funções, por relações de poder e uma evolução. Eles deixam de lado e, por consequência, escondem ou buscam destruir a outra face da experiência humana, que é a relação de si para si, de outra natureza que a relação com as instituições e mesmo no tocante aos outros.

Os três elementos constitutivos da *individuação* e, portanto, do sujeito que é sua forma refletida, tornada carregada de valores, são pois: o *duplo sentido* pela palavra e a criação de expressões simbólicas; a presença do corpo reconhecido como não sendo somente social; a separação ativa do indivíduo em relação à sociedade, o que é mais frequente junto às minorias. Os gays, por exemplo, exerceram um papel importante em nossas sociedades na condução de um movimento geral de subjetivação.

Uma análise como esta nos leva a formular uma conclusão que corre o risco de se chocar com uma rejeição que posso compreender, mas que repousa sobre um mal-entendido. De fato, parece-me necessário dizer que a relação consigo mesmo é mais importante do que a relação com o outro, atitude que vi claramente expressa por aquelas sobre as quais dei testemunho no livro *O mundo das mulheres* (Fayard, 2006; Vozes, 2007). A sexualidade se eleva acima da pura atividade sexual e se torna um elemento essencial na construção da personalidade das mulheres quando ela é enriquecida pela relação com o outro, em particular pela relação amorosa; entretanto, o essencial continua sendo a construção de si como mulher. O mal-entendido aparece se interpretamos esta frase como dando prioridade ao projeto, ao desejo, à vida pessoal sobre as relações com o outro ou com outros indivíduos, ao passo que é a abertura para o outro que eleva o indivíduo em direção ao sujeito. Bem-entendido, não se trata aqui de uma relação de si para si numa vida inteiramente fechada, mas da busca de criação de si por si, portanto, da *subjetivação*, da descoberta do sujeito a partir do indivíduo empírico. A relação de si para si tem um conteúdo universalista, o que o coloca acima das relações com o outro, sempre limitadas pela particularidade do parceiro. Não é preciso ver qualquer "ensimesmamento" sobre a existência dos indivíduos nas ideias que apresento aqui; ao contrário, eu desejo que as "grandes narrativas" da vida pública e da História sejam substituídas pelas "grandes narrativas" do sujeito, de sua criação, de sua defesa contra todas as formas do "nós".

Para além das instituições, a decomposição do social atinge os próprios atores sociais. Podemos ainda definir a distância entre o indivíduo do sujeito lá onde os atores não existem mais? Em princípio, não, já que as duas noções são inseparáveis, o sujeito sendo uma reflexão do ator sobre ele mesmo ou mais simplesmente a vontade de um indivíduo – ou de um grupo – de ser sujeito. A globalização faz explodir toda a realidade social ao atravessar todos os níveis da organização e da decisão. Mesmo se é difícil conceber realmente uma sociedade sem atores, não seria necessário abster-se de assim pensá-lo? Se levarmos ao extremo a ideia do fim do social, que reivindico como ocupando um lugar central no conhecimento do mundo atual, não seria necessário abandonar a defesa do sujeito e não mais reconhecer, como atores sociais importantes, senão aqueles que fazem a guerra e os que denunciam a ordem econômica, os soldados ladrões e os populistas revolucionários? A resposta só pode ser encontrada na separação, geralmente sugerida, mas que é necessário agora formular mais claramente, entre o ator *social* e o sujeito *pessoal*. O sujeito não é definido nem pelos papeis sociais nem pelas relações sociais, que são intersubjetividades. É esta ruptura que torna *necessária* a ideia de sujeito, que não pode opor-se ao poder estabelecido a não ser em se dissociando de todos os mecanismos sociais, e mesmo das relações interpessoais. Pelo fato de vivermos o fim do social e o desaparecimento das sociedades, não podemos definir o sujeito a não ser pela relação consigo mesmo, por sua reflexão sobre si mesmo e por sua autolegitimação.

O que inicialmente aparece como uma ameaça contra a ideia de sujeito lhe dá, pois, sua formulação mais sólida em proibindo-o de dizer-se "social" e em obrigando-o a definir-se como uma reflexão do cidadão, trabalhador ou soldado, sobre ele mesmo.

3. Ataques

Ao longo do século que acaba de terminar, nenhuma noção, nenhuma ideia foi objeto de ataques tão virulentos quanto aquela de *sujeito*. É difícil de encontrar expostas as razões desta rejeição; é necessário, pois, tentar formulá-las.

A primeira é que o termo *sujeito* evoca a imagem muito "iluminista" de um indivíduo identificado com a razão, liberto de toda qualidade particular, que não se define como trabalhador, membro de uma família ou cidadão de um país. Mas respondo aqui que este sujeito, definido fora de todo atributo social, portador de direitos universais, deve também ser visto tal como ele é, isto é, encarnado num trabalhador, num cidadão, num crente etc. Inicialmente concebidos em termos políticos – cidadania –, os direitos humanos se estenderam a todos os domínios: direitos sociais em primeiro lugar, direitos culturais em seguida. Entretanto, é verdade que quanto mais levamos em consideração o ser real nas relações sociais e políticas reais, mais corremos o risco de justificar, em nome dos direitos do homem, uma violência, isto é, uma guerra civil que cede o poder a uma nova elite dirigente falando em nome dos dominados e minando os direitos humanos. O que nos coloca não num impasse, mas diante da necessidade de sempre associar a dimensão universalista dos direitos humanos com a dimensão socialmente definida da causa a ser defendida. Não se trata aqui de detalhes ou sutilezas, mas de problemas que dominaram o século todo. Os alemães e os britânicos, seguidos particularmente pelos países escandinavos, afirmaram que os direitos sociais eram uma extensão da cidadania. Assim foi constituída a social-democracia, que assegurou aos europeus e a outros um meio século ao menos de respeito e de extensão dos direitos políticos, econômicos e sociais. Se esta união do universalismo dos direitos humanos e dos direitos de uma categoria social ou cultural particular não se efetiva, aqueles que falam em nome dos direitos humanos correm o risco de ser destruídos com eles em nome de uma classe, de uma nação, de uma religião. As realidades históricas em jogo são tão massivas que é impossível acreditar na boa-fé daqueles que acusam as liberdades burguesas de impedir a conquista das liberdades reais, sociais e culturais. Portanto, é inadmissível eliminar do campo sociológico as noções mais importantes em nome de argumentos cuja fraqueza é tão grande que não pode ser sustentada a não ser por má-fé.

A segunda objeção a ser superada emana daqueles que sempre desconfiam do tema da subjetividade, que assumem a defesa da objetividade e querem explicar as condutas por dados objetivos como, por exemplo, o nível de participação ou de exclusão social. A resposta a esta objeção é que a Sociologia não tem que escolher entre explicações objetivas e explicações subjetivas; suas hipóteses devem ser demonstradas de ambos os lados: é necessário "explicar" as condutas pela posição dos atores e "compreender" o sentido da ação, para os atores, ao seguir um raciocínio análogo àquele que faço aqui.

Tudo isso permite concluir de maneira categórica que a condenação da noção de sujeito por parte de tantos intelectuais de todos os níveis é desprovida de sentido: ou eles brigam contra os moinhos de vento, ou não respeitam as condições elementares da demonstração sociológica.

A rejeição da ideia de sujeito às vezes é tão extrema que precisamos procurar-lhe as razões históricas. No caso francês, constatamos os efeitos aparentemente indeléveis que a luta contra a Igreja Católica deixou. É lá que devemos buscar a tendência tão forte do pensamento francês de rejeitar tudo aquilo que denominamos de sujeito ou consciência. Vemos nisso um retorno do clero. Aqueles que denunciam as dominações de um tipo ou de outro levam tão a sério aqueles que eles combatem que acreditam no desaparecimento dos atores destruídos pelas forças dominantes. Eles voluntariamente adotam seu partido, já que esta representação da vida social é a única que permite ser simultaneamente o inimigo das forças dominantes e o adversário de todas as formas de subjetividade. É da mesma forma que os espíritos "avançados", por tanto tempo, recusaram o direito de voto às mulheres: eles temiam que a influência do clero sobre elas colocasse em perigo a República. Melhor seria, pois, que elas não entrassem na vida pública.

Consideramos, pois, que o terreno está livre e que podemos construir uma sociologia finalmente libertada dos preconceitos ideológicos. Faz-se necessário agora, para além das críticas tão carregadas de preconceitos, desvelar a importância da ideia de sujeito para a compreensão da ação coletiva e, sobretudo, dos movimentos sociais.

O que diferencia *um movimento social* de um grupo de pressão, de uma emoção popular ou de uma corrente de opinião, é que somente o primeiro tem por objetivo principal defender a liberdade do sujeito individual e, portanto, os direitos fundamentais, para além da defesa dos interesses ou das ideias. Os termos "direitos fundamentais" indicam aqui claramente que o que está em jogo vai além do social, e diz respeito à própria humanidade dos seres humanos. O que suscita um movimento social inicialmente é o fato dele não ser reconhecido e respeitado, de ser humilhado, ou, como se dizia, *alienado*, isto é, privado desta relação direta consigo mesmo sem a qual nenhum direito tem fundamento sólido.

O século passado nos fez brutalmente compreender aquilo que separa e opõe um movimento social dos regimes revolucionários que falam em seu nome e que lhe dão efetivamente a possibilidade de acessar ao poder para mudar a sociedade. Os marinheiros de Cronstadt exerceram um papel importante em duas ocasiões na revolução soviética, mas só se transformaram em movimento social quando atacaram o poder leninista e desenharam em grandes linhas o que podia e devia ser uma sociedade democrática. Isso porque esta expressão tão complexa, tão carregada de significações históricas que se contradizem ou se complementam, designa antes de tudo um regime político que respeita os direitos fundamentais, que impõe limites a todos os poderes, em particular ao Estado, e que prepara a "emancipação" das categorias dominadas, isto é, privadas de subjetividade. Testemunhas e atores, muito mais do que os analistas, sabem reconhecer num movimento social, para além de suas estratégias e ideologia, o apelo ao "reconhecimento" da liberdade, da autodeterminação daqueles que combatem e reclamam tão frequentemente em favor de sua *liberdade* injuriada.

Não é difícil passar de uma definição da consciência de si para a compreensão dos movimentos sociais. É bem mais fácil passar daí para o horror do mal. O século que acaba de se fechar nos impôs a ideia de que a repressão vai mais longe do que o combate e a guerra: ela vai até o aviltamento e o extermínio. A crueza, como o afirmou justamente Michel Wieviorka, ultrapassa a violência, pois o que ela quer destruir é a humanidade de seu adversário, e não somente seus interesses, sua existência social ou sua cultura. Toda a nossa existência a vivemos no horror dos lugares que não eram apenas campos de morte, mas de desumanização. Como poderíamos reduzir tais crimes a uma ação política ou a interesses econômicos quando falamos com justeza de crimes contra a humanidade e os declaramos imprescritíveis? Não temos visto o inferno antes que o poder dos grupos dirigentes? E não temos visto por toda a parte indivíduos que arriscavam perder suas vidas para afirmar a dignidade e a liberdade de cada ser humano? Em que estas expressões têm menos poder explicativo do que a conjuntura econômica e os níveis de renda?

4. A emergência do sujeito

Agora estamos preparados para compreender como emergiu, em sua realidade direta, para além de todas as figuras que havia assumido no passado, a ideia de sujeito e, portanto, reconhecer-lhe todo seu campo de aplicação histórica, ao assumir a consciência ao mesmo tempo da novidade do mundo contemporâneo onde reaparece a noção de sujeito e do parentesco que interliga esta *figura* desvelada, diretamente visível do sujeito, com todas as suas outras figuras que se revestiram de roupagens muito diversas – religiosas, políticas, revolucionárias ou outras – sem com isso cessar de ser formas de existência do sujeito, da forma como ele nos aparece hoje em sua presença consciente. Para chegar lá, não precisamos mais falar do sujeito como um ser distante, separado de nós, existindo para além da sociedade, que podemos denominar Deus ou Progresso. É preciso desconfiar ainda mais das religiões "cívicas", que criam mais opacidade ao impor ao sujeito o discurso de uma sociedade hierarquizada e impessoal. Este positivismo explica o social pelo social e dessa forma pretende eliminar todas as figuras do sujeito. Este está mais presente em suas figuras religiosas, que o situam para além do mundo humano, mas, simultaneamente, ele é dominado, nesta situação, e usado por aqueles que se fazem representantes do sagrado. A presença do sujeito em uma figura divina não é real a não ser que o indivíduo guarde uma comunicação direta com ela. A presença de Deus em mim é a contrapartida da criação humana de um Deus situado acima do mundo humano. A Modernidade começa com a capacidade de autocriação da vida social, quando reivindicamos como nossa esta força criativa que pode conduzir às descobertas da ciência, à criação de obras de arte ou de instituições, mas igualmente ao nascimento de nossa consciência direta do sujeito através de nossas reflexões sobre o fundamento do bem e do mal.

Esta Modernidade *não destrói o sujeito em proveito da razão instrumental; ao contrário, ela o interioriza em cada indivíduo* ao qual ela dá, mais do que uma consciência, uma alma e uma capacidade de discurso interior. O sujeito torna-se busca de si através da construção do Estado e da sociedade sem os quais a historicidade, a capacidade de construção e de transformação das condições de vida seriam impossíveis, mas que opõem constantemente obstáculos à relação imediata do sujeito consigo mesmo. Esta contradição é ainda mais forte na figura religiosa do sujeito: entre a palavra humana e a palavra divina, de fato, interpõem-se o discurso do *sagrado*, a dominação do clero, o interesse superior de um poder religioso, direto ou indireto. Em cada tipo de sociedade, o sujeito está ameaçado por forças poderosas, mas estas forças assumem no mundo religioso uma figura não-social, em particular aquela do pecado, enquanto que em toda a história da Modernidade, antes de entrar na hipermodernidade atual, o obstáculo é propriamente social e político. Os mestres do Estado, aqueles da economia como os do mundo ideológico se opõem fortemente à consciência do sujeito. Este deve assumir, a partir disso, uma figura mais militante. Ele está presente nas sublevações libertadoras dos povos contra os reis e contra os privilégios; ele está no coração do movimento operário propriamente dito, da consciência de classe operária lutando simultaneamente contra os mestres da economia e pela emancipação dos trabalhadores e do resto da população, graças à técnica, ao trabalho e ao progresso. É quando o poder transpõe a vida econômica e social e se transforma num poder totalitário que o sujeito, cujos militantes são mortos ou pervertidos, é reconduzido a ele mesmo, a uma oposição radical mais mortalmente perigosa entre o mundo dos direitos e aquele dos instrumentos, dos cálculos, das máquinas, dos planos, da propaganda dos poderes sociais e políticos.

O sujeito se manifesta tanto na vida privada quanto na vida pública, mas é ameaçado de todos os lados. Do lado da vida privada, o sacrifício imposto aos fracos e aos dependentes e assumidos por aqueles que de uma maneira tão frequentemente velada impedem o reconhecimento da presença do sujeito lá onde ele sofre a iminência de correr os maiores perigos para afirmar-se; do lado da vida *pública*, o sujeito, tão presente nos movimentos sociais, é reduzido ao silêncio, encoberto nas grandes mobilizações pelos apelos dos dirigentes políticos ao povo contra seus inimigos. Ora, já o sabemos que a ideia de *povo* designa a maneira através da qual o Estado percebe a sociedade, que nos faz passar, pois, novamente para o lado da ordem social, integrando-nos nela e defendendo-a. A ideia de povo está ligada àquela de revolução, assim como a ideia de movimento social está associada àquela de sujeito, e a oposição é profunda entre as duas maneiras de pensar e de agir. No entanto, não é aqui o espaço para tratar do lugar do conflito na formação do sujeito, já que primeiramente é necessário recuperar a presença do sujeito tanto na vida social quanto na vida pessoal. E, para ser factível, é necessário guardar certa distância de todas as formas organizadas e controladas da ação coletiva.

O que deve ser reconhecido é o apelo constante a um argumento *não-social*, que denominadas humanista ou, dito outramente, que comanda nossas escolhas sociais e impede uma solução "global" dos problemas sociais ou pessoais. É tentador e perigoso crer que o sujeito se deixa ver somente nos períodos de crise, de transição, quando os valores se desinstitucionalizam, como tão manifestamente é o caso da história do cristianismo e de outras grandes religiões. Ideia perigosa, já que ela associa o sujeito a uma outra ordem social, enquanto que ele não vive senão ao criar uma certa distância de todas as práticas sociais. O sujeito sempre se apresenta como uma distância ou como uma demanda de distância em relação à ordem social. Aquilo que melhor marca a presença do sujeito é esta distância percebida e reivindicada em relação às identidades e às normas que se impõem ao nosso entorno social. Não se trata de aprisionar o sujeito dentro de sua solidão, mas de reconhecer que ele tem necessidade de um espaço autônomo para fazer ver e entender suas reivindicações. É necessário afirmar a necessidade desta distância antes de buscar novamente o sujeito, em todos os cantos onde ressoam os apelos à ação.

O que eu entendo por sujeito não é a imagem quase secularizada de Deus tal como a propôs o teísmo do século XVIII, ou a religião do Ser supremo, isto é, aquela da Razão sob a Convenção. O Sujeito não é a Razão guiando o Progresso rumo ao bem-estar; ele não é nem um ator teológico nem um ator histórico; ele é menos ainda um príncipe moralizador da sociedade ao serviço da própria sociedade, de sua integração ou de sua capacidade de mudança. É certamente desta última definição que ele está mais afastado. Para nós, repitamo-lo, o sujeito é a relação de si para si, a distância e o duplo sentido criados pela palavra, a consciência que secreta um julgamento moral, denominando de *bem* aquilo que reforça a consciência de si, de *mal* aquilo que o destruiu ou o dissolveu. A noção de sujeito tem, pois, a mesma razão de ser que aquela de sociedade à qual esta noção se opõe.

Tudo isso porque a ideia de sociedade definiu como bem e mal aquilo que é socialmente funcional ou disfuncional. No mundo contemporâneo, o sujeito aparece sempre mais como protesto contra a invasão do mundo pela razão instrumental, o lucro, o poderio, que agem tanto acima de nossa experiência individual, no funcionamento dos mercados e na concentração dos poderes nas oligarquias, quanto nas monarquias, nos partidos e, sobretudo, nos partidos dos Estados todo-poderosos. Ele protesta também, mais próximo de nós, contra a organização do trabalho, as regras administrativas e os programas escolares. Ele é uma experiência positiva, em particular a afirmação de um direito, antes de ser uma crítica da ordem social ou dos indivíduos que detêm o poder. O sujeito é o encontro com ele mesmo, sua consciência de si. Ele repousa sobre a tensão e a união do *eu* que nomeia e do *mim* nomeado; ele diz: "mim e eu", porém, mais fortemente ainda: "eu e mim", em vez de aceitar que o eu não se constitua senão por sua inserção na vida social profissional, econômica ou outra.

É por isso que o sujeito é tão bem definido pela ideia de *reflexibilidade*, introduzida por Anthony Giddens e largamente adotada no pensamento contemporâneo. O sujeito procura o caminho que o reconduza a ele mesmo; ele se vê, se toca, escuta a si mesmo antes de lançar-se em sua grande aventura de reconhecer o outro como sujeito, depois de criar categorias que se definem por sua luta contra os aparelhos e conjunturas, até alcançar uma definição de si que se estende ao campo histórico inteiro.

Este chamamento de si para si, esta palavra dirigida a si mesmo não aparece diretamente senão quando a ação humana é capaz de criar um mundo inteiramente "artificial" feito de cálculos, de máquinas e de canais de comunicação que fazem desaparecer o sujeito nas obras da atividade coletiva. Nesta situação o sujeito, se não desaparece, não pode viver senão na afirmação dele mesmo, na reivindicação de ser seu próprio criador, de ser responsável por si mesmo.

5. A descoberta do sujeito

Não existe qualquer correspondência "natural" entre o sentido de uma situação, em particular econômica, e a consciência daqueles e daquelas que não são somente atores, porém mais frequentemente "pessoas" que vivem esta situação ao se adaptar a esta situação, ao proteger seus interesses pessoais, mas igualmente ao lhe dar uma significação diferente daquela que a sociedade gostaria de impor-lhe. As narrativas de guerra e campos de concentração, de derrotas e triunfos seguidos de pilhagens, constantemente tenderam a afirmar que os homens e as mulheres são como folhas que o vento leva em direções desconhecidas. Na realidade, os seres humanos não são folhas mortas; eles se representam sua situação ao usar a linguagem. Inversamente, é oportuno evocar esta imagem, mesmo se incorreta, para sublinhar o quanto é perigoso fazer da História uma epopeia, um sonho, uma aventura na qual cada ser humano viveria o sentido através de sua própria vida e de suas reações pessoais. Ali não existe nada de imediatamente perceptível das noções de sujeito, subjetivação ou de ator. Se a análise se aproxima dos fatos observáveis para, por exemplo, estudar o funcionamento de uma organização ou a aplicação de uma lei, esta distância diminui, mas jamais desaparece. A interpretação de uma situação não é obra coletiva; os que são capazes de dar um sentido àquilo que vivem não encontram o consentimento da maioria.

Como essas interpretações se formam, tentam fazer reconhecer sua pertinência, e convencer os outros de sua veracidade?

Elas não se fundam nem na "consciência" nem na análise elaborada de uma situação. Diferentes atores se falam, se respondem, comentam seus intercâmbios. É nesta recitação despedaçada, contendo em si mais réplicas do que reflexões, que encontramos, em "pequenos pedaços", o resultado da aposta, as proposições e exigências.

Em nossa vida cotidiana, a distância entre o sentido que damos a uma situação e a maneira com a qual a vivemos é grande. Comentamos nossos atos e os dos outros, julgamo-os, tentamos nos fazer compreender e compreendermo-nos a nós mesmos. Não conhecemos o sentido mais profundo de nossas palavras e de nossos atos, mas sabemos que um drama está em jogo, que uma escolha é oferecida ou recusada. Quanto mais repetimos, ou relemos este diálogo eivado de lacunas, de descontinuidades, de mal-estar, de demandas e recusas, mais nos afastamos deste texto confuso que parece esconder seu próprio sentido, e tanto mais aumentamos em nós a formulação de um sentido de nossas condutas que estava presente em nós, porém ocultado pelo constrangimento da lei, pela pressão da organização dos intercâmbios e produção, pelas resistências dos outros. Beckett e Ionesco perceberam a presença permanente não do não-sentido, mas daquilo que barra o sentido, que despersonaliza e responde perfeitamente, bem ou mal, àquilo que a antiga Sociologia chamava de "papéis" e "normas". É necessário que intervenha a análise para libertar este sentido velado, repelido, destruído mesmo, das situações que, elas mesmas, tendem a esconder seu próprio sentido para permanecer no "senso comum", aquele da opinião e das categorias construídas pela ordem social.

Em vez da necessidade de representar nossa vida psíquica como repressão de nossas pulsões pela lei, podemos procurar aquilo que dá sentido àquelas exigências tão fortes quanto as da lei, das ideias recebidas, dos critérios de normalidade. Exigências que são as de um sujeito sempre presente, sempre escondido. Trata-se de estilhaçar a vidraça das condutas de consumo para descobrirmo-nos como portadores de sentido através de nossas próprias obras. Trata-se, igualmente, em meio às solicitações e sinais advindos de fora, de voltarmo-nos para nós mesmos, para aquilo que sentimos como algo íntimo e pessoal, como engajamento e aposta. Os diálogos que os pesquisadores e eu tivemos com as mulheres, isolados ou em grupos, fizeram emergir – e até mesmo com uma facilidade estupenda – esta criação e esta afirmação delas mesmas, que já não eram mais percebidas justamente porque só falávamos a linguagem da sociedade, de suas desigualdades, de seus sistemas de justificação e repressão. Quanto mais refletimos, mais liberamos em nós uma subjetividade que tudo, na vida imediata, esconde ou rejeita.

Não podemos atingir o sentido a ser descoberto sem a intervenção do pesquisador que cria um lugar inabitual, protegido, que recorre àquilo que está mais carregado de sentido e de um apelo tanto moral quanto intelectual, para além do espelho sobre o qual se projeta um "social" que pode ser descrito sem referência às exigências do sujeito. Com isso corremos o risco de sermos enganados por uma aparente escolha, por julgamentos morais, por exigências e projetos. Buscamos nos convencer de que o sentido de nossas condutas reside nos sistemas de organização, na decisão e ação acusadas de produzir uma verdade objetiva. O papel principal dos detentores do poder é convencer-nos pela persuasão ou pela força de que não somos sujeitos, nem mesmo atores, mas somente "agentes" portadores de determinações que não encontram sua razão de ser a não ser na natureza e na "realidade". É navegando em direção diametralmente oposta que podemos encontrar o sentido de nossas condutas e de nossas situações. Precisamos renunciar o vivido em favor do sentido na vida, da experiência em direção à construção de nós mesmos.

A interpretação, pois, deve permanecer tão distante do vivido, das necessidades, do desejo e das opiniões quanto da lógica das situações e da força das determinantes das condutas sociais, pessoais e coletivas. O sujeito é a tomada de consciência de si, para usar a expressão simples empregada por Germaine Dieterlin em seu *Ensaio sobre a religião bárbara*, para definir o "*tered*" de Mali, noção que distingue a alma (*nid*) do duplo (*dya*), que definem as formas mais ligadas à organização social. O que não significa dizer que este "*tered*" possa ser definido fora de toda referência social, porém, mais importante, em meu ponto de vista, ele é a capacidade de agir sobre si antes que da transcrição de um papel social.

6. A presença cotidiana do sujeito

Preciso interromper por um momento esta busca pelas figuras do sujeito, já que quanto mais aprendemos a reconhecê-lo, mais nos aproximamos dos deuses e sábios, e mais parece ser difícil encontrar junto aos indivíduos ou grupos reais a presença do sujeito, simultaneamente tão criador e tão distante. Onde posso vê-lo, tocá-lo com o dedo? Estaria ele presente nos desfiles militares dos regimes totalitários, na miséria dos sem-teto e sem-trabalho, na rotina dos trabalhos industriais, administrativos ou agrícolas, em meio às populações que se destroem entre si, ou, no mais longínquo dos casos, nas reuniões dos banqueiros que não pensam senão no dinheiro, aquele de seus estabelecimentos e de suas fortunas pessoais? Esta lista não tem fim. A vida das pessoas é feita de rotina, de profundos sofrimentos, de pequenas alegrias, mas igualmente de grandes paixões e raivas enraizadas. Toda esta cotidianidade, todos estes esforços empregados para sobreviver ou para redimir-se, todos estes problemas encontrados tanto no trabalho e em bares quanto em casa, que lugar eles reservam ao sujeito definido como afirmação do direito à vida individual, ao respeito aos outros, à proteção contra o poder das organizações e dos governos?

A questão é tão elementar, tão aviltante, que somos tentados a fugir dela em nome de algo maior: buscar o sujeito somente nos projetos de transformação da ordem social, que só podem ser elaborados e implementados por meio de ações coletivas. Porém, então, não seria mais simples e seguro empregar outro vocabulário, aquele da economia ou da sociologia das organizações, ou ainda da sociologia política: defesa dos interesses, busca de alianças, invenção de ideologias, definição de objetivos etc.?

Estas linhas resumem todas as objeções, formuladas ou não, endereçadas a cada pessoa, quando lhe falamos de sujeito, de direitos, de individuação. A resposta às objeções ou às reticências tão esmagadoras não pode ser senão vigorosa e categórica. Por toda parte onde vocês veem o interesse, o ciúme, o amor ou a raiva, o poder e a autoridade; aprendam a ver o sujeito, a subjetivação e seus inimigos, já que a vida ou a morte do sujeito se decide, por toda parte e sempre, nas vidas individuais como nos movimentos sociais, nas sociedades livres como naquelas submetidas a uma tirania.

O que existe de impressionante nesta resposta? Vocês não ouviram durante séculos os padres dizendo ver o pecado e a graça por todo o lugar? Vocês não entenderam as revoluções que abatem as monarquias absolutas ou que solapam os poderes coloniais como reivindicações elevadas em nome da liberdade e do direito de todos à liberdade de opinião como à liberdade de comércio? Nós acabamos de viver um século fortemente influenciado pelas ideias de luta de classes, de exploração capitalista e dos direitos dos trabalhadores; não estamos ainda habituados a empregar estes termos para compreender cada circunstância da vida, do desemprego à proibição da língua nacional, da dominação do dinheiro sobre os homens à dominação destes sobre as mulheres, e geralmente dos dois sobre as crianças?

Por que, dir-me-iam, não fixar-se na ideia já comumente admitida de um retorno à individualização que somente os devotos da velha esquerda pensam que ela está ao serviço do capitalismo e do egoísmo pessoal? A resposta é que se o individualismo é uma noção aparentemente simples, na verdade, ele é de difícil definição e sem uma verdadeira unidade. Para muitos ele indica a multiplicidade e os cruzamentos de pertenças, em ruptura com a visão que fazia das relações de classes uma pertença de alcance geral. Para outros, ele indica o enfraquecimento das relações sociais, comparadas com as máquinas, o jogo, os instrumentos musicais ou as comunicações na internet. Para outros ainda, trata-se de um retorno a si, e a substituição da análise social por uma exploração psicológica que se reveste de formas de terapias sempre mais diversificadas, ao mesmo tempo em que a psicanálise continua gerando um capital intelectual muito mais considerável. Outro sentido ainda: a concorrência sempre mais vigorosa no seio das economias de mercado onde as garantias estatutárias se enfraquecem. Esta lista facilmente poderia ser ampliada. A tal ponto que o individualismo pode ser considerado seja como algo que conduz a pertenças de estilo comunitário, seja mesmo como um espírito de seita ou como um economismo clássico.

Precisamos, pois, para definir a importância, efetivamente capaz, do retorno de uma individualização que não pode ser reduzida ao abandono das análises construídas em termos de grupos ou de agrupamentos que se elevaram a um nível superior de análise, até transformar a individualidade num "valor", num princípio fundamental dos costumes. O individualismo deve ser reinterpretado como um direito à existência individual e à construção desta a partir de uma demanda de individuação. A noção de sujeito se situa neste nível; só ela permite compreender o sentido maior do individualismo, libertando-o das interpretações mais baixas, ou seja, das mais perigosas que lhe damos. Mas o sentido desta transformação dos ideais, dos projetos e das reivindicações, que carrega consigo o tema do individualismo, só pode ser compreendido pela reinterpretação do individualismo como uma expressão simultaneamente concreta e ainda indireta da ideia de *sujeito*, no sentido que ele deve ocupar o lugar central, aquele que foi o do trabalhador e, antes dele, do cidadão, na história dos séculos passados.

A única novidade é que hoje, nas sociedades que exercem o maior poder sobre elas mesmas, o sujeito é percebido sem disfarce, enquanto que no passado o encontrávamos com a roupagem de Deus ou da nação, do trabalhador ou do democrata. Nenhum destes termos perdeu seu peso como figura do sujeito. No entanto, muitos dentre nós, sempre mais diretamente e sempre mais frequentemente, reconhecemos que estes termos são explorados ou reprimidos, recompensados ou punidos enquanto sujeitos. Não existe entre o ontem e o hoje, nem aqui nem alhures, nem mais nem menos, uma consciência do sujeito; mas a reflexão se tornou mais direta, já que o olhar de si para si está mais carregado de responsabilidade. Esta reflexão não poderia ser organizada diretamente ao redor da ideia de sujeito se este não estivesse presente *por toda parte*, à semelhança das relações de classes, do direito à liberdade, do respeito à dignidade do outro e de si mesmo.

Isso significa também que em todo lugar estão agindo os inimigos do sujeito, todas as formas do antissujeito, falem elas em nome de um positivismo apoiado na ciência, de um apelo ao irracional, da referência a uma mensagem divina à qual deveríamos nos submeter, ou, ainda, de um bem comum que nos impõe uma submissão aos nossos deveres. O combate está em toda parte; em qualquer lugar em que estejamos, não estamos livres das zonas de indiferença ou ambivalência; só existe o medo e a falta de coragem daqueles que não ousam atacar abertamente a liberdade e a dignidade de cada um, da forma como descobrem os antissemitismos ou arabo-fobismos, que impedem de dizer publicamente os insultos em relação aos judeus ou árabes, e que, no entanto, não pensam neles senão com ódio e desprezo.

Não estou pedindo ao leitos que assine conjuntamente esta linguagem inabitual; eu, aqui, situo-me no nível das experiências vividas, e as mais concretas e comuns. Nós fazemos julgamentos de valor em nossa vida cotidiana como através de nossas leis. Não podemos deixar cair em desuso termos como justiça, liberdade, direitos. A única dificuldade com a qual me defronto é que nós não nos interrogamos muito frequentemente sobre a origem destes "valores". Nesta nossa parte do mundo, acabamos por pensar que os ensinamentos de Atenas e de Roma, do cristianismo e da Revolução Francesa, encontram-se num humanismo que de fato não é aplicado, mas que está presente no espírito da grande maioria. O perigo deste consenso brando é que por detrás destes grandes termos nos contentamos facilmente com uma tolerância que torna a aceitar o intolerável. Não seria mais tonificante dar a este humanismo uma formulação mais elaborada, mais exigente, no momento em que vemos encher-se os cemitérios e os campos destes humanistas perseguidos e massacrados?

Por muito tempo nos contentamos rapidamente com um voluntarismo revolucionário que se referia, ele também, aos grandes textos sobre os direitos humanos. Nós repetimos os ensinamentos dos grandes homens e proclamamos com emoção nossa vontade de defender os valores sagrados. Já chegou a hora de não mais falar neste tom, de não mais deixar-se levar por correntes cujo ponto de chegada não conhecemos. É necessário, sobretudo, fugir do erro que faz da Modernidade o fim dos julgamentos de valor, o triunfo do empirismo, do positivismo e de uma psicologia dominada pelo interesse. A ideia de sujeito confere um sentido forte às condutas orientadas pelas exigências que vão além da racionalidade instrumental e do interesse para aqueles que não acreditam mais. É, portanto, natural que eu encontre o sujeito por toda a parte como outrora os espíritos religiosos encontravam por toda parte a vontade divina, ou os progressistas o sentido da História.

7. A reinterpretação das figuras do sujeito

A Modernidade, em sendo sobretudo ação sobre si mesma pelo recurso aos princípios universalistas que são a razão e os direitos do indivíduo, torna inaceitável uma definição daquelas sociedades carregadas de modernidade como bárbaras, manipuladas pela mídia, reduzidas à situação do mercado, corroídas pelo materialismo dos interesses e das emoções, incapazes de refletir sobre as grandes opções da vida humana e da natureza. É preciso pensar igualmente que estas sociedades eliminam as grandes respostas religiosas ou morais sobre as quais sempre procuramos nos apoiar, e que não querem mais dar uma resposta aos nossos grandes problemas.

Uma vez afastadas estas ideias, permanece uma questão feita sempre mais frequentemente e que se liga às recusas às quais acabo de responder. O sujeito, tal como o defini, não estaria ameaçado pelo triunfo do capitalismo, da sociedade de massa e da busca do lucro, de sorte que ele tem necessidade de se apoiar sobre as figuras mais antigas do sujeito, prisioneiras, pois, de outros sistemas de pensamento? A figura atual do sujeito não seria obrigada a dar as costas ao presente, não podendo encontrar-se senão num diálogo com as grandes figuras que o sustentaram nas sociedades de ontem?

Aceitemos esta reflexão, já que é indispensável proteger-se contra uma confiança excessiva no progresso, na racionalização, na eficácia que criam uma quase-religião "laica" que busca apagar seu passado. Aceitemos a necessidade de reencontrar a unidade do sujeito através de todas as suas figuras, cada qual velada pelos instrumentos de uma dominação social, tanto hoje quanto ontem.

Para tanto, não se trata absolutamente de reavivar as crenças ou os pensamentos de um passado longínquo, mas justamente o contrário: faz-se necessário reinterpretar as religiões, as sabedorias, os pensamentos políticos do passado bem como as *figuras veladas* de um sujeito que não pode ter consciência de si mesmo a não ser dentro da Modernidade, ao correr o risco de se perder nos movimentos acelerados da vida contemporânea, e que tem necessidade, para salvar-se, de encontrar sua unidade através da história e das transformações repetidas de suas figuras. Esta interpretação do passado é indispensável, e se não podemos realizá-la, ela será substituída por um brutal retorno aos aspectos mais retrógrados da individuação, pela busca perigosa de uma ordem velada do mundo, revelada pelas profecias e principalmente pela criação de poderes novos que não reconhecerão outra igualdade senão aquela que a todos nos submete à mesma dominação.

Não existe sujeito sem uma certa distância em relação à organização social. Esta distância não pode ser criada e aceita somente por aqueles que rejeitam o evolucionismo racionalista mais simplista e que buscam nas culturas e nas sociedades não-modernas, e até mesmo nas mais antigas, outros mecanismos de distanciamento. Aqui eu não penso apenas nos apelos tão numerosos advindos das crenças e ritos religiosos: eu também gostaria de fazer reviver a inspiração do movimento operário e aquela de 1789, antes que a primeira fosse recoberta pelo socialismo científico, e a segunda pelo terror de Estado. Quanto ao cristianismo, cujos traços são tão fortes em nossa cultura, sua mensagem é o inverso de uma secularização cuja substância ele rejeita.

É mais difícil encontrar os laços que unem nossa imagem atual do sujeito com o islã ou outros pensamentos religiosos no interior ou ao redor do monoteísmo. A Modernidade recorre a uma reinterpretação dos movimentos religiosos, morais, políticos e sociais, nenhum dos quais podendo ser identificado com o sujeito, muito embora todos representem figuras do sujeito, o qual só se tornou diretamente presente na Modernidade e esta igualmente comporte uma vertente hostil à subjetivação, vertente que as figuras do sujeito vindas de longe nos permitem descobrir e criticar. A insistência sobre o papel central da razão na Modernidade feita pelos "modernos" é vista como uma agressão pelos defensores das religiões, que pretendem conservar uma preeminência absoluta sobre o pensamento religioso. Isto me parece um duplo erro. Em primeiro lugar, porque o apelo à razão, tão importante na teologia cristã, sobretudo para Tomás de Aquino, discípulo de Aristóteles, combina-se facilmente com a fé, embora isso não signifique afirmar que a fé pertença à ordem da razão mas que a razão deve ser aplicada ao domínio da fé para evitar que o religioso caia no irracional, no mágico ou no puramente emocional. Em segundo lugar, o religioso não pode estabelecer laços com a Modernidade unicamente pelo canal da razão e, ao menos outro tanto, pela via dos direitos do indivíduo, como o sublinhei várias vezes. O sujeito possui figuras indiretas, "exteriorizadas", projetadas num mundo da transcendência nas sociedades que ainda são insuficientemente mestras de si mesmas. É necessário, portanto, elevar-se acima da ideia de sujeito presente nestas formas indiretas e anteriores. A crença no progresso, na cidadania, em Deus, é simultaneamente portadora do sujeito e obstáculo de acesso ao sujeito ao criar um espaço sagrado que é a outra face do religioso, o mais diretamente ligado ao poder das instituições.

Esta dupla face do religioso está presente nos movimentos culturais e sociais. Em particular no movimento operário que, em seu aspecto central que é a luta sindical operária, é uma figura do sujeito, porém mais frequentemente dominado pelos atores políticos. Nos países escandinavos ou na Grã-Bretanha, o sindicalismo conservou uma forte influência sobre o socialismo; na França, ao contrário, a influência do político sobre o sindicato foi muito rápida. Poderíamos levar este paralelismo mais longe: existem lutas de classes que são da mesma natureza do que as guerras de religião associadas à luta pelo poder político. É necessário constantemente lembrar que o laço existente entre a ideia de sujeito e o campo religioso ou outros campos da mesma natureza não se situa unicamente do lado da razão, tanto quanto do lado do individualismo e da consciência ou do destino individual.

8. O sujeito contestado

A concepção de sujeito que acabo de introduzir se situa do lado oposto das ideias que parecem ser mais largamente admitidas. Hoje dizemos: neste mundo de poder absoluto da comunicação, que sentido pode ter a imagem de um sujeito falando consigo mesmo como os personagens do teatro clássico recitando seus monólogos? Como a ideia de sujeito pode ter um sentido numa tal sociedade de comunicação? Alarguemos a proposição: como mostrar este sujeito voltado sobre ele mesmo numa sociedade de massa? Este sujeito já não foi substituído pelos personagens da televisão, mergulhados na vida urbana, submetidos a estimulações de toda ordem como o vai-e-vem dos sentimentos e pulsões?

Estas proposições formuladas com tanta força, que pensam em afastar num gesto ou numa palavra o discurso que sustento, nós já as escutamos há mais de um século, quando se multiplicaram as máquinas na indústria, as comunicações e até mesmo a administração. Na *Metropolis* ou na fábrica onde se extenua Charlot, a ideia de sujeito ainda tem sentido? Ela não se tornou irrelevante, como um homem vestido em trajes aristocráticos numa cadeia de produção ou numa grande reunião de lazer? Estas objeções, estas reações de rejeição são poderosas e, para muitos, convincentes. No entanto, quando mais multiplicamos estes apelos à ordem ou estas injunções a olhar a *realidade* e pensá-la hoje, mais me aferro ao discurso que sustento. Pois desde quando começamos a falar de modernidade, falamos igualmente de máquinas, de complexidade crescente do universo do conhecimento. Entretanto, nada em todos estes progressos exaltantes ou desesperantes prova que neste mundo sempre mais artificial não existe um sujeito voltado em primeiro lugar para ele mesmo. De fato, quanto mais a rede de máquinas torna-se densa, mais as comunicações se afastam das condições da linguagem natural, e quanto mais descobrimos as zonas da natureza nas quais nosso sentido não pode penetrar, mais a separação entre o mundo dos objetos e aquele do sujeito se alarga. Não seria este o sentido do termo esplêndido de Weber: o *desencantamento* do mundo? Os espíritos desaparecem do mundo técnico; os sonhos são proibidos durante as horas de trabalho. Mas isto significaria dizer que o encantamento não existe mais, que ele seria uma loucura ou uma crise de adolescência? Este, de fato, pode ser um dos aspectos da modernização, porém não é o mais importante, que é o progresso libertador da reflexão. Ao invés de olhar para o céu ou para o inferno, nós olhamos para nós mesmos, como Montaigne em sua torre, mas igualmente como Descartes, que hoje com tanta frequência conserva uma má reputação, e como Rousseau que, ao contrário, este sim é sempre favoravelmente acolhido. A consciência da exploração sofrida ou da conquista empreendida reforça a distância entre o sujeito pessoal ou o ator social e as lógicas fragmentadas dos sistemas, sociais ou outros. Que este sujeito que se libera e reflete sobre si mesmo possa ser tentado pelo conforto de uma reflexão mais utilitarista e otimista é simultaneamente uma constatação de má-fé, já que o sujeito não é somente um burguês ou um funcionário, mas igualmente o homem das Luzes, da Revolução e das lutas por todas as libertações. Por que reduzi-lo a estes aspectos mais medíocres se ele com frequência se manifesta de forma generosa e heroica? O mundo científico e técnico nos coloca à prova, mas também nos dá a mestria de nosso entorno. Nós protestamos contra os obstáculos que nos separam de nós mesmos, mas também produzimos técnicas que nos ajudam a nos manifestar a nós mesmos.

9. O sujeito mulher

O sujeito emerge diretamente nas sociedades que possuem maior capacidade de autotransformação; mas, nesta situação, o sujeito corre os maiores riscos de se perder em sua obra e se afogar numa racionalidade puramente instrumental. A resposta a esta contradição é que o sujeito aparece melhor quando é carregado por uma categoria dominada, rejeitada pelos poderosos, que lhe recusam toda subjetividade, mesmo no interior das sociedades mais modernizadas. Atualmente, a categoria que melhor carrega o sujeito é aquela das mulheres, já que, mais do que qualquer outra categoria, elas por longo tempo viram rejeitado seu direito à subjetividade (em particular os direitos políticos). Recentemente, numa pesquisa feita com as mulheres muçulmanas na França, ouvi uma jovem mulher que acabava de contar a um grupo suas dificuldades com sua família, que ela amava, mas que não a suportava mais, e caiu aos prantos; ela se calou por um instante e acrescentou: "Eu me dou conta de que esta é a primeira vez na minha vida que digo 'eu', e o digo diante de vocês todas (as outras mulheres muçulmanas) que disseram 'eu'". A recusa tanto do masculino quanto do institucional de reconhecer a subjetividade das mulheres faz delas as portadoras privilegiadas do sujeito. A pesquisa à qual me refiro mostrou com força que as mulheres, antes de tudo, definem-se como mulheres, dão-se por objetivo principal construir suas vidas como mulheres, e pensam que o sucesso ou o fracasso se decide acima de tudo no campo da sexualidade.

Obviamente, a noção de sujeito deve ser aplicada a todos os membros de uma sociedade, e as mulheres estão conscientes disso, mas foram elas que tomaram a iniciativa. Quanto aos homens, sem grande dificuldade eles reconhecem que são as mulheres que operam a grande inversão cultural que nos faz passar de uma cultura de conquista do mundo para uma cultura de conhecimento e de construção de si. Aquelas e aqueles que escutei estão conscientes da importância histórica das mudanças que denunciam ou que elas anunciam. Construir-se a si mesmo como sujeito é o objetivo principal de nossa cultura, e foram as mulheres que lançaram e dirigiram esta concepção. É daí que devemos tirar a consequência principal: nós não estamos mais numa sociedade de homens; nós não entramos ainda numa sociedade unissex ou de pura igualdade entre homens e mulheres; nós entramos, já estamos dentro de uma sociedade de mulheres. Os homens, é verdade, ainda detêm o dinheiro, o poder e as armas. Mas as mulheres já assumiram a palavra, foram elas que descobriram o sentido das mudanças em curso, e estas estão suficientemente antecipadas para que cada qual se conscientize das rupturas ocorridas.

Não existe sujeito sem conflitos e mesmo sem defeitos. É isto, ainda que aqueles e aquelas que não foram "reconhecidos" pelos outros e pelas instituições se afirmam eles mesmos. O exemplo das mulheres permanece ainda o mais importante. As feministas conquistaram os direitos e eliminaram as desigualdades. Elas conseguiram, sobretudo, o direito à contracepção e ao aborto, medidas difíceis de ser admitidas e que só puderam ser adotadas porque as mulheres se afirmaram como sujeitos com uma formulação tão extrema, tão chocante, mas que foi compreendida exatamente como uma afirmação de si, e de uma forma muito mais radical do que foi o progresso conquistado na ordem profissional: "*Um filho se quero, quando quero*", o que elimina o genitor ou o relega a um plano secundário. Hoje, ainda, esta fórmula mostra que a relação do pai e da mãe com a criança não é simétrica, e que a mulher guarda o papel principal nas relações com a criança.

Estas observações que resumem um trabalho recentemente publicado têm por objetivo principal convencer que a sociologia das mulheres e do feminismo não é um capítulo particular da Sociologia; ela está no centro de uma sociologia reconstruída ao redor da noção de sujeito.

10. O sujeito como liberdade

Como ele vive? Como detectamos sua presença? Ele é dominador ou libertador? Forte ou fraco? Todas estas interrogações reenviam ao tema que constituiu a espinha dorsal destas páginas. Ele está aparentemente muito perto do eu individual, mas desligado dos aspectos de sua personalidade pelos quais ele defende seus interesses ou faz conhecer seus estados de alma. Aqui, a comparação com as crenças religiosas e outras figuras veladas do sujeito, como o progresso ou a igualdade, impõe-se. Todo esforço de elevação ao nível do sujeito está associado a um esforço para se livrar das formas de organização social nas quais o indivíduo está integrado. Não é verdade que vivíamos num mundo esmagado pela mídia e pelo consumo de massa, numa *multidão solitária*, para retomar a expressão de David Riesman. O sujeito está acima da rede das funções sociais; ele afirma os ideais e condena aquilo que é intolerável.

Existe o risco de que este sujeito que precisa concentrar-se naquilo que dá ou nega o sentido à sua vida se isole, torne-se profético, como tantos personagens religiosos ou sábios. Somos tentados a afirmar que esta ideia do sujeito define aquela parte de nós mesmos que está acima dos problemas da vida cotidiana, incluídos os mais importantes, já que não podemos progredir socialmente se não reconhecemos a presença na sociedade de um jogo que a ultrapassa. Aqueles que convidaram a lutar contra Hitler e o nazismo não sugeriram somente decisões políticas; eles falavam em nome das liberdades e do respeito devido a todos os seres humanos. Aqueles que lutaram contra a colonização – mesmo sabendo que, em muitos casos, rapidamente eles tiveram que se transformar em dirigentes autoritários e corrompidos – implementaram em sua ação, em seu desejo de independência, a forma mais brilhante de sua subjetivação. Existe, nas lutas feministas, muito mais do que uma demanda por leis contra a desigualdade. Não existe melhor definição das liberdades públicas do que a capacidade de abrir espaço, no espaço público, para aquilo que está acima dele, ou seja, para os debates e conflitos que demandam exigências de liberdade, de igualdade e de justiça, mas igualmente de individuação e respeito para com as outras culturas. Hoje como ontem, tanto na vida privada quanto na vida pública, homens e mulheres descartam o inaceitável, e se sacrificam por uma causa ou por um ser humano que teriam vergonha de não tentar salvá-lo. Os resistentes, os dissidentes, não são imagens típicas do sujeito, mas nenhuma definição do sujeito é aceita se ela não visualiza nestas condutas que ultrapassam a coragem, que reconhecem os deveres em relação às vítimas da violência ou da injustiça, mesmo quando a lei e o costume não lhes exigem tão grandes sacrifícios.

É igualmente importante perceber que a vida privada, em todas as suas categorias sociais, está repleta de subjetividade, ao menos na mesma proporção que na vida pública, e que a maior parte dos atos que revelam a existência do sujeito permanece secreta. Existe mais grandeza, mais sacrifícios, mais criação do outro e de si na vida cotidiana do que nos grandes dramas anunciados por uma imprensa que direciona tudo ao nível dos novos anedóticos ou apavorantes. Nós somos de tal forma levados pelo fluxo dos acontecimentos que só imaginamos encontrar o sujeito nas situações excepcionais, ao passo que ele se encontra por toda parte. Ora, a ideia de sujeito se desvincula de toda conotação divina ou épica; ela não é a imagem da morte, menos ainda aquela da sociedade; ela introduz por toda parte o debate onde outros não veem senão a necessidade.

O pensamento em termos de sujeito é completamente oposto ao pensamento em termos de *natureza*. A ideia de um conjunto cuja integração das componentes deve ser prioritariamente mantida é extremamente ideológica. A noção de sujeito geralmente é contraposta a esta imagem, já que ela repousa sobre a transformação e a criação de si, mas igualmente sobre as lutas associadas a esta forte capacidade das sociedades como dos indivíduos de se transformar eles mesmos. Se ninguém negaria a gravidade de um aborto ou os perigos da eutanásia, é mais importante defender a liberdade das mulheres que se encontram numa situação da qual elas correm o risco de restar prisioneiras, da mesma forma que devemos respeitar a liberdade de consciência daquele ou daquela que decide colocar um fim à sua vida. Estes temas, recentemente escaldantes, hoje são mais largamente aceitos, e as posições da Igreja Católica, em consonância com seu ensinamento tradicional, têm cada vez menos efeito na opinião pública.

Paralelamente, a ecologia política se reveste de uma importância primordial, e deve ser situada no mesmo nível do movimento pós-feminista e, em geral, num nível de ofensiva mais elevada. O que eu descarto é um ecologismo que em nome da natureza rejeita tudo aquilo que se refere à intervenção humana. Nas ideologias, como aquela de *Gaia*, constatamos sérios motivos inquietantes. Mas esta não é a orientação principal do movimento ecologista, sobretudo dos movimentos em defesa do meio ambiente que exigem uma visão mais ampla e responsável do desenvolvimento, indo além da atividade econômica. Esta ecologia política é o exemplo mais importante da passagem de uma concepção "progressista" e evolucionista para uma concepção mais crítica e até mesmo *ambivalente* do progresso, e a ação mais inovadora na busca de uma concepção que unisse os contrários em vez de nos obrigar a escolher entre um e outro. Os ecologistas nos convenceram de que o desenvolvimento econômico como o respeito ao meio ambiente deveriam ser associados às lutas contra a desigualdade e a exclusão.

Eis as duas consequências diretas do pensamento cujos princípios gerais eu apresentei. Percebemos que este pensamento não se perde nas brumas de uma aproximação demasiadamente geral. Ele pretende mostrar as conscientizações e as novas lutas através das quais vão se formando as novas lutas e os novos atores sociais.

Para concluir, voltemos para a visão histórica. O poder de criação caiu do céu sobre a terra e, pouco a pouco, entrou no indivíduo nele mesmo, no sujeito pessoal, depois de ter-se encarnado, dentre outras, nas figuras do cidadão, na consciência de classe ou da mulher "liberta". Mas esta entrada no indivíduo, que o iluminou, também tem efeitos negativos. O sujeito distante, divino, era efetivamente controlado pelas igrejas ou por outros guardiães do sagrado, preocupados em sacralizar seu próprio poder; no entanto, o perigo era limitado pela fraqueza da capacidade de ação das sociedades sobre elas mesmas. Porém, na medida em que esta capacidade, esta figura e esta ação do sujeito se reforçam, igualmente vemos reforçar-se o universo do sagrado, bem como o de seus guardas armados. O triunfo do individualismo criador não é dissociável deste viço, desta erva que renasce nos prados. Ele, de um lado, é pisoteado pelo poder dos novos sacerdotes e pelas ideologias e, de outro, pelas pulsões liberadas de toda a palavra do pai, que se alastram como um fluxo crescente no qual os indivíduos se afogam. Liberado de sua própria fraqueza que lhe assegurava a segurança pela distância, o sujeito não possui mais qualquer força senão a consciência dele mesmo. Esta consciência não tem mais a capacidade de agir e de defender-se do que as organizações humanitárias, ou do recurso a algumas terapias bem escolhidas. O sujeito, em todo o seu esplendor, colore de vermelho o horizonte, como o sol em seu ocaso, mas rapidamente desaparece, e a noite se ampara das terras e mares para as quais ele havia dispensado luz e calor. O sujeito tinha sido ameaçado e aprisionado pelos deuses distantes ou coletivos, estivessem eles fora da terra ou sobre ela, e nós, por muito tempo, fomos separados dele por um "superego" imposto pela ordem social. Atualmente a situação se inverte: o eu não é mais esmagado pelo "superego"; ele se dissolve no "id", que se amparou na palavra. Deste modo, tornou-se ainda mais difícil encontrar o sujeito nesta *fun culture*, que só existia quando os templos fortificados dominavam os países subalternos. Nós lutamos para fazer reviver nosso duplo sentido nele mesmo, para liberá-lo da imortalidade que o separava de nós. Desta forma, o sujeito não é mais prisioneiro dos ministros de culto da Idade Média; é o viandante sem alma, cujo dinheiro colore e descolore tudo aquilo que passa entre suas mãos. Esta já é, e será cada vez mais a nossa principal tarefa antes de buscar em nós e nos ambientes em que vivemos a consciência de si, a vontade de si, que são o olhar e a voz do sujeito.

Ocasiões não nos faltam para nos consagrarmos a esta tarefa, haja vista o mundo dos mercadores tantas vezes invadido pelas hordas de violência e marcado pela desintegração da personalidade. Devemos redescobrir a transcendência, mas em nós mesmos. Certas técnicas sustentam que nisso elas podem nos auxiliar. A defesa da vida privada – sexualidade, relações afetivas, família – libera vastos territórios da dominação dos interesses, e deixa espaço aos desejos e ao prazer. O sujeito, às vezes, aí se perde, mas não é fácil falar contra o triunfo do desejo e do prazer; imediatamente temos medo de aparecer como reacionários que desejam voltar às interdições do passado. Ora, não se trata de reconstruir um espaço protegido pelo sagrado ou pelo interesse. O importante é lançar o sujeito na busca dele mesmo e do duplo sentido do qual ele necessita, seja ele sagrado ou profano. Não podemos mais olhar para o céu para nele encontrar o sujeito e reconduzi-lo até nós. Devemos sempre mais olhar para dentro de nós a fim de encontrar o sujeito sem o qual não poderíamos resistir aos ministros das religiões guerreiras ou aos mercadores. O sujeito, enfim, tornou-se busca de si mesmo.

11. O sujeito não está sozinho

Todo o meu esforço concentrou-se na crítica das concepções cientistas e deterministas que acreditaram poder eliminar o ator social, e antes de tudo o sujeito enquanto referência a ele mesmo, do campo do pensamento social. Eu quis opor a este discurso interpretativo dominante, que tão frequentemente falou em nome dos movimentos ou dos partidos revolucionários desgastados ou desaparecidos, a imagem de um sujeito criador dele mesmo, portador de exigências morais mais fortes do que os interesses e as pertenças. O sujeito, da forma como ele me aparece cada vez mais claramente, é uma força de libertação, de recusa e de combate.

Estou consciente das razões pelas quais eu construí ou desejo construir esta imagem de um sujeito ao mesmo tempo independente e carregado de todos os símbolos e instrumentos de luta pela liberdade e por todos os direitos, mas insisto em lembrar brevemente que por toda parte e sempre o sujeito é igualmente generoso, engajado nas situações, nos combates, nas pertenças. O sujeito não é um indivíduo sozinho; ele está presente nos indivíduos e nos grupos que têm consciência de pertencer a um povo, a uma cultura, a uma história. Pelo fato de eu ter combatido todos os comunitarismos, sobretudo quando eles conseguem fundir-se com uma cultura, com um poder político, com um grupo étnico e servir-se de uma língua, devo, para evitar os erros que culminariam em acusações inaceitáveis, separar o espírito de comunidade do comunitarismo, ou a defesa de uma identidade coletiva de um nacionalismo ou de um etnocentrismo destrutivos. Isso em nome do sujeito ou de uma de suas figuras que combateram nas frentes de liberdade, desde os maiores exércitos até o menor grupo de partidários. É no engajamento ao serviço dos direitos de todos que se construíram as mais fortes amizades e os mais pesados sacrifícios.

Eu luto aqui permanentemente para evitar um deslize em direção a uma "consciência coletiva" que se revela rapidamente como negação do sujeito; luto para evitar sua submissão a uma sociedade onde só posso vê-lo afastado do poder, de suas ingerências e de suas crueldades. Mas a denúncia destes riscos seria irrisória se ela impedisse de reconhecer, na existência do sujeito, a pulsação da amizade, do amor, do dom de si, da solidariedade e do recurso às armas para defender a liberdade e afastar o invasor.

Espero que estas palavras não criem confusão por darem a impressão de pretender combater todas as frentes ao mesmo tempo. Elas buscam mostrar experiências e ações cujo sentido é evidente tanto para seus atores quanto para seus inimigos. A consciência aguda de pertencer a uma comunidade, a um povo que se defende contra todos os ataques, está constantemente presente no sujeito. A própria Shoah não pode ser dissociada do esforço sem trégua feito pelos judeus para agir respeitando uma mensagem ou uma profecia que lhes dá força para combater, mas que igualmente os impede de considerar o poder ou a riqueza como objetivos principais da ação.

Atualmente é mais urgente e difícil buscar a presença do sujeito nas relações mais *próximas* e não somente nas mais coletivas nem nas mais organizadas. Não cederei à tentação de somente buscar o sujeito no cume das montanhas ou no cimo dos monumentos. O sujeito está presente nas famílias, seja qual for o tipo a que elas pertençam, no universo largamente inconsciente das relações entre pais e filhos, no universo dos amores e ódios, na construção da identidade pessoal e na consciência de pertencer a uma linhagem, a uma tradição, a uma comunidade, a uma história. Mas quero, ao menos, afastar a insensatez brutal que adoraria ver o sujeito na solidão e na rejeição de todas as pertenças. O sujeito realmente não existe a não ser se for capaz de viver a tensão entre a pertença a grupos e à história, e a consciência de si. É impossível desenhar às pressas as relações existentes entre o mundo do sujeito e aquele da experiência vivida pelos grupos e coletividades. Assim como o pensamento social não está separado das formas da ação coletiva, na análise sociológica até nos temas dos romances tudo manifesta simultaneamente a presença da história do mundo, da história de cada um e da história tal como os historiadores a reconstroem.

Minha tarefa é fazer aparecer a referência ao sujeito num mundo onde desaparecem as referências estruturantes em relação ao Estado e à sociedade. No entanto, em nenhum caso a ação do sujeito poderia ser encontrada fora das condutas, organizadas ou não, que carregam nelas tanto o sentido da criação e do protesto quanto o sentido da continuidade e da fidelidade a uma herança. Que estas breves observações sejam entendidas por aquilo que elas são: elas querem lembrar a ideia de que o sujeito e suas figuras, se eles não desaparecem jamais do interior da tessitura das relações sociais ou da evolução da economia, igualmente eles não são mais estátuas que oferecem uma visão panorâmica da cidade. O sujeito é o movimento pelo qual buscamos nosso caminho em direção a nós mesmos em meio à desordem e à confusão das situações sociais, das ideologias e dos discursos.

4

Conflitos e movimentos

A oposição entre aquilo que denominei de discurso interpretativo dominante e o pensamento que desenvolvo nesta segunda parte é suficientemente completa para que ela seja claramente perscrutada. De um lado, uma visão determinista não deixa senão uma pequena margem de manobra aos atores que escondem sua dependência através de uma falsa consciência e uma ilusão de liberdade. As grandes escolas de pensamento – marxismo, estruturalismo, revolução linguística – eliminaram todo recurso à ideia de sujeito, enquanto que os militantes esquerdistas a acusavam de ser uma noção burguesa que não protegia senão os privilégios, incapaz de defender os interesses concretos dos mais ameaçados: nas situações de trabalho, na pertença nacional ou linguística, nas crenças religiosas ou em determinadas formas de vida familiar. Do outro lado, o ponto de chegada deles é meu ponto de partida: os sistemas sociais se desagregam, explodem; o universo que denominamos social se fragmenta, perde sua coerência; a globalização capitalista e os enfrentamentos entre as civilizações dominam tanto a vida social das populações que estas não têm qualquer influência sobre eles; o ser social, privado de todo apoio, se refugia, parece-me, num individualismo consumidor não crítico ou, de forma inversa, fecha-se numa identidade obsessiva, pronta a eliminar todas as minorias e todas as diferenças. No entanto, existe para ele uma terceira via: o indivíduo pode descobrir nele mesmo o sujeito, pode fazer legitimar seu ser de fato como um ser de direito. Esta separação do "eu", que legitima, e do "ego", que é legitimado, reforça-se numa modernidade cujo respeito aos direitos individuais de alcance universalista constitui uma de suas componentes, sendo a outra componente o respeito pelo pensamento racional que nos vem da filosofia das Luzes.

Este desejo de ser sujeito, que apesar de tantos espíritos vigorosos o acusarem de não ser senão uma pretensiosa ilusão, resiste com maior vigor do que todas as consciências de pertença coletiva à pressão dos sistemas impessoais e despersonalizantes, e resiste principalmente à pressão das máquinas e ideologias totalitárias que destroem o mundo humano tanto pelos violentos golpes de pensamento autoritário quanto pelos campos de extermínio.

1. Os conflitos no centro da sociedade

Se a ideia de conflito deve ser reexaminada de forma crítica, convém inicialmente lembrar que ela enriqueceu o pensamento sociológico, e de uma maneira muito importante. Ela quebrou todas as imagens da sociedade como um todo integrado, que em bloco devia ser assumido ou abandonado. Ela foi, no entanto, recusada por duas escolas de pensamentos opostos, embora unidos na recusa. A primeira é aquela dos defensores absolutos da integração social e da interdependência dos elementos da vida social; eles acreditam no caráter patológico dos conflitos que, por esta razão, devem ser eliminados a fim de alcançar a paz social e criar um bem-estar individual e coletivo; esta posição pode ser examinada com interesse, mas seu alcance é fraco, já que a observação cotidiana mostra que a natureza ideológica de seus atores está suposta e perfeitamente integrada à sociedade. A segunda é mais interessante: o pensamento revolucionário igualmente acredita na unidade interna da sociedade, e é pelo fato desta unidade ser forte que a mudança social só pode ser feita por uma ruptura, que é a razão de ser das políticas revolucionárias; a passagem para uma ordem inversa do passado supõe um centralismo pós-revolucionário e um elevado nível de integração tanto das instituições quanto do grupo dirigente.

Estas duas posições são demasiadamente extremas. A ideia de conflito, considerada como um elemento central das coletividades sociais, da família ao Estado e à nação, afasta, ao contrário, todas as concepções do tudo ou nada, procedam elas dos defensores dos abusos da ordem ou dos fanáticos pela mudança. A ideia de conflito é o contrário de todos os planos de construção de uma cidade ideal.

É com a sociedade industrial que a noção de conflito social alcançou sua máxima importância, já que, nas sociedades industriais capitalistas, resistências fortíssimas se opuseram à ideia de uma integração completa da vida social e da vida política. Como falar da ação sindical, do movimento operário, mas igualmente de leis sociais e das convenções coletivas sem partir da ideia de um conflito enraizado mais profundamente na vida social, mas que deve ser limitado pelos movimentos sociais eles mesmos ou pelo Estado e suas leis, para transformar-se num instrumento de reforço e não de enfraquecimento da sociedade?

As duas utopias opostas, aquela da integração social completa e aquela da ruptura revolucionária, no entanto, perderam terreno no Ocidente em plena modernização, desde o final do século XIX, no momento em que se formam as organizações sindicais e quando são votadas as primeiras leis sociais. Na medida em que se organizam os grupos de defesa, de protestos e, em um nível mais elevado, os movimentos sociais, os conflitos se estendem cada vez mais para o conjunto da sociedade. Podemos definir as sociedades mais complexas como fragmentadas por um grande número de conflitos que surgem, desenvolvem-se e são resolvidos independentemente uns dos outros. Em alguns países, como a França, as concepções globais de integração social sempre resistiram à ideia de conflito, que implica uma autonomia relativa das diversas partes da sociedade e a convicção de que podemos conquistar reformas e eliminar as situações injustas e intoleráveis. É assim que a noção de conflito e aquela de "parceiros sociais" se tornaram complementares, da mesma forma que aquelas de Estado e de integração social. Esta complementaridade foi muito mais efetiva nos países de democracia industrial ou de social-democracia.

Todavia, permanece quase sempre alguma coisa dos movimentos de ruptura social, mas o *esquerdismo* não oferece senão uma interpretação pobre ou extrema da História, e não consegue se transformar numa força de ação durável. Este foi o caso em numerosos países: na Itália dos anos 1970, na França do pós-1968, nas guerrilhas colombianas ou na luta armada em Bengala. O terrorismo geralmente é uma forma exacerbada de esquerdismo, numa situação em que uma luta extrema parece indispensável e na qual a capacidade de modificar ou de destruir a ordem dominante é bastante fraca. A este ponto, não existe mais razão válida de considerar como sendo de esquerda os atos terroristas que podem culminar em resultados opostos.

Entre os conflitos bem temperados e as hordas que se destroem nas fortificações sociais, facilmente podemos sinalizar a existência de um certo tipo de ação coletiva. Não o situemos entre as duas outras: ele é de outra natureza.

2. O poder e o sujeito

É muito fácil relembrar a presença dos conflitos, visíveis em toda parte. Todo indivíduo, todo grupo se encontra situado em diversas relações de poder ou de dominação. Todo indivíduo, todo grupo se choca com obstáculos que o impedem de se afirmar e de defender seus interesses. Sempre é necessário submeter-se ou negociar, aceitar uma lógica que não é diretamente aquela da afirmação do sujeito. Estas formulações banais recobrem uma realidade ainda mais banal, isto é, que a vida social repousa sobre uma pluralidade de dominações e de conflitos: afirmação que podemos aceitar sem apelar para a ideia de sujeito. É exatamente pelo fato da ideia de conflito estar onipresente que é tão fácil escrever uma história dos conflitos sem repousar sobre qualquer interpretação precisa. A noção de conflito é tão geral que ela não corresponde a nenhum tipo de ação, já que ela corresponde a todos. Ela designa, pois, um estado do sistema social e não uma categoria de atores.

Ao contrário, um *movimento social* se define pelos atores que o animam e querem mudar o uso que é feito dos principais recursos de uma sociedade. Um tal movimento pode se manifestar em todos os níveis da organização social, mas sempre corresponde a um só tipo de ação. Ele é mais completo do que um conflito, já que traz orientações positivas, mas ele é igualmente mais complexo do que as rupturas revolucionárias. É por isso que eu sempre o defini pela associação de um conflito social e pela identificação com os recursos culturais mais valorizados numa dada sociedade.

Junto ao sujeito se manifestam conflitos mais centrais do que aqueles que procedem do exterior. O sujeito não se constitui a não ser ao se distanciar do "ego", portanto, da vida individual que é governada pela busca do interesse ou do prazer. É o sujeito, ou melhor, é o movimento de individuação que entra em conflito com a face empírica do "ego". O conflito não resulta apenas da dominação exercida por outra pessoa sobre mim, mas da rejeição de uma parte de mim que eu abandono, e que é retomada por um sistema de organização e de produção cujo objetivo é a destruição do sujeito. Eu trabalho, sigo as instruções dadas, utilizo as categorias formadas para definir e julgar minhas condutas; e eu sei que a ideia de sujeito apresentaria um interesse muito fraco se ela não designasse que a escolha faz parte dos anacoretas ou dos profetas. Eu não me afirmo em sujeito a não ser ao reconhecer simultaneamente que eu sou utilizado para fazer funcionar a organização social, estrangeira em seus objetivos como em seus meios a tudo aquilo que é a subjetivação. A prioridade não pertence nem ao sujeito que se afasta de uma parte da existência do indivíduo que o carrega nem à racionalização ou ao poder que carregam o mundo, pois é lá que estão as duas partes da mesma realidade primeira: a ação de si sobre si, que não é uma separação, já que ela produz a subjetivação e pode até mesmo transformar esta última em protesto contra todos os sistemas.

Podemos expor de outra forma o mesmo raciocínio. O mundo do lucro e do poder busca eliminar o mundo do sujeito pelo qual ele se sente perigosamente ameaçado. Para livrar-se dele, ele cria ideais e símbolos aos quais os indivíduos, de bom grado ou pela força, são convocados a identificar-se com eles. Todos nós somos convidados a viver respeitando as normas sociais fundadas na ciência ou nos regimentos administrativos. Não é o mundo moderno aquele da ação, ao passo que o mundo tradicional era aquele da pertença, da herança? Numerosos e vigorosos foram os efeitos engendrados por nossa crença de que o mundo moderno não tinha mais profundidade, que ele devia renunciar, tanto na pintura quanto na vida econômica, por exemplo, ao olhar imóvel e à representação figurativa. Somos exortados a inventar formas, movimentos e canais de comunicação. Contra estes canais, as tradições, a comunidade, os particularismos culturais sempre resistem. Mas, tratar-se-ia aqui de um conflito? Trata-se antes de uma bipolaridade: as forças de mudança, não tendo interesse em destruir todas as estruturas tradicionais, e estas só podendo se manifestar ao aceitar as novas formas de organização, portanto, de proteção daquilo que é estabelecido. Os conflitos mais graves, aqueles que originam os movimentos sociais ou culturais, são aqueles que contrapõem num mesmo território dois tipos opostos de utilização dos recursos; o primeiro pensa em termos de troca, o segundo em termos de sentido simbólico e de valores não-negociáveis. Em particular, as forças religiosas entram em conflito violento com as forças econômicas ao criar elas mesmas novas formas de poder. Lá onde as religiões são fracas, como na Europa, são os comunitarismos, notadamente étnicos e até mesmo raciais, que provocam os conflitos mais extremos. Em outras situações, são as forças econômicas novas, capitalistas, que destroem uma ordem social e política antiga. Em todos estes casos, trata-se de conflitos opondo domínios diferentes da vida social, o que vai muito além dos conflitos inerentes à ordem política ou dos costumes.

A consciência de si não é somente construção de si; ela é igualmente afastamento de uma parte de si. As religiões, os movimentos sociais e políticos e as utopias, tinham consciência disso, e recorreram ao "sacrifício" assim como Jesus convocava seus discípulos a abandonar tudo, suas afeições mais caras bem como seus bens materiais e pertenças. Como o mundo propriamente econômico não combateria o mundo da política ou aquele das crenças? A lógica da organização social não combate a lógica do sujeito pessoal? É por esta razão que eu não falo de "*sujeito social*". É preciso afastar todo risco de retorno à imagem de uma sociedade integrada na qual todas as instituições se reforçariam mutuamente, e manter sempre a consciência de uma distância entre o funcionamento do sistema social e as exigências do sujeito. Aqueles que falaram de reciprocidade de perspectivas entre o sistema e o ator cometeram o mais grave dos erros.

O que acaba de ser dito nos transporta da noção muito geral do conflito para aquela, muito mais precisa e poderosa, do *movimento social*. Eu já descartei os empregos demasiadamente vagos da noção de movimento social: alguns se utilizam desta expressão para nomear qualquer mobilização coletiva e, para compensar a fraqueza desta definição, limitam-se a estudar como são "mobilizados os recursos", já que eles não se interrogam sobre a razão destes movimentos. Como as pessoas se mobilizam e qual é, aqui, o papel dos aparatos políticos? De onde vêm os recursos? De qual tipo de alianças os movimentos têm necessidade para triunfar? Esta indiferença aos objetivos relativos aos programas mobilizadores[5] tem a ver com os que escolheram este tipo de análise acreditando, sobretudo, no determinismo econômico e nas condutas sociais. Trata-se de uma escolha intelectual que aproxima os liberais dos marxistas. A qualidade de tais estudos depende, acima de tudo, da qualidade de seus autores. Mas, nem todo mundo é Charles Tilly que, partindo de orientações marxistas, elaborou um impressionante trabalho como historiador. Uma vez descartada esta falsa solução, permanece o problema principal: dar uma definição precisa e explícita dos movimentos sociais. É necessário afastar o máximo possível da oposição entre aquilo que podemos denominar de sociedades de conflito das sociedades de movimentos sociais. As sociedades fechadas nelas mesmas, como certas comunidades rurais mediterrâneas, tal como os "bairros" ou os "guetos" que se desenvolveram nos centros das cidades ou nas periferias das aglomerações, são sociedades de conflitos. Estes têm até mesmo um papel estruturante, como bem o demonstra o caso das vinganças, ou aquele das lutas entre bairros, que exerceram um papel tão importante na Itália. Nas grandes ou pequenas sociedades dominadas pela pobreza, pelo desemprego, pela discriminação sofrida, nas quais não existe qualquer força de integração, os conflitos permanentes e previsíveis oferecem, no mínimo, um princípio negativo de integração. Tais observações, em geral, foram feitas em prisões onde os conflitos, as lutas entre as gangues, os enfrentamentos interpessoais

[5] Trata-se de uma proposta de inovação industrial, circunscrita à França, em diversas áreas – saúde, educação, novas tecnologias etc. –, sugeridas ou advindas de grupos organizados ou de instituições (N.T.).

se revestem de formas extremas que culminam frequentemente com a morte dos participantes mais fracos. Tais situações não têm nada de excepcional, e o mundo da "pobreza" é construído sobre esta lógica dos conflitos.

Existem muitos conflitos sem movimentos sociais, e muitos movimentos sociais que, mesmo comportando uma dimensão de conflito, atribuem um papel mais forte à afirmação das questões culturais do que ao conflito propriamente dito, sejam estas questões projetadas para o futuro, sejam, ao contrário, identificadas com um passado que estimamos destruído por qualquer invasão.

3. Ainda existem movimentos sociais?

Se não os concebemos como forças de combate definidas pelos adversários que elas combatem, e porque eles estão sempre misturados com as intervenções políticas e até mesmo ideológicas, os movimentos resistiram mais do que toda outra componente da vida social à reviravolta de análise sociológica da qual busco mostrar sua necessidade em todos os domínios.

Os estudos que lhes são consagrados permanecem mais centrados na análise do que no ator; eles se apoiam em dados da história econômica e social que, no entanto, requer outras ordens de análise. Eles permanecem orientados pela observação de uma dominação absoluta – escravatura, servilismo, exploração dos assalariados, colonização etc. –, visão que rejeita toda produção de sentido pelos atores de um movimento para descobri-lo somente junto aos mestres. O que é particularmente manifesto no pensamento cristão onde o Deus criador, traído pela queda no pecado, é o único a poder salvar os homens por sua graça, com a ajuda da Igreja, ao impor sacrifícios aos pecadores.

Temos necessidade de encontrar novas formas de ação coletiva e até mesmo de novos movimentos sociais que não sejam mais identificados com uma reação de vítimas, mas definidos pela prioridade dada a uma reflexão sobre si mesmos. E isso facilita dar uma definição histórica antes que diretamente teórica dos movimentos sociais: retornando à ideia de *modelo europeu* – ou, mais largamente, ocidental –, de *modernização*, tema tão importante que precisamos, aqui, lembrar o conteúdo.

A grande concentração de recursos elevou a um nível extremo as tensões e conflitos entre as categorias dirigentes e as outras categorias, presas num *status* de inferioridade. Esse caráter muito particular da "modernização ocidental" conferiu aos "movimentos de libertação" uma importância central na história política e social dos países mais industrializados a partir do final do século XIX e principalmente durante a primeira parte do século XX. O movimento operário sob todas as suas formas, os movimentos de descolonização, o feminismo, todos buscaram derrubar as formas extremas de discriminação e de desigualdade que açoitavam os assalariados, os colonizados, as mulheres. A tal ponto que as lutas sociais e políticas puderam dar a impressão de constituir tantas "frentes particulares" de uma mesma luta geral. Foi assim que se desenvolveu e se impôs uma representação da sociedade como sendo comandada por um conflito central, cujas manifestações eram percebidas em todos os domínios da vida coletiva. Conclusão que pode ser aceita caso não reduzamos o conflito central a uma luta de interesses econômicos ou até mesmo a uma luta de classes.

O sucesso alcançado em quase toda parte por estes três tipos de movimento acabou "flexibilizando" o modelo europeu de modernização, o que levou a um enfraquecimento dos próprios movimentos sociais, que passaram da negociação brutal à negociação ou até mesmo aos mecanismos de incorporação dos partidos, dos sindicatos, das outras formas de ações organizadas numa política social que, por sua vez, transformou-se numa componente da política geral.

Esta breve "canja" histórica nos coloca diante da seguinte questão: ainda podemos falar em movimentos sociais quando o modelo europeu de modernização está enfraquecido e quando outras formas de modernização adquirem uma força crescente, nas quais o Estado exerce um papel mais central do que o das classes opostas? Como podemos então redefinir os movimentos sociais? Aqui, podemos nos apoiar na transformação dos conflitos coletivos que acaba de ser evocada. Se o conflito central é aquele que contrapõe a figura do sujeito ao poderio de um sistema "global" e impessoal de dominação, hoje é melhor falar em termos de *movimentos culturais* antes que de movimentos sociais; e isto porque é um modelo de cultura e de personalidade que se sente ameaçado pela instrumentalização da razão, mas também pela transformação de uma crença religiosa numa força estadista de poder. Porém, a partir do momento em que damos aval a estas afirmações, como deixar de falar dos *movimentos culturais* quando se trata de defender o local contra o global, a previsibilidade da vida profissional contra a flexibilidade do emprego, a diversidade das criações culturais contra a produção hipercentralizada da cultura de massa? Em suma: a continuidade entre antigos e novos movimentos sociais é, pois, mais importante do que a diferença de seus conteúdos.

É possível imaginar que este mundo cada vez mais globalizado possa eliminar os movimentos culturais mais fracos, mais fragmentados, e que não restará senão uma enorme massa central, cercada de polos isolados de resistência, carregados de conflitos e esperanças? A importância do movimento nascido em Porto Alegre, criador de fóruns altermundialistas e de movimentações extraordinárias em quase todas as partes do mundo, procede do fato de que ele está mais centrado nele mesmo do que em seu adversário. A afirmação de si e os exercícios visando aumentar sua própria capacidade de compreender, de comunicar e de agir já não são mais simplesmente as etapas preparatórias de um movimento social, mas sua componente principal. Esta componente é o movimento ele mesmo, dado que ela cria um espaço e um tempo imaginários. Os anos 1960 viram nascer nos Estados Unidos, antes que na Europa, movimentos cujos gestos simbólicos pareciam transformar-se no objetivo principal, como os *cit-in* e as expressões teatrais, e até mesmo um novo tipo de reuniões abertas nas quais pouco a pouco vimos aumentar o número das mulheres. As mulheres, em seu movimento próprio, igualmente geraram encontros carregados de emoções que as liberavam do estatuto de inferioridade que as aprisionava em um grande número de constrangimentos.

O caráter sempre mais impessoal e longínquo do poder que pesa sobre a vida social se opôs à vontade sempre mais determinada de cada um assegurar seu futuro pessoal. Podemos conceber um movimento altermundialista que não seja sensível à alteridade mútua de seus participantes? Quanto mais as dominações envolvem por todos os lados o ator e buscam reduzi-lo ao silêncio, tanto mais ele deve lutar contra estas dominações, e com toda sua personalidade física e espiritual.

Todos nós permanecemos prisioneiros de uma versão vertical da história política e social; é necessário mudar o ponto de vista. Curiosamente, talvez seja no domínio religioso que a mudança melhor se operou: retrocesso das igrejas institucionalizadas, mas maior frequência de expressões de uma fé pessoal e partilhada, com aumento massivo de fiéis. Os conflitos são sempre mais centrados no ator, não somente em seus direitos, mas na forma de fazer respeitá-los. Eles são, pois, sempre mais estreitamente ligados à tomada de consciência por parte de cada indivíduo das ameaças que ele discerne pessoalmente, enquanto que os antigos movimentos sociais eram dinamizados por uma mobilização quase militar contra os inimigos da classe, considerados igualmente como inimigos do conjunto da sociedade.

O recuo na participação política e sindical se explica pelo fato de que os defensores do povo e dos trabalhadores utilizam uma estratégia e uma linguagem estrangeira às motivações e às atitudes das categorias implicadas. Os conflitos e os movimentos sociais "clássicos" associaram estreitamente conflito e participação ou integração. Ora, um radicalismo puramente combativo corre o risco de provocar rupturas, entenda-se, uma revolução antes que conflitos ou movimentos sociais. Um conflito ou um movimento social, pois, só pode formar-se e desenvolver-se no contexto atual se ele for capaz de interpretar os dados subjetivos, e não somente as informações econômicas.

4. A transferência do conflito sobre o indivíduo

Uma das descobertas mais antigas e mais importantes da Sociologia é ter mostrado que o abalo das sociedades tradicionais pela industrialização e pela globalização tinha levado simultaneamente ao enfraquecimento das normas e à crise de interiorização das normas. Estes dois aspectos complementares daquilo que Émile Durkheim denominou de *anomia* se reforçaram mutuamente tão bem que as referências ao social, às suas normas e à sua capacidade de impô-las progressivamente desapareceram. Aquilo que eu denominei de "fim do social" nada mais é do que o ponto de chegada de um processo que foi largamente associado ao crescimento do capitalismo, mas igualmente à aceleração das inovações e das mudanças sociais. A tal ponto que as instituições não são mais capazes de proteger os indivíduos, e que estes desabam sob o peso da liberdade que lhes é reconhecida e que não é mais protegida pelas instituições sociais. Os conflitos mais importantes não são mais sociais: eles se deslocaram em direção à vida pessoal. Os conflitos dentro da família se transformam em rejeição da família; a resistência à autoridade se transforma em rejeição da escola.

Existe uma tendência geral de transferir os "problemas sociais" para os indivíduos. Um número crescente de adultos, de jovens, e até mesmo de pré-adolescentes, apresenta condutas de recusa que frequentemente se revestem de formas violentas e que não podem mais ser explicadas pelos problemas pessoais, em primeiro lugar porque os autores das violências dificilmente se escondem debaixo delas. As categorias que recebem o maior impacto da decomposição do social não são as mais expostas aos seus efeitos; são, antes, as que vivem mais diretamente as contradições entre os laços mais fortes, notadamente as relações primárias (família, gangues, grupos de iguais etc.), e a ausência de um tratamento social dos problemas. É por isso que os métodos de reabilitação mais eficazes são aqueles nos quais o delinquente ou pré-delinquente encontra num ambiente autônomo, seguido de perto por um educador. Desta forma, vão se formando grupos definidos por motivações individuais e não mais por medidas repressivas que dirigem pouco a pouco o delinquente em direção a um estatuto penitenciário, no qual sua personalidade sofre uma rápida deterioração, geralmente sem uma volta possível.

Não se trata aqui de substituir as explicações sociológicas pelas explicações psicológicas, mas quase o contrário: os problemas do indivíduo são sempre mais o resultado da transferência dos conflitos sociais tornados insolúveis sobre os indivíduos cuja capacidade de resistência pessoal é a preocupação mais constante. Assim como é inútil tentar reconstruir a qualquer preço a autoridade, é necessário, ao contrário, que o "social" se enfraqueça e transfira seus recursos para os indivíduos a fim de melhor discernir e valorizar sua capacidade de iniciativa e sua rejeição da dependência.

5. O individualismo construído

As mudanças na vida social e política vão muito mais longe. Definitivamente já não é mais possível escolher um campo num debate, num conflito. E isso não pela complexidade dos problemas nos quais cada qual teria sua parte de razão, mas pelo fato de vivermos o ocaso da crença no progresso. Ao se destruir, uma visão evolucionista da história faz desaparecer o fundamento dos enfrentamentos ideológicos que se obstinam a impor o progresso à reação e o movimento à ordem. Pouco a pouco descobrimos que nossas modernizações múltiplas e aceleradas impõem escolhas impossíveis: como escolher entre a *unidade* do pensamento racional e a *pluralidade* de culturas? Como escolher entre o geral e o local, entre o crescimento da produção necessária para melhorar a situação da população mundial e o controle de uma produção que coloca em perigo a natureza? Para sair dessas escolhas impossíveis, alguns reagem levando seu pensamento ao extremo. Um *choque de civilizações* pode ocorrer, assim como a ação das minorias extremistas pode usar da violência, embora estas componentes de efeitos geralmente espetaculares simplesmente dão relevo à impotência de todos aqueles que buscam impor uma solução unilateral. Nós nos damos conta de que, diante dos numerosos problemas, não podemos escolher uma entre duas orientações opostas. Elas podem ser contraditórias sem que as possamos dissociar. Não é mais necessário fazer com que o progresso triunfe, mas harmonizar sua continuação com a luta contra seus efeitos negativos.

Que sentido tem uma determinada transformação que nada tem a ver com o gosto do risco e das soluções medianas que cada um de nós sabe que podem ser tão perniciosas quanto outras soluções? O que a torna necessária é que em vez de dominar a natureza, ou de reforçar nossa dominação sobre ela, temos consciência de que necessitamos das ciências e das técnicas, mas, ao mesmo tempo, sabemos que podemos ser destruídos por nossos próprios erros. A ideia é antiga, e a ambiguidade em relação ao progresso com frequência foi manifestada. A novidade é transformar as contradições em elementos complementares de uma decisão que deve combinar o máximo possível os elementos aparentemente antagônicos. A principal dificuldade desta combinação de orientações opostas é que ela impede os atores de se consagrar completamente a uma única dentre elas e, por consequência, provoca neles uma frustração. Tal é a *ambivalência*. Um exemplo bastante conhecido disso é aquele das mulheres que simultaneamente querem exercer um trabalho remunerado e ocupar-se com seus filhos. Se elas harmonizam os dois papéis – é o que a maioria delas fazem na França –, ficam insatisfeitas tanto na vida profissional, na qual não conseguem um sucesso total, quanto na vida familiar, onde elas têm a impressão de não se dedicar suficientemente aos filhos. No entanto, esta ambivalência não faz com que elas se joguem de cabeça nesta ou naquela direção. A solução frustrante é a adoção do "mal menor possível para elas mesmas": rejeitar todas as outras soluções.

Contra os perigos inerentes a todas as polarizações, as condutas *ambivalentes* assumem sempre maior importância: elas são até mesmo as únicas capazes de resolver os reais conflitos e as que permitem livrar-se das contradições sempre presentes. A vida política, sobretudo, continua construída em binômios opostos: direita e esquerda, unidade e diversidade. Não é destas polarizações que podem vir as transformações necessárias. As organizações ou associações mais próximas da base, menos identificadas com um princípio geral de ação, podem exercer um papel mais positivo. No entanto, e, sobretudo, é necessário que os intelectuais divulguem seu novo modo de pensamento, que as escolas compreendam que esta mudança de método geral deve ter efeitos sobre nossa compreensão tanto do passado quanto do presente e de nossa análise das escolhas presentes e vindouras.

A ideia de ambivalência, que já tem uma longa história e cujos trabalhos de Simonetta Tabboni deram recentemente as formulações mais satisfatórias, é destinada a ocupar um lugar muito importante em todas as ciências sociais. Entretanto, para além destas observações de método se desenha uma mudança cuja real importância ainda não sabemos medir com precisão. A noção de conflito e até mesmo aquela de movimento social foram estreitamente associadas às filosofias da história, a tal ponto que os grandes temas da macro-história geralmente pareciam não passar de um reflexo de uma filosofia da história fundada nas ideias de racionalização e de progresso e, consequentemente, de resistência das forças do passado ou daquelas que desviam o presente do futuro. É através deste subterfúgio que tornamos impossíveis as análises similares àquela que aqui proponho. Os atores da história e a formação do conceito de sujeito pessoal tornam-se noções difíceis de ser utilizadas em tais condições. É necessário, ao contrário, romper com os laços por tanto tempo aceitos entre o estudo das situações e aquele das condutas, em particular nos movimentos sociais. Estes não são a expressão das contradições da economia capitalista, menos ainda do aumento e do rápido crescimento das trocas. Somos obrigados, para compreendê-los, a falar de dominação e de liberdade, de libertação e de poder central. Desta forma, cria-se um território onde é possível desenvolver uma ciência social dos atores e do sujeito que não pode mais ser identificada nem com o progresso nem com a resistência a este progresso. Lá é conveniente aprender a combinar julgamentos positivos e julgamentos negativos.

6. A violência

Esta conclusão deve ser mantida contra todos os ataques advindos da corrente das ideias que ainda vê conflitos por toda a parte, mas que não vê mais em parte alguma o movimento social ou cultural. O que é em parte desculpável, já que não podemos fazer avançar o estudo dos movimentos culturais se não associamos fortemente esta noção àquela de sujeito e ao conjunto das análises que apresentei até aqui, mesmo em lhes dando uma forma diferente. Em contrapartida, quanto mais a noção de conflito se enfraqueceu, tanto mais a noção de *violência* se alastrou por toda parte, como bem o analisou, particularmente, Michel Wieviorka. A crise das instituições atinge ainda mais o Estado do que as relações de trabalho, e a globalização enfraqueceu ou destruiu a capacidade de numerosos países, sobretudo os mais pobres, de dotar-se de um Estado. É a violência que substitui o espaço de tratamento institucional dos conflitos; violência massiva, que se eleva até o genocídio ou à detenção de populações cativas em campos onde não reinam senão o assassinato, a violação e a tortura. A África Central, da região dos Lagos até a República Democrática do Congo, e recentemente a Costa do Marfim, é marcada por esta violência, da mesma forma que em toda parte onde o Estado é destruído ou enfraquecido. A violência reina também nas zonas rurais onde os conflitos étnicos ou regionais não são mais contidos pelo poder do Estado e, de maneira muito visível, nas zonas urbanas assoladas simultaneamente pelo desemprego, pela discriminação racial e social, e por um poder surdo-mudo. Nem a noção de movimento social nem aquela de conflito se aplicam aqui. A violência já não é mais propriamente um fato social. Ela não pode ser reduzida sequer ao simples processo de decomposição. Ela é marcada pela vontade de desumanizar e humilhar, o que não pode ser explicado em termos econômicos e sociais, nem mesmo políticos. A ideia de sujeito não se impõe somente porque agrega o positivo, mas também pela prevalência de seu contrário, definido pela vontade de destruir os seres humanos enquanto sujeitos.

O enfraquecimento da noção de conflito e o reforço daquela de violência definem bem a mudança de análise que se nos impõe. Os conflitos se formam e são geridos num quadro institucional. A violência, ao contrário, associada à crueldade, campeia por toda a parte, ultrapassando os domínios do Estado. Nesta crise de instituições, da mesma forma que a violência generalizada substitui o conflito, o terrorismo substitui a guerra, como se o Estado não existisse mais, e que se tratasse somente de aterrorizar o adversário para conseguir sua capitulação. Em todos estes casos, para além de suas diferenças, aparece um traço central: a violência, da mesma forma que os conflitos e os movimentos coletivos eles mesmos, que emergem do campo social e questionam diretamente o sujeito. É este conjunto de forças antissujeito que torna indispensável o recurso à ideia de sujeito.

7. Os novos movimentos sociais

A partir de 1968, eu denominei de *novos movimentos sociais* – expressão que em seguida se tornou corrente – as ações coletivas conduzidas na defesa dos direitos culturais, isto é, conduzidas por categorias culturais: pelas mulheres, pelas minorias sexuais, pelos trabalhadores imigrados, pelas minorias nacionais ou religiosas, enfim, pelos portadores de alguma “deficiência”. Ao longo de alguns anos, pensei que o sindicalismo – sobretudo aquele ligado à CFDT, na França – poderia carregar e levar estas minorias em seus ombros para torná-las mais visíveis. A História, porém, andou num rumo diferente: estes movimentos tinham um conteúdo cultural novo, embora ainda usassem, e de maneira sectária, a linguagem do antigo movimento operário revolucionário. Esta linguagem rapidamente devorou as mensagens que eles eram acusados de transmitir. Em seguida, François Mitterrand chegou ao poder e sem parcimônia deu seu apoio eficaz a esta esquerda tradicional que exigia nacionalizações e ruptura com a economia do mercado mundializado. Os novos movimentos sociais se esfacelaram, e quando François Mitterrand sumiu da cena política que por tanto tempo ele havia mantido à esquerda, esta mesma esquerda se limita a um programa de gestão que se aproveita de uma melhoria provisória da economia mundial, para em seguida afundar-se no imobilismo até a catástrofe de 2002. O retorno da direita ao poder aconteceu sem reações notáveis, e a eleição presidencial de 2007 carimba o triunfo da direita.

Entretanto, os novos instrumentos de comunicação – internet, blogs – contribuem na formação de movimentos de opinião, geralmente radicais, que questionam mais o sistema político e econômico do que uma categoria dominante que, por sua vez, sente-se atacada em nível mundial pelos altermundialistas. É precisamente o sujeito que é defendido, ele cujos direitos fundamentais – em particular o direito à moradia – não são reconhecidos. Aquilo que Pierre Rosanvallon denominou de *contrademocracia*, fundada sobre a *desconfiança* em relação às instituições e em nome da própria democracia, cobre os dois aspectos que este autor claramente distinguiu. O primeiro é de orientação liberal e, na França, remonta a Montesquieu e a Benjamim Constant. Vemos um poder fraco e temos medo das coalizões por interesses. Ocorre que hoje a esquerda e a extrema-esquerda participam desta desconfiança de inspiração liberal. A outra tendência se coloca em um nível mais elevado da vida política e, como a definição das classes sociais se tornou mais confusa do que no Antigo Regime, é sempre mais diretamente o sujeito ele mesmo, definido mais por seus direitos do que por seus interesses, que se transformou no valor principal a ser defendido.

O erro seria acreditar que a política se transformou em moral e que ela já não comporta mais a dimensão social e conflituosa. Esta dimensão existe, mas se a ação é conduzida, em primeiro lugar, contra os governos, é porque são eles que se opõem ao lançamento de novas políticas inspiradas pelas ONGs. Estas, às vezes, conseguem implementar campanhas muito eficazes contra os dirigentes e, com movimentos lançados sem muitos recursos, podem alcançar sucessos consideráveis: aquele que se organizou contra a situação das SDF em Paris, em 2006, protelou por vários dias os dispositivos administrativos encarregados deste problema. Aqui, a mensagem vence o discurso; estamos falando de *novos* movimentos sociais, que ampliam a evolução desenhada depois de 1968, e que agora dão seu sentido a estes movimentos que, objetivamente falando, reivindicam a defesa de novos direitos humanos; direitos que se querem reconhecidos como desde o século XIX o foram os direitos dos trabalhadores na Alemanha e na Inglaterra e, posteriormente, nos Estados Unidos e na França.

A ideia de sujeito torna-se, desta forma, cada vez mais nitidamente o fundamento das novas lutas, tão fortes quanto o foram no capitalismo industrial a luta de classes que mobilizou as emoções e os protestos da classe operária. A ideia de sujeito não é um meio para escapar dos problemas sociais e das lutas políticas; ela é, ao contrário, aquilo que lhe dá vida após um longo período de confusão e enfraquecimento das lutas sociais sempre mais subordinadas às estratégias dos partidos políticos. As novas lutas conservam uma referência aos direitos humanos fundamentais em defesa dos quais hoje também se organizam novos movimentos sociais.

Devo repetir que o *sujeito* do qual falo não tem nada em comum com o princípio da autoridade ao qual tantos seres humanos estão submetidos? Na verdade, é a destruição destas imagens vindas das monarquias, tanto quanto da família patriarcal e do ensinamento das religiões monoteístas, que deslanchou o grande movimento de degradação do princípio da autoridade que vimos desenvolver-se até que este princípio, que inicialmente se havia fixado sobre o Estado, desloca-se sobre "a sociedade", para fundir-se finalmente com uma opinião geral antiautoritária, permissiva ou transgressiva, ligada à satisfação dos desejos cada vez menos rechaçados pelos interditos.

O sujeito se constitui na mais forte afirmação de si pelo indivíduo e pelo ator social, desde que ele não se contente em resistir passivamente à dominação dos aparelhos de produção, de consumo e de gestão. Se ele pode manifestar-se com a mesma força de convicção que tinham aquelas suas figuras veladas que o precederam, isso não deve fazer esquecer que ele pode igualmente ser corrompido e transformado em seu contrário. Lá, ainda, a relação entre a fé religiosa e o clericalismo se impõe por si mesma. Quantos militantes obscuros, perseguidos, que perdem a confiança em sua própria ação, como outros perdem a fé, existem? Em que se transformam as figuras do sujeito sufocadas pelas autoridades e pelas formas de organização social que elas seriam acusadas de controlar? O próprio sujeito pode perverter-se quando ele mesmo se encarna numa figura que é seu contrário, como as cruzadas ladras eram o contrário das figuras que o Evangelho preconizava? Da mesma maneira, o militante revolucionário pode tornar-se o contrário dele mesmo ao se transformar em dirigente político, leia-se, policiesco.

Como não evocar aqui, na impossibilidade de apresentar esta hipótese de maneira melhor argumentada, a ideia de que o sujeito – banido, pisoteado, proibido pelas forças que nos dominam e que dependem com frequência da impessoalidade do mercado – é *rechaçado* para os recônditos de nosso inconsciente pessoal ou para o interior dos medos que paralisam nosso inconsciente coletivo? Como a pressão da maioria e aquela do mercado não condenariam à solidão, isto é, ao sacrifício, aqueles que buscam uma relação de si para si mais íntima e mais forte do que aquela que a maioria dentre nós pode alcançar nas próprias vidas cotidianas? É até mesmo lícito ver uma pressão inquietante numa busca pelo *outro* que pode ser – mas nem sempre é, pois alguns não estão nem aí – uma fuga de si, imposta pela consciência do interdito que pesa nas relações de si para si.

Estas palavras tocam apenas de leve a imagem frágil de uma reviravolta da situação que rechaçaria para o interior do inconsciente aquilo que foi, em outro mundo, a força da lei. Ao passo que é sempre mais livre a expressão direta dos desejos outrora proibidos e que tendem, eles mesmos, a interditar aquilo do qual eles se sentem mais distanciados. Um objetivo mais limitado destas breves observações é afastar toda imagem submissa do sujeito: ele é liberdade de consciência e não vontade de poder; ele é sacrifício de sua própria vida e não nacionalismo guerreiro. Deixemos de carregar em nós uma imagem da sociedade e da personalidade que não corresponde mais às nossas experiências cotidianas, e muito menos dos novos debates que vemos surgir na opinião pública.

8. Da cultura à ação cultural

Sociedade e cultura eram complementares: a cultura traçava as fronteiras que os atores sociais não deviam transpor; em troca, as condutas como as formas de vida cultural deviam ser consideradas como efeitos de um sistema geral de desigualdade social. Falar de educação se reduzia a medir a desigualdade de acesso aos diversos níveis de ensino; as mulheres não eram consideradas senão como vítimas de um poder masculino; elas eram as “proletárias” dos homens, da mesma forma como os colonizados defendiam sua cultura popular contra o racionalismo ou o espiritualismo do poder colonial. Bem entendido, a cultura de massa, instrumento a serviço do dinheiro para destruir o pensamento livre dos intelectuais e dos criadores em geral, subtraía ao mesmo tempo todo o gosto pela independência de um povo embrutecido através dos novos jogos de circo.

Nada disso tudo que foi dito é falso; a desigualdade está presente em toda parte, e aqueles que não vivem senão para ganhar dinheiro raramente são os defensores da “alta cultura”. Tanto as televisões públicas quanto as privadas são treinadas a ser medíocres, em nome dos “piques de audiência” que nada mais são do que uma escala de lucros planejados.

A justeza das observações acumuladas, a necessidade de denunciar a hipocrisia ou as mentiras daqueles que falam de cultura sem referência ao funcionamento real dos modos de produção e de consumo desta cultura, justificam perfeitamente a abundância dos discursos de “desvelamento” e de denúncia. Mesmo que nos deixemos levar sem dificuldades por um duplo discurso, aquele da desigualdade onipresente e da especificidade de cada cultura nacional ou regional, em um termo: pela unidade fundamental e constante entre cultura e sociedade. A sociedade tem fundamentos culturais e a cultura tem funções sociais. Como resistir a um discurso tão equilibrado e intangível? Por que não continuar neste continuísmo, oferecendo a todo instante novas provas de interdependência entre sociedade e cultura?

Porque é simplesmente impossível, e por *duas razões principais*.

A primeira é que esta correspondência se esfacelou com aquilo que eu denominei de “fim do social”, que provocou a invasão do campo da cultura simultaneamente pelas tecnologias insuficientemente definidas socialmente e pelos conteúdos que ou são propriedade de um país dominante ou um conjunto de práticas extraindo sua força de seu caráter de “massa”. Esta primeira razão é a mais fácil de ser discernida. Já faz muito tempo que as produções culturais são criadas por técnicas, e mais tempo ainda que estas produções se definem por sua referência a um mundo não-social: desde a linguagem da música ou de outros sistemas de sinais culturais até as crenças religiosas como o individualismo romântico ou a rejeição dos sinais delimitando a ordem estabelecida. A tudo isso, mais recentemente somou-se a liberação dos desejos e dos prazeres que libertam as tensões dolorosas e os mecanismos brutais de repressão. Levando em consideração o que foi o século

XX, seria possível acrescentar que a morte massiva destruiu tanto as sociedades quanto as culturas, mas que esta contradição entre a morte que destrói tudo e as múltiplas formas de criação e de organização social e cultural é uma característica de todas as épocas? Não seria mais conveniente desviar-se do Thanatos para sentir em nós e ao nosso redor o impulso do Eros?

Todas as mutações que acabam de ser evocadas em breves palavras, e que todos nós já as conhecemos, querem simplesmente dizer que a aliança entre a sociedade e a cultura foi substituída pela dissociação das técnicas e das formas, da massa e do pensamento, sem que as normas e os laços sociais as mantenham ainda ligadas umas às outras. Nada mais se interpõe ao mundo onde se criam as formas e ao mundo da experiência vivida. Mesmo a utilidade de certos conhecimentos ou técnicas já não basta mais para lançar pontes: o exemplo da medicina é o mais frequentemente citado, ao ponto que nos permite descobrir a distância crescente que separa a medicina do doente, o "*cure*" do "*care*" (o cuidado do cuidado).

É aqui que reaparece, sob outra forma, um tema antigo. Lá onde não existem senão a necessidade e o desejo, o lucro se transforma na finalidade principal; é aquilo que denominamos de "mundo do consumo" que atinge até mesmo as produções complexas, mas que nem sempre contempla as ordinárias.

Avancemos um passo a mais: o consumo de massa e, sobretudo, a mídia de massa, definem-se pela eliminação dos atores reais, com suas intenções, seus objetivos e seus sentimentos, eliminação tornada necessária já que só o dinheiro deve subsistir. As apostas nas quais os vencedores recebem somas que ultrapassam tudo aquilo que lhe oferece sua experiência vivida são um exemplo impressionante desta lógica do não-sentido como condição da vitória do lucro.

Por outro lado, as formas não permanecem mais sociais por longo tempo, quer sejam tecnológicas ou científicas, quer formem estruturas ou leis que governam o universo. Esta ruptura torna difícil aquilo que parecia tão fácil: socialmente tomar partido nas situações culturais e associar a rejeição da desigualdade e da exclusão à liberação da criação cultural. Hoje as políticas culturais não existem mais, e menos ainda as proteções culturais. Seria necessário concluir disso que aí não pode mais haver movimentos culturais, e que nada ocupará o lugar dos movimentos sociais que desaparecem com o paradigma social ao qual pertenciam?

Aqui, somos obrigados a recorrer a uma *segunda* reflexão cuja introdução se faz necessária se quisermos compreender o limite da associação entre sociedade e cultura. O desaparecimento do social e a implosão dos campos da cultura têm efeitos particularmente negativos. Finalmente, rasgam-se os véus que davam uma aparência social ao sujeito e este, enfim, pode aparecer tal como ele é. O sujeito só é diretamente visível e presente se suas figuras sociais desaparecem, se são colocadas na impossibilidade de existir. A ruptura entre o vivido e as formas, entre o consumo e as estruturas do imaginário, suprimem os obstáculos que impedem o sujeito de dedicar-se em plena consciência a si mesmo e impor esta consciência como princípio diretor das condutas, tanto acima do mundo das práticas quanto das formas.

Estamos, aqui, o mais distante possível da sociedade e da cultura; e isso pelo fato que é sobre as ruínas de suas complementaridades que o sujeito, liberto de ambas, aparece como criador de si mesmo, e como portador de direitos que fazem dos indivíduos e grupos seres capazes de reivindicar seus direitos contra os desejos desenfreados e contra o dinheiro, que surge como um não-sentido e como imediatez das necessidades.

Entretanto, este sujeito que aqui apresento não é um *deus ex machina*; não é um novo nascituro que representaria a figura perfeita da Modernidade. Ao contrário, ele está constantemente presente em todos os momentos da história e em todas as latitudes, pois nenhuma sociedade ou cultura se reduz àquilo que elas são e fazem, ou aos seus mecanismos de funcionamento e às suas normas e formas de autoridade, ou aos canais de *status* e de funções, como a Sociologia clássica nos ensinava. Em todo o conjunto social está presente uma duplicidade do humano que não é absolutamente um superego impondo sua lei e rechaçando as pulsões; que é até mesmo o contrário: a representação de si como criadora de direitos e mais genericamente de julgamentos de valor. A Modernidade não suprimiu o mundo "encantado"; ela faz entrar no homem aquilo que estava acima dele. Aquilo que denominamos humanismo é a afirmação de que o homem é aquilo que dá seu valor ao homem, o qual, desta forma, torna-se capaz de defender e ampliar seu ideal e seus direitos.

Nada é mais central, em nosso esforço para reconstruir um pensamento social, do que esta ruptura do sujeito com a organização social e cultural, por um lado, já quebrada em duas pela dissociação do mundo do consumo, do desejo e da morte e, por outro lado, pelo mundo das tecnologias e das estruturas mais ou menos diretamente controladas pelo Estado. O sujeito não está nem de um lado nem do outro; o que pode colocá-lo em perigo, reenviá-lo às nuvens das utopias, mas igualmente devolver-lhe sua real imagem, uma vez rasgados os véus e as máscaras que o forçavam a viver camuflado, dissimulado, como se pudéssemos encontrar na sociedade a razão de existir do sujeito, e, portanto, na sociedade, a fonte dos julgamentos de valor sobre a realidade social.

Se aceitarmos a análise geral que acaba de ser enunciada, seria possível ainda falar de cultura? Este termo tem muitas acepções. Aquilo que nos advém da etnologia, designando o conjunto das relações de uma sociedade com a natureza que ela controla, ao mesmo tempo fora, dentro e no ser humano, praticamente perdeu toda significação pelas razões que já mencionei e que marcam realmente a fronteira entre as sociedades ditas modernas, estudadas pela Sociologia, e aquelas estudadas pela Etnologia. Quanto ao sentido que define a "alta cultura", ele serviu principalmente para separar as pessoas cultivadas das outras, aqueles que receberam uma educação elaborada e os que não conheceram a escola ou cedo a abandonaram para trabalhar. Não visualizo o uso que poderia fazer deste emprego do termo cultura. É preciso, portanto, inventar-lhe um novo sentido. Este, de fato, designa um novo processo importante, em vigor por toda parte: trata-se do movimento pelo qual o sujeito domina e reúne o mundo do consumo e o mundo das formas. O que dispensa, em troca, uma existência concreta ao sujeito. Este último dá um sentido moral às práticas de todas as ordens; este sentido é interiorizado e ao mesmo tempo marca com suas exigências todas as ações humanas.

A grande empresa do sujeito consiste em refazer nele e ao redor dele uma unidade que desapareceu. Hoje, suas mais fortes figuras são primeiramente a ecologia política, que pretende tornar compatível natureza e cultura, por tanto tempo contrapostas uma à outra; em seguida a ação – que não tem somente a forma de um movimento organizado – das formas, superando a oposição hierarquizada entre homens e mulheres, entre corpo e espírito, entre ricos e pobres. Enfim, a forma mais ambiciosa de ação cultural é aquela que associa a todo instante a ideia universalista de modernidade com a diversidade de interesses sociais e culturais.

A cultura, como conjunto institucionalizado, não existe mais; no entanto, em toda parte ocorre o conflito entre, por um lado, a implosão do conjunto sociocultural, que induz à separação das práticas e das formas e, por outro, o sujeito que, graças à sua capacidade de fazer penetrar na vida pessoal e coletiva julgamentos de valor, reúne aquilo que foi separado e antagonizado.

5

O sujeito, o outro e os outros

1. A duplicidade

Qualquer análise que parta do indivíduo, mesmo que o veja como um ator social ou como um sujeito pessoal, enfrenta uma objeção: os seres humanos não vivem sozinhos, e suas condições de vida dependem das condições de vida dos outros. Isso, às vezes, transforma-se em acusação: a postura do indivíduo favorece o egoísmo, a busca pelo interesse pessoal, que já não é mais muito encorajado em nossa sociedade na qual as solidariedades coletivas foram enfraquecidas, ao passo que elas deveriam ser reforçadas. Atualmente, eu partilho deste julgamento, como o fiz meu por toda a minha vida, cuja boa parte dela consagrei ao conhecimento dos movimentos sociais. Mas eu não vejo por que a defesa dos direitos humanos, sociais e culturais de cada indivíduo, que só podem ser defendidos coletivamente, implicaria a indiferença quanto à situação dos outros. Para acabar rapidamente com esta crítica atordoada, eu especifico que a defesa dos direitos pessoais, como sempre, alimenta a ação coletiva contra todos os privilégios, bem como aqueles que mantêm outros seres humanos na servidão do trabalho. Não tenho qualquer razão para me distanciar da tradição secular que uniu o respeito do indivíduo com as lutas por todas as liberdades coletivas.

Quanto ao tema do *outro*, ele está ligado àquele do sujeito pessoal. O outro não é o semelhante ou o próximo; ele é um ser percebido e compreendido por outro ser que age como *sujeito* e que o reconhece como tal. A alteridade do outro é muito mais do que uma diferença. Falar do outro é uma maneira indireta de dizer que o sujeito não pode ser alcançado diretamente em mim e que é olhando através do outro que eu percebo a presença ou ausência, em mim, de um sujeito que não é facilmente perceptível num mundo fabricado pelos poderosos. Alguns objetam que é impossível perscrutar o sujeito; que só o percebemos através de telas e obstáculos, ou de maneira fugidia; eu o entendo facilmente, mas por que falar de impossibilidade? A todo instante vemos indivíduos e grupos agirem em função da imagem que eles têm deles mesmos. Todos temos consciência de nossos direitos, e sabemos que não são os indivíduos que somos que possuem direitos, mas nosso *duplo*, o ideal que por tanto tempo assumiu formas estrangeiras à vida humana, afastadas dela, e que, na medida em que aumentava nosso domínio coletivo sobre nós mesmos, penetrava mais concretamente em cada um de nós.

Precisamos nos reconhecer agora como sujeitos e conquistar assim a possibilidade de marcar, sob formas geralmente muito difíceis de identificar, o sujeito no interior de um ser ou de um grupo diferente de nós mesmos. É porque nós temos estas experiências cada vez mais diretas de nosso duplo, porque vivemos num mundo de consciência e de reflexão antes que de deuses e de culpabilidade, que não somos banidos para fora de nós mesmos. O olhar que lançamos sobre nós mesmos não percebe uma superabundância, mas um vazio e um silêncio; ele não vê um amontoamento de ordens e interditos, mas nosso próprio projeto que visa descobrir nosso duplo. E é somente porque descobrimos o sujeito em nós mesmos que podemos descobri-lo no outro. O reconhecimento do outro só pode ser o reconhecimento do sujeito nele, pois as simples diferenças podem tornar a comunicação impossível, por exemplo: quando os interesses falam linguagens diferentes. As barreiras só são superadas se elas separam seres capazes de se comunicar entre si graças, ao mesmo tempo, à razão e ao respeito pelo caráter universal dos direitos individuais.

As mulheres que ouvi falam em se construir enquanto mulheres: não seriam elas a própria imagem do sujeito, já que seu duplo como indivíduos as transforma em seres de direito, capazes igualmente de defender os direitos dos outros para que todos possam dispor da experiência da própria capacidade de se criar? O sujeito como *duplo* se encontra mais no centro da análise e das condutas do que no *outro*, mesmo se este exerce um papel essencial em nos convocando a tomar distância em relação ao nosso eu cambiante e dependente, e ao abrir assim o caminho para a subjetivação.

2. Fragmentação do eu e subjetivação

A primeira condição para que apareça o sujeito é que o ator implicado destrua as totalidades culturais e filosóficas que lhe impõem uma identidade. A ideia de indivíduo livre e responsável oferece um recurso contra todos os sistemas de poder e contra a ideia inaceitável de que os mercados escolhem por eles mesmos as soluções mais racionais. Contra os mercados, contra as ideologias de dominação e contra os apelos à guerra, após um século de horrores e de triunfo da morte, eu gostaria de fazer ouvir a voz, fazer ver o rosto do *sujeito* que está em nós, escondido por tantas máscaras, mas em nome do qual temos o direito e o dever de exigir liberdade.

Eu busco encontrar em toda parte, inclusive nas religiões, a demanda de subjetivação que carregaram todos os movimentos sociais e que exige respeito à dignidade de cada ser humano. As pesquisas que conduzi junto às mulheres muçulmanas me mostraram que elas não viviam um "choque de civilizações", mas uma mistura de vínculos e de recusas tanto em relação à sociedade francesa quanto em relação à sociedade muçulmana e suas próprias famílias. Contrariamente ao que geralmente se diz, estas mulheres se abstêm de enfrentar uma situação muito complexa e de reforçar, com isso, sua capacidade de gerir as tensões inerentes a esta situação. O que supõe um "enfraquecimento" de sua própria personalidade, uma dissociação de suas componentes. As personalidades muito integradas, com efeito, correm mais risco de entrar em choque com os adversários do que encontrar meios para viver as mudanças culturais sempre difíceis de suportar.

A noção mais interessante do pensamento pós-moderno é aquela do *eu dividido* (*divider self*) à qual Julia Kristeva deu sua forma mais elaborada ao falar do estrangeiro em si. É quando nos sentimos "estrangeiros de nós mesmos" que podemos reconhecer e aceitar o estrangeiro. Esta linha de pensamento que parece o oposto daquilo que eu chamo de sujeito, ao contrário, é seu complemento necessário. Aquilo do qual precisamos nos afastar o máximo possível é a ideia de correspondência entre o ator e o sistema, ideia cuja totalidade das formas de comunitarismos, mas igualmente de uma sociedade repousando sobre uma pretensa "vontade geral", são suas expressões mais perigosas.

Quanto mais dissociamos aquilo que o pensamento social antigo geralmente tinha a tendência de unir, às vezes num espírito de democracia revolucionária, o eu, por perder seu princípio de unidade que era a sociedade na qual ele se inscrevia, mais se fragmenta. Este é o fundamento mais sólido da tolerância como teoria (*tolerance*) e como prática (*toleration*). O sujeito, liberando-se do eu e do si (*self*), constitui-se em convocação contra a ordem social e contra as técnicas sempre mais repressivas que estas empregam para submeter o indivíduo aos seus interesses e ao seu poder. Esta implosão significa a diferenciação de um *eu* que mergulha cada vez mais no inconsciente, de um *si* que é múltiplo, como o são suas pertenças e suas solidariedades, e do *sujeito* tal como é definido neste livro e em outros escritos. O que é o contrário de um voluntarismo carregado de agressividade.

Em contrapartida, um multiculturalismo extremo, abolindo todo princípio de unidade, só pode levar à segregação ou ao conflito aberto.

Esta impostação parece muito distante das análises que esperamos de um sociólogo, presumidamente entendido como alguém capaz de explicar as condutas a partir do lugar social que seu ator ocupa. É por isso que devemos sublinhar sua importância: ela representa a inversão de atitude e a mudança de caminho que deve assumir e levar a bom termo a Sociologia, se é que ela ainda pretende ser criativa; e muito mais no momento em que ela se contenta com as pesquisas tradicionais sobre os determinismos sociais das condutas, como se aquilo que denominamos "sociedade" e "social" pudessem enganar nossos olhos, dando a impressão de monumentos em bom estado de conservação. A construção das noções de modernidade, sujeito, direitos, e agora alteridade, de qualquer maneira era necessária, mas ela se tornou indispensável pelo fato de que o sistema de referências da Sociologia dita clássica desmoronou. Como explicar as condutas por uma ordem social, por sistemas simbólicos, por pertenças que não existem mais?

A outra solução, aquela do "choque de civilizações", torna-se cada vez mais ameaçadora. O enfrentamento religioso e político ganha terreno, assim como se multiplicam os atos terroristas e o número daqueles que se sentem atraídos por essas condutas suicidas. Aproximamo-nos de novo do enfrentamento entre a resistência das populações definidas por sua religião e por sua nacionalidade, ou, ao contrário, por seu suporte à ação de uma potência que lhe é estrangeira, ação, acima de tudo, política e militar. Na realidade, as duas tendências opostas ganham terreno. Podemos dizer que, para uma parcela dos ocidentais, o Islã representa simultaneamente o mundo exterior, inferior e agressivo, e, de maneira diametralmente oposta, que o Islã fez sua entrada na Europa inicialmente pela massa dos muçulmanos que ali estão instalados, mas igualmente pela prática sempre mais frequente de rituais religiosos como o ramadã. É esta penetração que precisamos compreender melhor. De um lado, porque o Islã europeu pode exercer um papel dinâmico e modernizador no interior do mundo islâmico em seu conjunto; e, em seguida e principalmente, porque esta presença de muçulmanos faz reaparecer o fundo religioso das sociedades europeias nas quais a fé como prática institucional está recuando rapidamente e em que os católicos, em particular, não se submetem mais às posições da própria Igreja, por exemplo: no que tange à interrupção voluntária da gravidez, à fecundação artificial, à pesquisa sobre células-tronco ou à eutanásia. Contra a imagem perigosamente errônea que identificou a Modernidade com o declínio das religiões, vemos sempre mais reforçar-se não as instituições religiosas, quase por toda a parte em retrocesso, mas demandas de espiritualidade e reflexão sobre o sentido da vida e abertura de mais comunidades de fiéis.

Não é irrealista imaginar que o muçulmano seja enfim percebido como um outro. Quanto mais aumenta a distância entre as populações muçulmanas e as não-muçulmanas, mais é urgente reconhecer a alteridade desta população, não para concluir que o enfrentamento com ela é inevitável, mas, ao contrário, porque é necessário reconhecer o trabalho feito pelo outro para transformar-se num sujeito. Trabalho que age em sentido contrário à xenofobia. Ele é tanto mais necessário neste momento em que aumenta a hostilidade entre comunidades ou até mesmo pertenças diferentes. O tempo das reformas sociais ou das revoluções já passou, assim como se esgotou o ciclo real da sociedade da abundância. Não é mais o mundo social que está no centro, mas o mundo cultural. As lutas de classes foram substituídas pela aparição de comunidades ou frentes de defesa culturais que são outro tanto de obstáculos à subjetivação.

3. A encarnação do sujeito no outro

A fraqueza dos pontos de vista que constantemente se opuseram uns aos outros no debate relativo ao tempo presente nasce do fato de que eles tentaram perpetuar uma definição dos atores sociais por seus grupos de pertença. É necessário, ao contrário, definir os movimentos sociais e culturais como construtores de uma nova figura do sujeito, o que implica uma transformação radical da cultura contemporânea. Como podemos superar as hostilidades e incompreensões que se acumularam neste domínio sem sair da definição dos seres sociais por sua situação social, isto é, somente pelas relações que cada qual alimenta com os outros indivíduos e outros grupos? A noção de sujeito pessoal seria sem conteúdo e sem importância se a superação dos conflitos não permitisse descobrir o universalismo do sujeito, seja ele qual for, através de seu trabalho de autoprodução em condições sociais e históricas novas.

Faz-se necessário agora acrescentar dois elementos a esta análise.

O primeiro, seguramente o mais importante, é que esta elevação do indivíduo em direção a ele mesmo enquanto sujeito só pode ser feita pelo reconhecimento do *outro* como sujeito: é ao reconhecer o outro como sujeito que posso me reconhecer eu mesmo como sujeito. Reconhecer o outro como sujeito é reconhecer a capacidade universal de todos de se fazerem sujeitos. Este raciocínio central nos faz sair do isolamento, da clausura que temíamos estar nos levando o tema do sujeito, tornando impossível toda comunicação com os outros atores sociais. "Vivamos juntos com nossas diferenças": esta formulação de esperança não encontraria sua resposta somente a partir do instante em que a análise se eleva a um nível superior, aquele do reconhecimento, por um sujeito, da existência de outros sujeitos? Este é o tema do *La reconnaissance* (O reconhecimento), tão profundamente analisado por Charles Taylor.

O problema é que esta relação aparece cada vez mais difícil na medida em que ela se torna mais interpessoal. Bem o ilustra a imagem sempre presente e sedutora da fusão de dois ou vários em um único que a força da amizade gera e que coloca o amor acima de tudo como fusão de desejos ou como criação de um casal. As mais elevadas formas de pensamento não se exprimem de forma diferente ao colocar no topo das condutas humanas a dinâmica do amar, que é um movimento em direção ao outro. Mas este movimento perde sua força quando não provoca a formação de um ser misto ou completamente novo, pouco a pouco definido por uma situação, por regras, por limites, por esperanças e decepções. É isso que descrevem sem cessar aqueles que observam o resfriamento do amor, a redução do casal a uma célula familiar confrontada com os problemas econômicos, sociais ou culturais estrangeiros à formação do desejo, do amor e do casal. Esta busca de *um* pela fusão de *dois* ou *vários* só é criativa dentro de uma visão propriamente religiosa, já que ela supõe um sujeito ainda situado fora dos indivíduos e acima deles. Ali só pode haver relação de amor com o outro através do amor comum de um Deus, mesmo se este parece alojado nos corações que fazem dele uma espécie de metáfora religiosa. É por isso que retorno à declaração tão perturbadora e, no entanto, espontânea das mulheres cuja reflexão eu ouvi: a relação de si para si deve permanecer acima da relação com o outro. É ela que confere sua força principal no encontro com o outro que é simultaneamente duplicidade e unidade de um *me* e de um *eu*. O *tu* é a melhor maneira de criar esta presença de si para si, e a forma mais elevada das relações interpessoais é aquela na qual se opera, de uma e de outra parte, esta reflexão de si sobre si, a qual, cada um o sabe, não seria possível sem o movimento paralelo do outro.

O mais elevado momento de uma relação de alteridade é a morte do outro. Nós não vivemos nossa própria morte, mas esta constatação é vazia de sentido, já que se inscreve na própria definição do trespasse. Em contrapartida, nós experimentamos a morte dos outros às vezes com uma intensidade que a ressentimos como se fosse nossa própria morte. A ruptura de comunicação, o afastamento, os sofrimentos são vividos com mais intensidade ainda pelo fato de que as relações com o outro, e principalmente o reconhecimento do outro como sujeito, é mais forte. Para os pais, a morte de uma criança é como se fosse a própria morte deles, e em geral, contrariamente ao discurso tranquilizador sobre o período de luto que permite o retorno ao seio da coletividade, a experiência da morte do outro não desaparece. No entanto, ao mesmo tempo dolorosa, ela representa uma pressão exercida sobre nós mesmos para nos incitar a viver no nível das relações entre sujeitos e não como uma rolha que impede o fluxo dos desejos, das estimulações e das manipulações. A presença da morte do outro em nós é a presença mais visível daquilo que, em nós, resiste aos determinismos exteriores que nos fazem perder a cabeça.

4. As mulheres – Dependência, igualdade ou dominação

Ninguém duvida que o tema da situação atual das mulheres ocupa um lugar central na análise sociológica. Doravante, o julgamento que fazemos de um país é menos comandado pela situação dos operários que ali trabalham do que pelo lugar das mulheres, por seus direitos que lhes são reconhecidos, ou pelas violências exercidas contra elas. Aqueles e aquelas que desconfiam mais de uma islamofobia sistêmica são os primeiros a esbravejar, pela mesma razão, contra o escândalo quando uma mulher, num país islâmico, é apedrejada ou morta por seu pai por ter tido relações sexuais antes do casamento. A lei e os costumes dão-se as mãos quando se trata de colocar as mulheres em uma situação de inferioridade e de dependência. Num país como a França, depois de uma longa luta alimentada somente mais tarde pela Inglaterra, as mulheres finalmente conquistaram os direitos políticos. Subsequentemente, o movimento feminista organizou-se, sobretudo, em torno do tema dos direitos da mulher sobre seu próprio corpo. A Lei Neuwirth, sobre a concepção, a Lei Veil, sobre a interrupção voluntária da gestação, o livro fundador do pensamento feminista, *Le deuxième sexe* (O segundo sexo), de Simone de Beauvoir e, mais recentemente, os escritos de Lucie Irigaray e as iniciativas de Antoinette Fouque deram à França um papel de "canteiro de ideias" e de orientações novas. Porém, poucos anos depois, a situação mudou, e o feminismo se tornou menos ativo. Em primeiro lugar porque o desenvolvimento de um novo feminismo, sobretudo nos Estados Unidos, onde os temas relativos à mulher conquistaram um lugar central na filosofia moral e na filosofia política; em seguida porque, na França, como em numerosos outros países, após as vitórias conquistadas, uma parcela crescente da atividade feminista foi consagrada à denúncia das desigualdades sofridas pelas mulheres, e sempre mais àquela da violência da qual elas são vítimas. Cada vez mais a imagem da mulher foi se transformando naquela da mulher vencida, derrotada. Isso se inscreve ao movimento geral que substituiu o tema do conflito por aquele da *vítima*.

Não será difícil concluir disso que a grande luta feminista por igualdade está muito bem fundamentada, e que deve ser apoiada e ampliada em toda parte onde as mulheres ainda estão submetidas a interdições e desigualdades que estão em contradição intolerável com o princípio universalista dos direitos individuais. E é inclusive necessário dar nitidamente prioridade a estas lutas de libertação, particularmente quando elas se confrontam com as interdições religiosas. Mas a prioridade sempre mais crescentemente dada a estes problemas, graças à corajosa campanha de defesa das mulheres vítimas de violências principalmente sexuais e de discriminação na Ásia, na África bem como em muitas outras partes do mundo – incluída a Europa Ocidental, onde a excisão é praticada clandestinamente – não justifica o silêncio mantido sobre as interrogações de grande importância. Em primeiro lugar, será que a luta contra as desigualdades deveria levar ao desaparecimento das diferenças, à sociedade unissex, correspondendo àquela que desejava Simone de Beauvoir, ou seja, à decomposição das categorias de sexo? É dos Estados Unidos que, na última geração, vieram as ideias mais inovadoras e mais elaboradas neste domínio.

Para o movimento *queer*, é preciso ir além da pesquisa sobre a igualdade; é necessário implodir a dualidade homens/mulheres, que este movimento considera um produto da dominação do macho, e reconhecer a multiplicidade das formas de sexualidade; portanto, encorajar a pluralidade das componentes sexuais de cada indivíduo ou grupo. Posição que para alguns parece excessiva, mas que adquire a mais alta confiança ao se associar à noção – social e não biológica – de gênero.

Podemos tirar outras conclusões do movimento *queer* e dos efeitos que ele produziu separando a sexualidade da imagem que a sociedade impõe às mulheres. Esta crítica de noções muito facilmente recebidas encoraja a pesquisa – que se choca com vivas resistências – sobre a multissexualidade e principalmente sobre aquilo que dissipa a fronteira entre homens e mulheres, ao dar uma importância particular aos transgêneros, questão tratada com desprezo e brutalidade na maioria dos países.

Em sentido diametralmente oposto a este movimento extremo, outras feministas reintroduzem o tema da *diferença*, mas desta vez radicalizando-o. Personalidades importantes, como Antoinette Fouque na França, sempre sustentaram a realidade de dois sexos, ao mesmo tempo diferentes biológica e psicologicamente. Mas elas sabem igualmente da insuficiência da noção de diferença e da necessidade de ir além ao criar uma cultura que deve ser definida como feminina e densa de significações tanto para os homens quanto para as mulheres. Todas as atividades que foram organizadas em diversos países em torno da libertação das mulheres são exemplos vitoriosos dos esforços das mulheres, enquanto mulheres feministas, para transformar a cultura de todos. É nesta via que tentei avançar ao me distanciar da ideia de igualação e ao conceber as mulheres, sobretudo na época pós-feminista, como criadoras de uma nova cultura, noção que só pode nos dar a entender a necessidade de uma análise histórica conduzida a longo prazo. Pelo fato delas terem sido privadas não somente do poder, porém mais profundamente da subjetividade, as mulheres carregam nelas próprias esta nova cultura, voltada não mais para a conquista do mundo exterior, mas para a produção de si como mulher, em particular através da sexualidade, que ocupa desde esse momento o lugar central que foi aquele do trabalho na sociedade industrial. Mesmo se sabemos que o dinheiro, o poder, as armas e as técnicas, em grande medida, ainda estão nas mãos dos homens, as mulheres já tomaram a *palavra* dos homens, tornados silenciosos no momento em que descobrem mais lentamente do que as mulheres o sentido da nova cultura que se espalha sobre o conjunto da sociedade.

Se ouvimos todos os tipos de mulheres, seja qual for a idade ou o lugar social que ocupam, ficamos impressionados com o pensamento positivo delas: as mulheres têm vontade de definir-se elas mesmas como mulheres e de inventar a feminidade como um modo de vida, uma cultura que deve mesmo suscitar uma renovação da cultura de todos. As mulheres que escutei se comportaram como atrizes sociais, como aquelas que redefinem os objetivos de suas vidas e da vida de todos, e rapidamente descobri que, para além da defesa dos interesses próprios, isto é, a busca de garantias contra os ataques ou desigualdades das quais elas são vítimas, elas têm uma viva consciência de inventar uma nova cultura. Mas aquele mundo lá, que à primeira vista aparece imbuído da busca de ouvir as mulheres, é dissimulado permanentemente pelos discursos puramente críticos. Os ataques lançados contra aqueles que dominam as mulheres acabam transformando-se numa forma embaraçosa de não escutar aquilo que dizem as mulheres. Desejamos que as análises muito ricas e arriscadas das mulheres americanas se combinem com aquilo que aqui evoco, a saber: a invenção pelas mulheres de uma nova cultura da qual participam, sem resistência particular, os homens.

Quer sigamos uma ou outra destas duas vias, estamos dando um salto adiante em relação à rotina que pouco a pouco se instaurou e que levou a limitar os estudos e observações sobre as mulheres àquilo que elas sofrem, como se elas nada mais pudessem fazer a não ser sofrer.

Temo que as razões que emperram o desenvolvimento dos estudos feministas sejam as mesmas que impedem de pensar a vida escolar em termos novos, de compreender os "problemas das periferias", de encontrar um tipo de multiculturalismo que combine o reconhecimento das diferenças com a manutenção dos princípios universalistas sem os quais a comunicação torna-se impossível. Em todos estes grandes domínios da vida social aparecem os mesmos entraves, surge a objeção central de que é preciso a todo custo evitar de falar dos atores ou das atrizes, de sua subjetividade e de seus projetos, já que a explicação sociológica só pode ser a busca das determinantes sociais das condutas pessoais ou coletivas. As fraquezas das quais padece o estudo das políticas sociais aparecem assim como efeitos diretos do medo da inovação que caracterizou o pensamento social da segunda parte do século XX, quando, por detrás do sucesso estrondoso de algumas obras filosóficas, manteve-se ou às vezes até mesmo se reforçou um pensamento obstinado na destruição de seu próprio objeto, a saber: as condutas sociais densas de julgamentos de valor. Da mesma forma, os atentados terroristas buscaram substituir a mobilização e as esperanças dos movimentos de massa. Mas o erro cometido e a maneira de se livrar dele não são em nenhuma parte tão visíveis quanto o são nos estudos sobre as mulheres. O contraste entre aquilo que se diz das mulheres e aquilo que as mulheres dizem delas mesmas é impressionante, e demonstra claramente a falta de realismo dos pseudoteóricos que montaram este discurso interpretativo dominante, cujos procedimentos habituais e consequências nefastas não me canso de denunciar.

5. Os outros – A diferença

Todo esforço despendido até aqui teve por objetivo, a partir da ideia-mestra do *fim do social*, fazer emergir um novo princípio de legitimidade e de avaliação das condutas: o sujeito. Este não se identifica com qualquer instituição, valor ou norma social. Ele é, ao contrário, um contraprojeto constantemente em luta contra a dominação das forças exteriores, quer sejam econômicas, políticas ou mesmo biológicas. É por isso que sua posição na vida social permanece indeterminada, já que ela só é definida por seu próprio esforço para sair do sistema social. Mas é impossível permanecer nisso, mesmo se este desembaraço dos mecanismos de integração e de socialização permanece uma tarefa primordial pelo fato de ser a única forma que permite aperceber-se do sujeito.

O sujeito só pode formar-se caso ele igualmente aprende a reconhecer os outros e suas diferenças. O espaço permitido à diferença é demarcado por dois limites: de um lado, a necessária rejeição da identificação das sociedades dominantes com a Modernidade, já que ela culmina na recusa absoluta de toda diferença, imediatamente identificada com uma inferioridade; de outro lado, o "diferencialismo" cultural que, ao eliminar todo elemento comum das culturas e das sociedades, torna impossível a comunicação entre elas e não deixa outra saída a não ser a guerra.

Só podemos acrescentar que é difícil justificar toda a gama das diferenças que se cruzam. No limite, nós admitimos uma diversidade de vestimentas, e em geral de gêneros de vida, mas desde que se trate de minorias. Então nossa reação é de tolerância. Esta, se as minorias são numerosas, pode ser grande, como é o caso na Europa Central e nos Estados Unidos, só para exemplificar alguns casos conhecidos, mas constatamos que tal tolerância rapidamente se esgotou quando a minoria em questão se revoltou, como na Irlanda do Norte, no País Basco ou na ex-Iugoslávia. Lá onde os conflitos são mais exacerbados, é difícil falar de diferença e de igualdade. Do mesmo modo, lá onde a referência a uma religião dominante é tão gritante que os chefes das outras religiões se sentem presos numa situação de dependência. O papel central do cristianismo na formação das culturas europeias é indiscutível; não é menos verdade para as ideias de nação e de república, tão capitais, que vieram de outras tradições. A França viveu uma tensão, às vezes muito próxima de uma guerra civil, entre os defensores do cristianismo e os guardiães do Iluminismo. Em muitos casos, falar de diferenças é tão insuficiente que ninguém ousa empregar o termo. As relações entre maioria e minoria, evidentemente, são instáveis, e igualmente percebemos que há poucos quilômetros de nós uma minoria inicialmente reclama por garantias, mas em seguida opta pela secessão. Esta mesma diversidade de situações históricas nos leva a desconfiar de uma definição demasiadamente fraca e geral das diferenças.

Devemos concluir, pois, que uma sociedade sempre pode tolerar uma determinada diversidade, sobretudo se ela afasta o perigo de conflitos abertos, o que nos leva a uma noção mais positiva e, atualmente, mais útil para a análise das sociedades contemporâneas: a ideia de *direitos culturais* que devem ser definidos e garantidos tão fortemente quanto os direitos sociais, em favor dos quais tantos combates foram feitos desde o século XIX. Estes direitos culturais devem ser acordados, mas dentro de um princípio elementar, a saber: que a maioria deve reconhecer os direitos da minoria, mas desde que esta minoria reconheça os direitos da maioria. Se esta última condição não pode ser exequível, a crise se estabelece, e a única solução é a ruptura, a independência, a secessão.

6. As condições da comunicação intercultural

O domínio da comunicação pode ser considerado aberto quando as populações que se encontram fazem referência de forma análoga à Modernidade tal como a tenho definido, isto é, por referência à princípios que ultrapassam todas as pertenças sociais e culturais: a razão científica e técnica e o respeito aos direitos individuais, considerados de natureza universal. Enquanto não existe esta referência comum às duas componentes fundamentais da Modernidade, não existe outra saída que a guerra ou a separação, ou seja, a autossegregação. Logo que estas referências deixam de existir e, por consequência, quando se encontram face a face as culturas, as civilizações e as sociedades que se consideram e querem ser consideradas como conjuntos multidimensionais integrados, é então que surge o "choque de civilizações". São estes conjuntos multidimensionais, geralmente identificados como "civilizações", que contribuem para a guerra, ainda que as diferenças entre sistemas econômicos, culturais e religiosos, se estes são separados, não impeçam a comunicação, mesmo que incompleta, e que cada parceiro aceite uma não-ingerência nos domínios considerados como aquém ou além de toda discussão, em particular quando a afirmação da especificidade de uma sociedade se atribui fundamentos religiosos. O que conduz a esta primeira conclusão: a identificação de um indivíduo ou grupo com um conjunto social, cultural e político definido globalmente constitui um obstáculo intransponível à comunicação intercultural. Dado que a recusa desta análise "holista" é um aspecto fundamental da Modernidade, uma sociedade que se reconhece como moderna deve procurar e encontrar as formas de comunicação com os outros. As sociedades fechadas em sua identidade global não podem aceitar este ponto de vista e rejeitam ainda mais fortemente os outros pelo fato de verem neles uma forma de dominação e de colonização. Esta reprovação é facilmente admitida por numerosos "liberais" que reconhecem que seus países dominaram, colonizaram e exploraram uma grande parcela do mundo. Mas esta resposta, por mais corajosa que possa ser, não nos impede absolutamente de reconhecer que somente um determinado tipo de sociedade, que podemos denominar de moderna, permite a comunicação com as outras sociedades. Somente o reconhecimento do universalismo, da razão e dos direitos humanos permite fazer com que culturas diferentes se comuniquem e distingam nelas o que é comum e o que as diferencia.

Só existem, pois, duas respostas: ou o choque de civilizações, que tende à destruição mútua, ou o reconhecimento do caráter universalista da Modernidade por parte de algumas sociedades e, portanto, a diferença profunda entre as sociedades que aceitam o universalismo e aquelas que o rejeitam. O universalismo das sociedades modernas não é um fato natural; é uma realidade histórica e, por consequência, ele tem seus limites. Mas não é uma razão para considerar como equivalentes o universalismo de algumas sociedades e a afirmação por parte de outras de sua diferença radical e de sua superioridade absoluta. A ideia de comunicação intercultural só pode desenvolver-se no espírito de influência das sociedades que reconhecem o universalismo da razão e o universalismo dos direitos humanos.

Ali não pode existir um retorno em direção a um ou a outro tipo de pluralismo cultural que coloca todas as "civilizações" no mesmo patamar ao defini-las por suas diferenças entre elas. O visitante de um museu pode satisfazer-se com a diversidade de deuses e cosmogonias das diferentes civilizações; a Etnologia nasceu da recusa de um etnocentrismo dos países dominantes e da vontade de descobrir o erro de um evolucionismo que colocava cada civilização sob a égide do progresso. Mas nenhuma impostação é aceitável se ela não reconhece o caráter específico das sociedades modernas que, diferentemente das outras, afirmam simultaneamente suas particularidades e sua submissão aos princípios universalistas que regem a Modernidade.

Esta conclusão, por mais irreversível que seja, deixa ainda numerosos pontos importantes na penumbra e, por isso, deve ser completada.

O primeiro erro que não deve mais ser cometido é identificar este pensamento com uma crença no progresso que, após ter brilhado com toda sua magnitude no século XVIII e mesmo no século XIX, na medida em que se multiplicavam os dramas políticos e bélicos do século XX ele foi rejeitado. A aparição do nazismo no coração da Europa afastou para sempre a possibilidade de crença no progresso. Este desencantamento, inversamente, não justifica a objeção de que o pensamento moderno seria nefasto porque geralmente reduz a razão aos seus usos instrumentais, transformando-o assim em instrumento de poder e de guerra, portanto, em obstáculo maior para a comunicação intercultural e para o reconhecimento dos direitos dos indivíduos. Pois que erroneamente acusamos a razão, no momento em que o culpado é o "holismo" comunitário quando define em particular a nação como um conjunto histórico e cultural específico, o que está em ruptura completa com o universalismo e solapa o espírito da Modernidade. O nacionalismo, sob todas as suas formas, em todas as sociedades, destrói o universalismo da Modernidade, mesmo quando ele pretende louvar o progresso e a liberdade.

A lição a ser tirada deste pessimismo cultural e político é que o racionalismo *não está necessariamente* associado ao individualismo liberal. E não teremos qualquer dificuldade em reconhecer que uma resposta paralela pode ser acrescentada ao estudo do individualismo. O discurso sobre a liberdade individual pode ser reduzido à uma ideologia capitalista rudimentar quando ele simplesmente conclui que o espaço deve ser reservado aos mais ativos e aos mais dotados, o que pode levar inclusive a explicações biológicas ou históricas tão distanciadas da ideia de Modernidade quanto o nacionalismo.

O que deveria ligar, portanto, as duas componentes da Modernidade e criar assim as condições de comunicação tanto entre os indivíduos quanto as civilizações? A resposta, já indicada desde o início desta reflexão, deve ser repetida aqui: o que constitui e mantém a Modernidade é a *vontade de extrair de cada situação particular os elementos universalistas*, de extrair o pensamento racional da diversidade dos costumes e dos preconceitos, e de reconhecer a igualdade de todos os humanos, sejam quais forem a cor da pele, o nível salarial, a forma que rege suas leis. Mais concretamente ainda, é necessário que razão e humanismos estejam fortemente ligados e que seja assim reconhecido um nível de existência e de atividade humanas situadas nitidamente acima das pertenças sociais, bem como dos interesses individuais. A Modernidade não existe pela simples justaposição do racionalismo e do individualismo; ela existe senão criando uma figura do *sujeito* que os une. Não existe modernidade sem consciência da Modernidade e de sua necessidade, sem convicção universalista e sem confiança na razão. O mais importante é esta afirmação central: a Modernidade não existe sem referência ao sujeito, e este não pode existir sem a Modernidade, isto é, fora da associação da razão com os direitos individuais. Não estamos buscando saber aqui onde está a causa e onde está o resultado; é necessário e suficiente reunir a ideia de sujeito àquela das duas componentes da Modernidade: sem esta tríade, a comunicação intercultural torna-se impossível.

Seria necessário introduzir lá outra fonte de inquietação? Seria necessário considerar que esta combinação constituiu-se num acontecimento histórico único, ou quase único, que nossa preocupação com os problemas da diferença e do multiculturalismo se refere antes de tudo ao declínio de nosso modelo histórico e ao crescimento, ao longo de todo o século XX, dos regimes totalitários, das guerras mundiais e dos massacres sistemáticos? Amanhã, esta criação ocidental não estará encoberta senão por um vento arenoso, quanto menos pelo poderio dos Estados identificando-se com o conjunto de uma sociedade, entenda-se, pela força das armas concentradas em arsenais nucleares ou divididas entre grupos terroristas? Pode-se ainda avançar outras hipóteses, como aquela de uma sociedade sempre mais invadida pelo consumo, pelo dinheiro, por um hedonismo sem limites. Uma reflexão completamente diferente existe para lembrar que os Estados Unidos, entre 2001 e 2003, penderam mais para uma sociedade religiosa e belicosa antes que científica e democrática. Muitos são os que igualmente pensam que a Modernidade ocidental estava associada à escravidão, à dominação de uma classe, à subordinação das mulheres e à conquista colonial.

Este último argumento já foi descoberto e confirmado. A *modernização* europeia realmente repousou sobre a dominação de uma classe ou de uma elite dirigente. Mas a ideia de *modernidade* foi sendo construída fazendo obstáculo a esta modernização. A Modernidade também não é, em absoluto, um produto do despotismo esclarecido, lançado por aqueles monarcas que queriam recuperar em uma parte da Europa a liderança assumida pela Grã-Bretanha, pelos Países Baixos e pela França. A ideia de modernidade e a capacidade de conhecimento e de comunicação que ela engendrou não são o resultado da conquista guerreira nem dos absolutismos francês ou espanhol dos quais tantos espíritos livres foram vítimas. Não foi, enfim, o poder religioso que favoreceu o triunfo da razão e das liberdades. Como tantos outros, os franceses têm nisto, há muito tempo, ideias claras, e seu conceito de laicidade mereceria uma melhor compreensão.

Desde o início, portanto, somos arrastados por conclusões simultaneamente distanciadas que vão desde um racionalismo apolítico até as afirmações categóricas dos multiculturalismos exaltando a criação de comunidades. O respeito aos *direitos culturais* é um objetivo tão importante e tão difícil de ser alcançado quanto aquele dos direitos sociais, e este objetivo elevado só pode ser alcançado ao coligar sempre mais fortemente os direitos sociais e culturais aos direitos "humanos" e, sobretudo, políticos, que são mais gerais. Não existe um apelo mais poderoso à tolerância e à liberdade capaz de frear os perigos do comunitarismo e dos movimentos propriamente religiosos do que o recurso à ideia de *sujeito*, o qual dá um sentido forte, positivo, ao objetivo da expressão: viver juntos com nossas diferenças. O reconhecimento dos direitos dos cidadãos tornou possível a aceitação e a construção dos direitos sociais e culturais. Mas estes só foram alcançados ou o serão através de longas lutas coletivas. Somente então será possível viver realmente juntos com nossas diferenças.

A Europa de hoje está bem longe das imagens abstratamente otimistas que dominavam sua ideologia antes das catástrofes do século XX. Um forte movimento de rejeição atinge os imigrados, em particular aqueles que entraram no país ilegalmente. Os "sem-visto" são cassados pela polícia. Os imigrados rejeitados se refugiam em suas comunidades de origem, o que leva a uma desintegração que afasta cada vez mais as minorias da minoria. Fazemos alguns esforços para melhor conhecer o Islã, mas o islamismo e suas formas extremas são mais visíveis do que o Islã entendido como cultura religiosa.

Este momento da análise pode ser resumido em três conclusões: a) o multiculturalismo está mais carregado de perigos do que suas imagens sedutoras veiculam, e o comunitarismo induz a conflitos cada vez mais graves; b) a busca de comunicações interculturais é inteiramente positiva num mundo onde as mesclas culturais aumentam e onde os universos culturais não estão mais separados materialmente uns dos outros; c) é necessário enfrentar os crescentes riscos de enfrentamentos ao se apoiar na interpretação do tema da diferença; mas este, apesar de tudo, é demasiadamente fraco para diminuir a indiferença, a segregação, o ódio, e faz-se necessário, portanto, apelar para a noção de reconhecimento do outro como sujeito.

7. O laço social

Para além das tentativas teóricas e práticas a fim de reavivar as relações diretas, face a face, que sofrem pelo medo de cair numa exaltação de grupos homogêneos, vemos ampliar-se um movimento de ideias ora oriundo de uma interpretação muito aberta do tema da escolha racional, ora, inversamente, ligado ao processo de interação e de reconhecimento de um pelo outro. Esta construção das hierarquias, das distâncias, dos controles da comunidade quase sempre interessou aos escritores e filósofos "moralistas", isto é, aos preocupados em compreender as condutas combinando a diferença de interesses privados e a participação numa determinada ordem de vida social.

Aqueles que nos lembram que não existe vida humana que não esteja engajada nestas interações, na esperança de obter uma "boa reputação" ou um "capital social" importante, para falar como Putnam, têm razão em pensar que eles nos reconduzem aos problemas de base da Psicologia Social e da Sociologia. A distância é tão grande entre esta orientação de trabalho e aquela dentro da qual estou engajado que não pode haver conflitos entre elas. Em contrapartida, é impossível defender orientações tão diferentes ao afirmar que elas pertencem ao mesmo corpo de conhecimentos e análises. A Sociologia não teria mais existência real se seus diversos elementos não formassem um sistema, se não fossem interdependentes.

Tenho a impressão de que a Sociologia só pode se construir como estudo das sociedades tendo uma forte capacidade de agir sobre elas mesmas e, portanto, vivendo mudanças rápidas. Os estudos sobre a interação, o reconhecimento e a reputação me parecem situar-se num outro conjunto, aquele das "ciências morais e políticas", que alcançaram seu maior desenvolvimento no período relativamente estável em que existiam as sociedades ultra-hierárquicas, antes dos distúrbios suscitados pelas revoluções citadinas e o nascimento da sociedade industrial, partindo da Grã-Bretanha. A Sociologia é o estudo das sociedades que, de maneira muito vaga, denominamos de "modernas", enquanto que as reflexões relativas à interação ou ao reconhecimento do outro me parecem depender do estudo das sociedades anteriores, nas quais o poder da ação criativa e transformadora é mais fraco, que são, enfim, sociedades mais da ordem que do movimento.

Hoje, no entanto, o medo da agressão comunitarista é tão grande que a vontade de criar "laços sociais" readquire força. O tema do isolamento, da perda de relações sociais, espalha-se por toda parte. O abandono de um grande número de doentes e anciãos no hospital ou na cidade, por ocasião da canícula de 2003, deu, na França, uma imagem patética da ruptura do laço social. A ausência de relações sociais aparece como a patologia mais grave de nossa vida coletiva. Pois que ela nunca é escolhida, seja pelos habitantes de São Paulo ou de Londres, como ela não o foi pelos anacoretas do Monte Athos.

Existem duas grandes formas de reconstrução do laço social.

A *primeira* consiste em criar pequenas comunidades locais cujos membros adquirem uma imagem positiva de si (*self-esteem*) através da imagem positiva que os outros têm deles. Lá onde ainda existe uma rede antiga de solidariedade, por exemplo, de tipo familiar ou religioso, como na Itália, esta reconstrução do laço social é mais fácil. O recurso a estas pequenas comunidades, afastado de todo espírito comunitarista agressivo, manifesta-se em numerosas partes, mas dentro de um espírito antes defensivo e que limita seu alcance. Uma variante mais inquietante deste processo é a criação de grupos, de "tribos", de comunidades definidas por um atributo comum, como a pertença a um espaço comum ou a uma minoria, visto que o grupo não se constitui senão pela oposição a outro grupo ou a outra comunidade, em particular étnica, linguística ou religiosa.

O *outro* modo de formação de laços sociais se reveste de um alcance mais amplo. Trata-se aqui de organizações voluntárias nas quais muitos se dão objetivos humanitários, mas nas quais outros, mais militantes, assumem a defesa das vítimas, denunciam os culpados, resistem às pressões. Em numerosos países, estas organizações voluntárias se tornaram mais poderosas do que os partidos ou os sindicatos. A rede social e política que elas criam e que denominamos de – utilizando uma velha noção – *sociedade civil*, geralmente inscreve sua ação dentro dos moldes da análise feita aqui. Estas organizações voluntárias alcançam poderes públicos e resultados tão importantes que geralmente servem para reforçar menos a sociedade do que para aumentar a capacidade dos indivíduos e grupos de impor seus interesses às instituições. Por mais fracas e não-representativas que geralmente possam ser, elas mostram uma enorme capacidade de modificar as regras e até mesmo as leis ao ponto que estas modificações aparem geralmente como a vitória final de uma campanha de opinião mobilizando sentimentos fortes como o ódio, a esperança, a solidariedade etc.

É bastante superficial apelar sempre para as exigências "evidentes" da vida social e de lembrar que o homem é um animal social para contrapor-se à concepção de sujeito que eu apresento e, em particular, à prioridade da relação de si para si. A natureza do sujeito, sua oposição frequente às regras da vida social, seus protestos contra o desencadeamento do Eros ou do Thanatos suscitam laços novos e fortes, não-tradicionais, antes voluntários do que transmitidos.

O sujeito não aparece fora da vida social como uma figura contemplativa ou um protesto solitário. A relação de si para si deve comandar as pertenças sociais. A participação em ações coletivas é negativa se ela não é orientada em direção a objetivos muito afastados da lógica dos interesses. Não se trata aqui de opor a solidão à multidão, quer se fale da solidão sofrida pelo excluído, quer da solidão buscada por um *dandy* (almofadinha). Em todos estes casos, é necessário interrogar-se sobre a presença ou a ausência da relação consigo, sobre os atos que julgam, simultaneamente de fora e de dentro, uma situação e que fazem desta relação um modo de ser.

Talvez a acumulação de riquezas e privilégios impeça esta reviravolta que circunscreve o espaço onde aparece o sujeito, assim como a abundância imobiliza aquele que a possui e que é possuído por ela. Porém é mais fácil ainda reconhecer que a extrema privação desorganiza toda a capacidade de ação e que ela submete sua vítima à imagem que os outros têm dela, privando-a de toda iniciativa e de todo controle de suas próprias condutas. Entretanto, entre estes dois controles extremos, em diferentes graus e sob formas diversas, aquele que age é definido simultaneamente pela situação na qual ele age, por suas regras e seus limites, e por uma relação consigo mesmo que pode ir, por um lado, até a quase-identificação com um dever e, por outro, até a uma ruptura quase total com seu entorno, que é ressentida como injustiça e dependência.

Todas as organizações tendem a impor os laços sociais, as representações, as normas. Todas as organizações voluntárias, das igrejas e partidos aos grupos de amigos, recorrem aos valores que se opõem às normas, aos desejos que transgridem a lei. O sujeito só se forma em espaços onde as pressões opostas não são contraditórias; onde, ao contrário, é possível combiná-las sem ter que perder suas pertenças ou a relação de si para si. O que nos faz reencontrar o tema, sempre presente, do duplo e do desdobramento.

Se a política é a gestão de uma coletividade para a qual a integração e a flexibilidade são os objetivos essenciais para sua sobrevivência, a referência ao sujeito não tem nada a ver com ela. Se a política está a serviço dos interesses dominantes, internos ou externos, ela destrói o processo de subjetivação. Mas não existe democracia viva que reduza a política à gestão ou à dominação. Todas se definem pela subordinação explícita do poder político e das instituições a princípios que sempre são outro tanto de formas de prioridades dadas àquilo que elas denominam liberdade, justiça ou solidariedade, atributos daquilo que denomino "o sujeito" para não cair na confusão que necessariamente carregam os termos homem" e "humanismo".

É falso ver em tal declaração a expressão de um idealismo velhote dissimulando intenções menos nobres. Neste domínio como em outros, é preciso rejeitar a ideia de que as sociedades modernas avançam sempre mais em direção a uma racionalidade instrumental, a um pragmatismo, a uma busca de equilíbrios instáveis entre grupos de pressão opostos. Os grandes projetos políticos mais frequentemente dinamizados pelos movimentos sociais se degradam naquilo que denominamos "política policiesca" para não recorrer ao termo demasiadamente ambicioso e bastante conhecido de Péguy em relação ao caso Dreyfus: da mística à política. Todavia, sem cessar podem formar-se novos projetos, portadores de novas emoções que se espalham cada vez mais velozmente nas sociedades onde os canais de comunicação, sempre mais densos, transmitem rapidamente as informações. Após o esgotamento dos projetos políticos nascidos do movimento operário e que culminaram na criação dos grandes sistemas de segurança social e de redistribuição de renda, sentimos que estão se formando novas sensibilidades – econômicas, humanitárias, de defesa das minorias ou de nações – que já podem encontrar expressões políticas.

8. O sujeito e a situação mundial

Este capítulo se caracteriza pelo esforço de elencar novos pontos entre um pensamento do sujeito e vários temas principais da Sociologia. Mas nós desejamos ir mais longe, entender as análises que acabam de ser apresentadas, que em princípio só dizem respeito aos países que já entraram no novo paradigma, aquele no qual as categorias culturais assumem o lugar central ocupado recentemente pelas categorias socioeconômicas na sociedade industrial. Queremos mostrar que a mesma transformação se observa no mundo inteiro, "fora" das sociedades mais "avançadas", junto às populações já mergulhadas na cultura de massa. Mas esta extensão corre o risco de ser frágil e mesmo chocante se ela somente envolve a totalidade do mundo que só pode seguir as sendas dos países ditos mais avançados, evolucionismo que constantemente rejeitei em contrapondo à unidade da *modernidade* a *pluralidade* de vias de modernização. É cada dia mais absurdo pensar que a China ou a Índia vão seguir o caminho dos Estados Unidos ou do Japão, ou mesmo da Rússia do período pós-Gorbatchev.

Devemos lembrar que não estamos tratando aqui das mudanças ocorridas na sociedade ou na cultura em geral, como o fiz na obra *Um novo paradigma*, mas somente das categorias de análise da ação social, isto é, da ação definida pelas relações sociais, que é a definição a menos exigente que podemos dar do campo das Ciências Sociais. Existe outro limite para nossas explorações: aqueles que estão mergulhados na cultura de massa e não são conduzidos por um projeto político ou econômico coletivo, aqueles que são, portanto, antes de tudo consumidores, tanto nos países pobres quanto nos países ricos, poderiam eles comportar-se como sujeitos, aceitar a definição dada aqui da Modernidade, elaborar uma representação do outro que escapa da oposição entre amigo e inimigo que a maioria dos habitantes deste planeta tão cedo teve que aceitar? Não seria necessário reconhecer que a maior parte da humanidade está fechada dentro dos poderes, das religiões, das formas de consumo que só se comunicam com os outros através da guerra? Da mesma forma e com mais angústia ainda, teríamos o direito de pensar que os habitantes dos países em desenvolvimento mais poderosos, como a China, agem em função das mesmas categorias que eu destaquei? Poderíamos particularmente sustentar a ideia, que parece paradoxal, de que são as mulheres que carregam uma nova cultura enquanto são tão violentamente dominadas e reprimidas em tantas regiões onde elas são acusadas de ser "liberadas"?

Que não possamos trazer uma resposta positiva a estas questões diz respeito à evidência; seria necessário um gosto pronunciado pelo paradoxo para defender teses tão contrárias àquilo que podemos constatar à primeira vista. Mas igualmente seria completamente arbitrário emitir *a priori* uma conclusão negativa. Talvez certos caminhos podem abrir-se se introduzimos nas análises outros elementos que permitem combinar unidade e diversidade de experiências e de representações no mundo contemporâneo.

Em nível *mundial*, nós saímos da ilusão da "civilidade" generalizada. A concorrência dos poderes políticos sustentados pelos exércitos e pela mobilização geral de uma população aboliu os elementos de modernidade na vida internacional, como foi o caso nos tempos das guerras entre os Estados europeus. É exatamente da *guerra* que precisamos falar, antes que de evolução. Não é a civilização chinesa que se prepara para um confronto com a civilização cristã ou ocidental. É um regime autoritário, apoiado nas forças armadas poderosas e numa expansão econômica sem precedente, que ameaça um sistema mundial ainda dominado pelos Estados Unidos.

No momento em que o Estado não é suficientemente forte, é a religião que busca exercer a função principal. Mas é uma operação quase impossível, enquanto a religião mantiver uma fraca capacidade de mobilização política e militar, inclusive no mundo islâmico, que, de fato, é diverso e sem unidade. É por isso que as forças de intervenção islâmicas se apoiam sempre menos nas populações voltadas para as suas tradições e cada vez mais sobre os grupos que pertencem ao mundo que elas combatem, provocando os atentados mais graves para reafirmar a predominância das armas sobre os outros recursos das grandes potências.

Outros países, ao contrário, buscam imitar o modelo ocidental e principalmente as regras da economia de mercado.

Enfim, uma outra parte do mundo se afunda na pobreza, na corrupção, nas lutas interétnicas, nas pandemias. Mas, lá ainda, não é em baixo, do lado da cultura e da organização social, mas em cima, do lado dos dirigentes e de suas políticas mais ou menos guerreiras, que convém buscar a explicação dos sucessos ou dos fracassos. É por isso que os Estados Unidos, por ordem da decisão de Bush de se definir como o partido do Bem em guerra contra o partido do Mal, colocou em segundo plano sua superioridade econômica e tecnológica, que havia construído sua supremacia sobre os europeus e mesmo sobre o Japão.

Seguramente, a cultura de massa e a cultura técnica ocidental, sobretudo americana, penetram por quase toda parte, em particular graças à internet. Mas, em escala mundial, o enfrentamento principal é de tipo militar, enquanto que as ideologias perdem toda a sua força e as lutas entre as nações, segundo o velho modelo europeu; só avivam conflitos locais que em nada abalam os poderes dominantes.

Abandonando as altas esferas nas quais se configuram as culturas, as sociedades, as guerras, é mais importante e mais difícil descer ao nível das experiências vividas naquilo que elas têm de mais cotidiano e mais pessoal. Nem sempre refletimos sobre os fundamentos de nossa concepção de Bem e de Mal, sobre as necessidades às quais deve responder a educação, ou mesmo sobre o aparecimento e a difusão de novas formas de sexualidade. Não que estes temas estejam demasiadamente distantes de nós, ainda estrangeiros às nossas condutas, mas porque ainda não sabemos transformar nossos desejos em novas posturas e em novos engajamentos. É muito mais fácil dizer: "É a vida", a vida que levamos amando-a ou detestando-a, a vida sobre a qual fazemos romances e canções.

No entanto, esta vida não carece aceitá-la como ela é!

9. O outro e o proletário

Convém ir até o fim do caminho e aceitar que o reconhecimento do outro elimina o tema, tão fortemente enraizado no pensamento de muitos, de que a relação social mais forte é aquela que opõe aquele que tem daquele que não tem, o proletário do capitalista. Ninguém pode negar a imensa influência destas representações, tão grande em determinados momentos que ela parecia englobar todas as outras, definindo a mulher como o proletário do homem ou o colonizado como a vítima das empresas capitalistas. Nós temos falado, e falamos ainda, de capital social ou de capital cultural, geralmente sem precisar se se trata de uma metáfora ou da aplicação aos domínios não-econômicos de um conceito propriamente econômico. Ora, nas situações mais diversas, este pensamento "clássico", tão largamente identificado com a "esquerda", ou mesmo com os movimentos revolucionários, como o dizem explicitamente as palavras da *Internacional*, desaparece por detrás do pensamento do outro enquanto outro. O que leva a reconhecer a necessidade de combinar os elementos diferentes e não mais os elementos definidos por seus lugares opostos em uma mesma escala. Por exemplo: não se trata apenas de economia, mas geralmente de combinar uma componente econômica e uma componente simultaneamente cultural e política. Como é o caso na África do Sul de Mandela que eliminou o *apartheid*, mas sempre atento em não perseguir os criadores das riquezas, o que não foi feito em alguns países vizinhos. Um caso extremo é aquele da Nova Caledônia, onde a ação de Tjibaou empenhada em fazer reconhecer os direitos dos kanak levou o governo francês a romper com a política que tinha culminado na repressão brutal de Ouvéa, para chegar, graças a Michel Rocard, a Christian Blanc e a outros, ao reconhecimento da nação kanake e protegê-la através de uma eliminação da imigração que ameaçava enfraquecer o peso relativo da população kanak na Nova Caledônia.

Na verdade, a luta dos assalariados contra seus empregadores, quando era considerada em seus aspectos centrais, também repousava sobre o reconhecimento do outro. A consciência de classe operária, em seu apogeu, não foi propriamente econômica; ela exigia o reconhecimento do trabalho diante do capital como uma componente fundamental da produção. A representação da classe operária como proletariado destruiu esta significação da consciência de classe operária, reduzida à agitação dos "*have not*", entenda-se, porque não, marginais! O que acaba abandonando à responsabilidade da burguesia política e intelectual o papel de formadora da "consciência operária".

Este reconhecimento da comunidade nas apostas entre adversários, cuja importância eu reconheci nos movimentos sociais, não elimina a conflituosidade. Pois que a dominação se exerce contra a diversidade, como o acentuam com tanta força os ecologistas. Ou ainda vemos, como na África do Sul, que a supressão do *apartheid* praticamente não afetou as desigualdades sociais. O problema é que aqueles que definem os dominados como proletários ou mesmo "bagnards" (forçados) não podem conceber outras soluções senão a revolução, o que desloca todo o poder dos dominados que não podem libertar-se, já que são definidos pela falta de conhecimentos, de recursos ou de educação, o que deixa o campo livre para uma nova elite dirigente. O ponto de vista inverso pode levar à organização do conflito político, isto é, pode engendrar uma mistura permanente de antagonismos e reformas.

Da contradição à diferença, a distância é tão grande que foi das sociedades menos modernizadas que surgiu o tema da diferença. De lá nos advém particularmente a excepcional influência da obra de Claude Lévi-Strauss, que incessantemente criticou e afastou as pretensões universalistas dos modelos políticos oriundos do capitalismo ocidental, tanto aquele dos liberais quanto o dos marxistas.

Esta inversão de representação e de atitude é mais necessária do que nunca, sobretudo hoje que tão rapidamente se prolifera a redução dos dominados a uma situação de vítimas, como se aí não pudesse mais existir movimentos de libertação nacional, combates feministas, nem a defesa de todo e qualquer tipo de minoria. É nisso que tantas concepções sociais e políticas correm o risco de só produzir efeitos negativos, tornando-se inclusive obstáculos à percepção de uma realidade social que se transforma sempre mais rapidamente.

10. As ideias e a vida cotidiana

Como não fechar este texto sem nos interrogar sobre a objeção mais frequentemente formulada? Não existe uma distância impossível de ser preenchida entre uma análise teórica repousando sobre conceitos tais como sujeito, modernidade, movimento social etc., e a realidade que percebemos existir em toda parte? Os regimes políticos parecem completamente alheios a este universo intelectual, e na vida cotidiana passamos por constrangimentos e temos objetivos que se definem muito mais ao nível dos indivíduos do que aquele do sujeito, isto é, da reivindicação pelo indivíduo de seu direito de ser um indivíduo. Esta formulação complicada – mas essencial – não mostra suficientemente as expectativas e as frustrações mais divulgadas.

Por mais desesperadora que ela seja, a resposta que acaba de ser dada a esta primeira interrogação pode ser facilmente aceita, já que ela não ameaça diretamente as análises que nós elaboramos. No entanto, temos muito mais dificuldades de justificar estas análises quando entramos no domínio da existência cotidiana, aquele do interesse, do desejo, do bem-estar, da concorrência, da morte. A cultura popular e mesmo as grandes obras romanescas ou teatrais geralmente foram construídas baseando-se numa experiência vivida diretamente, próximas do dia-a-dia. Ora, quem ousaria sustentar, sem cair no ridículo, que cada um de nós, em cada instante de sua vida, só pensa em ser reconhecido como sujeito, em respeitar os princípios da Modernidade, ou em lutar contra tudo aquilo que solapa a subjetivação? É, no entanto, nesta constatação aparentemente negativa que jaz a resposta à questão colocada, que só aparentemente pode ser insolúvel.

A Modernidade, o sujeito, os movimentos sociais são construções erigidas a partir das experiências vividas nas mais diversas formas e o mais diretamente possível. Se separamos o vivido do construído, a teoria da prática, tudo perde sentido, tanto a teoria quanto a prática, tanto a vida cotidiana quanto os sistemas de pensamento. Afundamo-nos então no equivalente às sociedades mais afastadas da democracia, nas sociedades de ordens ou castas assentadas em critérios diferentes daqueles exclusivamente sociais. Ao contrário, nosso pensamento e, consequentemente, nossas orientações culturais só são eficientes se o laço entre o vivido pessoal e os princípios gerais da análise jamais é rompido. É na vida cotidiana que se introduz o reconhecimento do outro como sujeito, ou, ao contrário, a vontade de destruí-lo. É na vida cotidiana que começam a ser elaborados os métodos de produção ou as formas de consumo através das quais um modo de subjetivação toma forma.

Ainda que em nível macrossocial só possamos reforçar as defesas contra a guerra, no nível mais cotidiano, aquele mais diretamente vivido individualmente, a ação mais importante e positiva que poderíamos fazer é impedir as barreiras entre aquilo que alguns denominam de "alto" ou "baixo": a alta cultura e a cultura popular; as expressões mais elementares do sexo e a construção de modelos elevados de personalidade através da sexualidade. Por mais simples que ela seja, esta conclusão deve impor-se às nossas práticas, já que somos constantemente tentados a separar e contrapor os níveis de relação, de pensamento, de consumo, e, por consequência, a opor as elites criativas e racionais aos povos preguiçosos e agressivos. A expressão mais concreta e mais necessária daquilo que denominamos democracia é a rejeição de todas estas barreiras e de todas estas categorias que não têm outra função senão emperrar as comunicações sem as quais nenhum modo de construção do sujeito e da modernidade é possível. É com os produtos menos afastados de sua origem natural – o pão, o vinho, o arroz, o milho – que podem surgir os grandes cardápios dos quais alguns só degustarão suas formas supostamente mais refinadas. Da mesma forma, é perigoso querer proibir as formas efetivamente mais grotescas da sexualidade em nome das formas mais refinadas das quais ela pode se revestir. Nada é mais temerário do que contrapor o desejo carnal ao amor das ideias puras.

Esta conclusão, mais próxima do bom senso, deve nos ajudar a descobrir o sentido mais geral deste trabalho de reflexão e análise. Se é tão importante reconhecer o lugar central ocupado por noções como aquelas de sujeito ou modernidade, é porque elas substituem todas as outras que demarcaram as fronteiras intransponíveis entre o aqui e o além, entre o purgatório e o paraíso, entre a exploração capitalista e a solidariedade comunista, entre todas as formas entre aristocracia e elite e todas as formas de experiências e de ideias plebeias, visto que quanto mais esmorecem os fiadores metassociais da experiência humana, e quanto mais esta passa a depender dela mesma, e, sentindo-se responsáveis dela mesma, com mais ambição ela assume a grande tarefa de encontrar em si o sentido de sua existência e de sua ação.

Julgo desnecessário prosseguir com estas expressões tão corriqueiramente difundidas. Nosso problema é encontrar a passagem daquilo que denominei "sujeito" para aquilo que agora poderíamos denominar "vida"; a passagem dos grandes princípios para a grande *experiência vivida*, e, sobretudo, encontrar a passagem que reata o desejo de grana, de sucesso, de sexo, de proteção e de conquista com o mundo distante e grandioso no qual eu quase naturalmente me instalei, dado que minha tarefa é descobri-lo e explorá-lo.

Em termos mais corriqueiros ainda: não estamos vivendo num mundo engendrado pela cultura de massa, onde a ação criativa fundada na relação de si para si parece ter sido vencida pelos discursos dos professores, dos pregadores e dos políticos? No entanto devemos, pela mesma razão, aceitar a resposta mais corriqueiramente antecipada, a saber: que ao lado daqueles que elaboram projetos, obras e histórias de vida, e daqueles que buscam enriquecer como gerentes de empresas, ou ao fazer rir ou chorar, sempre estarão presentes aqueles e aquelas que são pisoteados pela doença, pelo desemprego, pela separação e pela morte. Todas estas experiências vividas, tão simples, tão banais que não parecem reclamar qualquer resposta, já que são básicas e carregadas de emoções, de sentimentos e interesses, não deixam chegar até cada um de nós, em nossa vida cotidiana, as reflexões e críticas que parecem da mesma forma atender aqueles que dispõem de um pouco de tempo livre, do que viver sem se inquietar com o amanhã, da educação e do gosto pelo trabalho intelectual.

É aquela resposta lá que eu rejeito.

Onde está o sujeito na vida do indivíduo, na sua e na minha vida? Eis outra resposta: o mal que nos ameaça e nos devora consiste na separação das ideias e do cotidiano, da palavra livre e das obrigações sofridas, da pressão, das pulsões e das suas sublimações em ideais, do "povo" e das "elites. A partir do momento em que estas rupturas, estas separações e estas barreiras tornam-se fortes, tudo se degrada, tanto as grandes ideias quanto as vidas mais simples. Por consequência, o mundo do sujeito, da modernidade, dos movimentos sociais e do reconhecimento do outro só é real e libertador se ele está constantemente presente em todos os aspectos da vida de todos. Este é o sentido mais profundo da democracia, que não pode ser reduzida aos mecanismos institucionais, já que estes só nos garantem que o "alto" e o "baixo" da sociedade, sob todas as suas formas, comuniquem-se permanentemente um com o outro.

O sociólogo aceita sem grandes dificuldades esta proposição, visto que ele está acostumado a buscar na experiência mais direta a presença das construções mais complexas e as posturas mais dramáticas. Ele, o sociólogo, ao escolher sua profissão, sempre quis associar a pesquisa de campo à elaboração teórica.

Não busquemos, sobretudo, contrapor ao paraíso do sujeito o inferno do dinheiro, do poder ou da inveja. Tudo está misturado, e cada um de nós participa do trabalho de reflexão e de interpretação que orienta nossas vidas e nossas instituições. Não são os que mais falam que melhor associam suas vidas e seus pensamentos, que melhor associam o vivido ao construído, que melhor relacionam prática e teoria.

Na conclusão deste livro, no instante em que devo sair da clausura na qual ele me reteve, sinto a necessidade de abrir a janela, a televisão, a internet, no ensejo de que aquilo que pensei se transforme em prêmio para o movimento em favor da vida de cada um e de todos, e que aquilo que eu penso se faça presença na vida cotidiana como o é no desejo.

Ponto de chegada

1. Onde estamos?

Por qual itinerário chegamos até aqui? E, por que, já o afirmei várias vezes, nosso caminho, longo e difícil, fez-nos passar de um país para outro?

Agora é possível resumir em algumas palavras a significação concreta daquilo que eu denominei de "o fim do social", expressão cujo peso arrasador corre o risco de marcar a importância decisiva para todos os aspectos de nossa vida, dos mais materiais aos mais políticos ou ideológicos. O grande esfacelamento da vida social provocado pelo triunfo do capitalismo, que é necessário defini-lo precisamente pela ruptura ou pelo enfraquecimento de todas as formas de controle da economia, fez desaparecer as formas de pensamento e de organização social que repousavam sobre as relações sociais, relações de hierarquia bem como de conflito. Quando falamos de diferenças ou de relações interculturais, não estamos mais no universo onde falávamos de divisão do trabalho ou luta de classes. Isso não significa que estas categorias ou estes problemas tenham desaparecido, mas que eles não têm mais a função estruturante que tiveram por tanto tempo, assim como as relações de parentesco e de vizinhança não têm mais a mesma importância em determinadas sociedades dentre as mais distantes das nossas.

Entretanto, convém dar duas aplicações mais precisas a esta mutação que vai além daquilo que eu denominei de mudança de *paradigma.*

A *primeira* é a perda de sentido das categorias de ação coletiva, em particular dos partidos e das ideologias políticas, como bem o analisou Jean-François Lyotard em sua célebre frase sobre o fim das grandes narrativas. Nós não sabemos mais, materialmente, o que estamos dizendo quando falamos de socialismo ou, mais simplesmente, de sindicato. Aquilo que denominamos de crise de representação é, de fato, o duplo desaparecimento da representatividade das instituições políticas e da capacidade dos interesses sociais de ser representados. Falar do partido, da classe operária, ou da burguesia, tem o mesmo sentido para nós que evocar a oposição entre os *Armagnacs* e os *Bourguignons*, na França dos idos de Joana D'Arc. Entretanto, não concluamos disso que não existem mais conflitos, desigualdades e dominações na sociedade "líquida", sempre cambiante e multiforme, na qual vivemos. Uma conclusão dessas seria não somente arbitrária, mas desmentida a cada dia pela leitura dos jornais, pelo acompanhamento dos programas televisivos ou pelas consultas à internet.

A *segunda* aplicação desta noção é a ruptura dos laços entre os sinais que se proliferam e os árbitros que soçobram na obscuridade e no silêncio. As palavras, as imagens, os sons, que "não querem dizer nada" ou que nada mais são do que eles mesmos, exercem uma atração maior, visto que seu emprego dispensa a interrogação sobre os sentidos que poderíamos lhes emprestar. Ainda que estejamos tão próximos de nosso desejo de ver recuar os interditos, os apelos para um retorno à moral "natural" e aos bons costumes, esta "liberação sexual" não libera mais nada, nem o desejo, nem o amor, nem o desejo pelo proibido. Os atos sexuais exibidos não indicam nem relações, nem prazeres, nem violências; eles existem por eles mesmos. A mesma leitura pode ser feita da maioria das mensagens da mídia e, pouco a pouco, temos compreendido aquilo que há muito tempo anunciava Jean Baudrillard: o sinal pode não ser senão um simulacro que não reenvia a nenhum ator, a nenhuma intenção; as mensagens parecem advir de uma realidade virtual que, talvez, merece este atributo, mas que já não é mais uma realidade.

Entre estas categorias vazias e seus sinais que não remetem senão a eles mesmos, nós desaparecemos, desguarnecidos dos dois lados simultaneamente, incapazes de nos definirmos, de nos situarmos em relação aos dois universos onde circulamos, mas como estrangeiros, ausentes de nós mesmos.

É por isso que pretendo sublinhar a amplitude da mudança de postura que eu proponho. A ideia de sociedade estava no centro do pensamento social como, antes dela, aquela de Estado. Ela deve ser derrubada do trono, mesmo se não é necessário esquecer o progresso que ela representou para o conhecimento da vida social. Doravante, as situações e as ações sociais não devem mais ser julgadas por sua funcionalidade social, mas por seu papel na liberdade e na criatividade do sujeito pessoal. As instituições não são mais a arquitetura do Estado; elas devem proteger os indivíduos e as coletividades enquanto sujeitos, e, no momento em que elas os ameaçam, devem ser controladas e reformadas.

Uma vida social organizada em torno dos sujeitos pessoais, individuais ou coletivos, pode se perder em desvios ou mesmo cair em ciladas mortais. Ela pode conferir um privilégio ilegítimo àqueles que são mais "conscientes", e que são mais frequentemente os mais favorecidos, enquanto que os exilados, os dominados, os pobres sofrem uma situação embaraçosa e os impede de tomar a distância necessária para a reflexão. Mas este perigo pode ser facilmente afastado, já que a experiência dos sociólogos mostrou que geralmente os dominados têm uma consciência mais aguda daquilo que eles sofrem, enquanto que os poderosos e os ricos geralmente se identificam demais com suas funções sociais, com seus interesses, com suas ideologias, para que possam ser capazes de tomar consciência daquilo que são, tanto para os outros quanto para si mesmos.

O estudo dos movimentos sociais em todas as partes do mundo mostrou que o sujeito era mais facilmente detectável junto aos pobres do que junto aos ricos. A perspectiva que adotei e os métodos que ela me levou a empregar devem deslocar a análise dos ambientes sociais abastados, onde ela frequentemente foi aprisionada, para a experiência vivida dos que vivem mais de esperança e de raiva do que de uma fortuna ou de um poder que os torna cegos.

Enfim, como não voltar ao prelúdio deste livro, à crítica da longa decomposição de um pensamento social que se referia tão frequentemente ao movimento operário e ao marxismo ainda que estes não estivessem mais vivos ou tivessem se afastado destes pensadores? Estes pensamentos e estes ideólogos que exerciam uma influência tão pesada sobre as Ciências Sociais ao longo de várias décadas aumentaram sua influência por causa do gosto pelo poder de muitos dentre eles, e por causa de suas estratégias de intimidação. Nós emergimos enfim deste pensamento mortífero, perto de vinte anos após a queda do muro de Berlim, perto de trinta anos após o *Solidarnosc* na Polônia, e perto de quarenta anos após 1968, tanto aquele de Paris e de Nova York quanto aquele de Praga. Já estava na hora...

Esta perda de sentido e mais ainda de consciência, este sentimento muito forte de viver num mundo comandado de fora, que não encontra mais a necessidade de voltar-se para o processo de decisão interior, estão onipresentes, mas não devem ser confundidos com o niilismo que é, ao contrário, a afirmação voluntarista, vontade de destruir uma ordem inaceitável, como o foi aquela dos niilistas russos do período pré-revolucionário.

No entanto, não posso permanecer lá. O momento da crítica puramente negativa das ideias pós-modernistas já passou e a cada dia percebemos novos atores e novos desafios; nós ouvimos novos protestos, e outro tanto de novas formas de visão otimista sobre o futuro. Percebemos pouco a pouco que diante de nossos olhos se organiza um novo tipo de vida social. Como definir esta nova visão que tende a substituir a antiga, doravante em ruína ou reduzida a formulações desgastadas?

O mais importante é que, em face do mundo de artifícios, das ideologias e dos objetos, aparecem sempre mais nitidamente os atores, que não *são* mais propriamente *sociais*, e que agem ao construir sua capacidade de resistência e de liberdade. Estes atores não se definem mais por sua relação com as normas e com os mecanismos da vida social, mas em relação à construção deles mesmos. Nós já estamos engajados neste trabalho de libertação, em primeiro lugar de nosso corpo e em particular de nossa sexualidade, de tudo aquilo que temos recebido para nos produzir por nós mesmos.

Aquilo que é real no nível do indivíduo o é também no nível coletivo. Em vez de contentar-se com o binômio global-local, que garante a dominação absoluta das forças impessoais dos sistemas globais, assistimos por toda parte a busca de seres complexos, feitos de presente e de passado, de heranças e de invenções. Estas identidades, muito frequentemente nacionais, podem nos levar às piores catástrofes: guerras civis, genocídios, etc., mas igualmente à criação de atores capazes de criar espaços de iniciativa e de liberdade que impedem o choque destruidor do global e do local. Não existem somente elementos negativos na formação das novas consciências coletivas, nacionais e até mesmo comunitárias, contanto que elas não estejam fascinadas pela busca de sua identidade. Pois que esta identidade culmina inevitavelmente no racismo, na rejeição das diferenças, na busca pela pureza e pela homogeneidade que é a mais grave ameaça para o mundo de hoje.

Seria necessário repetir mais uma vez que este lugar central concedido ao sujeito pessoal e, pois, a uma determinada concepção do individualismo, não tem nada a ver com um abandono das ações coletivas que seriam sacrificadas em nome de um bem-estar individual egoísta, cego às profundas aflições como às grandes esperanças? Uma tal acusação nem sequer deve ser refutada; ela é de um contrassenso tão brutal que só pode repousar sobre uma má-fé ou um desejo de prejudicar.

O que este livro disse efetivamente é que nós passamos de uma sociedade que se imaginava em termos econômicos para outra que se imagina em termos culturais; da mesma forma que no passado esta sociedade se imaginava em termos econômicos, nós temos vivido numa outra sociedade onde as categorias mais importantes eram de ordem política. Poderíamos dizer de forma figurativa que nós passamos do mundo de Rousseau e da Revolução Francesa ao mundo de Marx e da sociedade industrial para entrar em seguida no mundo de Freud e numa sociedade de comunicação, de conhecimento e de cultura de massa.

Por que esta sucessão de imagens e por que nesta ordem? Em geral nós desconfiamos dos evolucionistas e nunca deixamos de lhes perguntar: e depois? O que virá após a última fase da evolução que vocês descrevem? A resposta é que o fator que secreta por ele mesmo uma evolução é o nível de ação da sociedade sobre ela mesma. Jean Fourastié mostrou de maneira espetacular o aumento muito rápido da produtividade por hora de trabalho no século XX, após um longo período de estagnação. Eu denominei de *historicidade* esta capacidade que uma sociedade tem de se criar e, portanto, de se transformar ela mesma. Ela é tanto mais forte pelo fato de que esta capacidade aumenta em todos os níveis da vida social. Eu acrescento que esta ação da sociedade sobre ela mesma não aumenta de maneira contínua. Foi inicialmente necessário que estradas ou cursos d'água fossem ordenados, que o peso das moedas fosse constante, que o banditismo fosse reprimido, para que a circulação dos bens facilitasse a especialização e a expansão dos mercados. Este foi um tema favorito dos juristas e dos economistas no momento em que se constituíam na Europa as cidades-Estado e os Estados nacionais capazes de proteger o comércio, visto que é a autoridade política que vigia as estradas como as moedas, o preço como as alfândegas e as concessões.

A mudança é profunda quando não é somente o comércio, mas, sobretudo, a produção que simultaneamente se transforma com a introdução do cálculo nas operações de produção e na criação de máquinas (civis ou militares) cada vez mais potentes. Em meados do século XIX, começa-se a medir a modernidade de uma nação através de seus equipamentos em cavalos-vapor. É só bem mais recentemente que o modo industrial de produção se expandiu para todos os domínios: consumo, comunicação, cultura de massa.

Um esquema destes não se encontra forçosamente por toda a parte. Uma economia completamente dominada pelo Estado pode criar o impasse sobre a etapa mais elevada da modernização. Mas as fases que acabo de indicar se encontram, sob formas muito variadas, em uma larga parcela do mundo.

Dito em outros termos: isso significa uma aproximação crescente das categorias de análise e daquelas das condutas. Num universo político, a origem das normas e das instituições reside no poder do *soberano*, seja este um príncipe, uma cidade ou o papa. Na sociedade industrial, o indivíduo não é mais somente um personagem político, cidadão ou sujeito de um rei; ele é um *trabalhador* cuja atividade contribui para a construção de uma sociedade de produção, de investimento e de inovação.

Num universo culturalmente definido, estamos ainda mais completamente engajados, já que o somos não somente em nosso trabalho, mas em nossas emoções, em nossos valores etc. Os direitos que reclamamos e pelos quais lutamos foram inicialmente os direitos *políticos*, depois os direitos *sociais*, que se ampliaram eles mesmos em direitos *culturais*. Isso não equivaleria dizer que nós nos identificamos cada vez mais com todos os aspectos de nossa vida, com nossos interesses, com nossos desejos e com nossas opiniões? Espero ter deixado claro que vivemos num mundo com formidáveis capacidades de ação sobre ele mesmo – para o melhor e para o pior –, que estamos afastados dos deuses, que estavam fora do mundo humano, assim como de tudo aquilo que deificava a história ou a razão. Cada vez mais somos colocados face a face de nós mesmos, como nossa duplicidade, como aquele que transforma o ser de experiência em ser de direito, o qual o leitor não pode mais ignorar que eu o denomino *sujeito*. Eu não creio nem no poder dos deuses, nem na pretensa manipulação de nosso espírito e de nosso corpo pela cultura de massa. Ao invés de nos afogarmos nas mensagens advindas dos aparelhos que comunicam as informações que recebemos, cada vez mais recorremos a nós mesmos como princípio-diretor de nossa vida.

Falta acrescentar que a civilização atual não é o ponto de chegada de uma evolução. E isso é mais evidente ainda pelo fato de que cada ano nos agracia com novas inovações e que é possível que em breve a identidade biológica dos seres humanos seja ela mesma transformada. Alguns sonham com nossa capacidade de criar num espaço virtual um ser que seria nossa duplicidade – dizemos, antes, metamorfose, encarnação na religião indiana – com a qual cada criador, cada um de nós, poderia identificar-se. Visão com a qual alguns se exaltam, mas que inquieta a outros, e a sabedoria parece-me aconselhar guardar uma dúvida ativa sobre os resultados possíveis destas invenções que correm o risco de culminar na substituição do real por *simulacros*, para emprestar o termo bem escolhido de Jean Baudrillard. Um efeito positivo da onda atual de interesses pelas "metamorfoses" ou pela "*double mind*" é ajudar-nos a compreender como a criação de si e o controle de si se tornaram objetivos centrais para nós, enquanto que as imagens conquistadoras da sociedade industrial entram em declínio desde quando são atacadas pelo pensamento ecologista.

A vontade de ser, de criar-se a si mesmo e de defender-se como indivíduo com todas as suas raízes e com todos os seus galhos, mas tendo em primeiro lugar uma consciência de árvore, é o único princípio que hoje pode guiar nossas condutas, permitindo-nos distinguir o bem do mal. Se ainda existem espíritos muito tímidos no combate a este individualismo que afirmam nos submeter ao mercado e a todas as formas de poder, e outros muito reacionários para pensar que a defesa dos direitos sociais que começamos a conquistar há mais de um século e aqueles dos direitos culturais pelos quais batalhamos tanto hoje em dia nos enclausuram dentro de uma classe ou numa comunidade – o que não é verdade a não ser se renunciamos aos direitos humanos –, eu me sinto cada vez mais distanciado de seus discursos e até mesmo renuncio, mesmo depois de tantos esforços, de convencê-los. Eu não sei mais o que fazer com estas escolhas artificiais entre duas posições igualmente inaceitáveis. O sujeito do qual estou falando é *universalista* no sentido que os direitos do homem devem ser defendidos em todas as frentes e por todos; ele é igualmente *individualista*, porque é a afirmação de si, descoberta de si como duplicidade de si mesmo, direito de ser um ser humano com seus direitos e sua capacidade de dizer "eu": tal é a reivindicação principal de todos os seres humanos hoje. Não é o "eu" individual que deve estar ao serviço da sociedade, mas a sociedade e suas instituições que devem estar ao serviço dos indivíduos como criadores deles mesmos.

Muitos buscam interessar-se somente pela economia mundializada e encontrar nela um lugar ao sol; uma segunda categoria busca a proteção dos grupos sociais que, não sendo mais definidos por sua função econômica, transformam-se em comunidades. A Modernidade nos havia definido por aquilo que "fazíamos"; muitos se definem de novo hoje por aquilo que "são", e não mais por seu trabalho. Eles se definem por uma língua, uma nação, uma religião, mas igualmente, em um nível mais limitado, por uma vizinhança, uma gangue, um parentesco, um bairro. Cada um se enclausura perigosamente dentro de suas ideias, suas pertenças, suas origens. Mas existe uma terceira categoria que não quer mais conquistar o mundo, que sabe que a razão e o cálculo geralmente dão origem à violência e à arbitrariedade, e cujos membros buscam eles mesmos as razões de agir. Não é nem por suas origens nem por sua profissão que eles querem definir-se, mas pela afirmação deles mesmos como portadores de direitos universais.

A filosofia das Luzes nos havia mostrado o indivíduo portador de direitos resistindo a todos os poderes, tanto aqueles da tradição como aqueles da conquista; doravante, os indivíduos não querem mais se contentar com uma definição abstrata deles mesmos: eles afirmam seus direitos políticos, com certeza, mas nada menos do que seus direitos sociais e culturais. Eles denunciam a violência e a injustiça, a acumulação de riquezas e a exclusão dos pobres; eles defendem todos os direitos, mas sem renunciar à definição universalista destes mesmos direitos, isto é, sem ceder terreno ao comunitarismo. É deste terceiro grupo que mais constantemente falei até aqui; isto porque é sua resposta que me parece ser a única solução criativa, dado que o século XX não permanecerá o mais fortemente marcado pelos progressos da produção ou pelo aumento do consumo; ele foi acima de tudo o século dos totalitarismos, desde o nascimento do regime soviético e do nazismo até os "integrismos" religiosos ou nacionais. Este século foi marcado para sempre mais por atos de morte do que por obras de vida. Estes atos cobriram o planeta de sangue. Como, diante destas evidências que cegam, não buscar aderir à reivindicação dos indivíduos de ser reconhecidos como sujeitos de direito?

"Ser eu mesmo" é uma demanda presente em toda parte, e em toda parte carregada de esperanças e reivindicações, mas já sabemos que, quando o indivíduo busca ver-se, não é ele mesmo que ele descobre diante de seu espelho, mas o sujeito, a duplicidade dele mesmo como indivíduo; não sua consciência, mas sua exigência de ter um sentido para si mesmo e, portanto, de ser portador de direitos.

O sujeito confere ao indivíduo o direito de ser um ator social; ele faz com que sua vida não seja recortada em uma série de sequências entre as quais não existiria mais qualquer coerência vivida e pensada. Nem Deus nem mestre, tanto econômico quanto político ou religioso: não somos escravos de ninguém, dado que não somos mestres a não ser de nossa vida, mesmo que possamos experimentar fracassos.

Nenhuma mudança material, política ou social tem uma importância comparável àquela que transtornou, inverteu nossa relação conosco mesmos, que colocou frente a frente o indivíduo e o sujeito, o mim e o eu, as necessidades e os direitos.

Ao longo de todo este livro, fui me dirigindo em direção a este ponto central, quer se trate de educação, de religião ou de movimento social. Eis-nos diante de uma estranha situação: é nesta sociedade contemporânea na qual foi anunciada tantas vezes a morte do sujeito que este aparece em plena luz. Ele está consciente de só depender dele mesmo e afirma por toda a parte a ideia de que ele tem direitos que devem ser aplicados a todos e que eles definem para todos o bem e o mal.

Mas, como era isso no passado, quando a situação era bem diferente? As pertenças eram numerosas e fortes, o mundo dos objetos era muito mais estável do que hoje, os mapas eram cobertos de *terrae incognitae*. É este retorno ao passado que precisamos agora realizar. Ainda que tantas vozes anunciem o retorno do religioso, não poderíamos nos afastar de nossa afirmação central: é na sociedade contemporânea, aquela que exerce simultaneamente o mais fortemente e o mais completamente uma ação sobre ela mesma, que alcançou o mais alto nível de historicidade, que aparece o face-a-face do indivíduo e do sujeito que lhe confere direitos. Ao contrário, quanto mais fraca é a capacidade de ação da sociedade sobre ela mesma, tanto menos é possível encontrar o sujeito nele mesmo, já que ele parece não ser mais social. Nestas condições, a subjetivação não pode ser um processo puramente interno; ela se reveste de uma forma sempre mais distanciada do ator humano, e cada vez imagina um fundamento não-humano, religioso em particular, para sua existência. Ontem ainda colocávamos o sujeito no coração do progresso, como um cosmonauta no habitáculo de um foguete. Alguns séculos antes, identificávamos o sujeito com a ordem que luta contra a desordem, contra a violência e a guerra sob todas as suas formas. Voltando um pouco mais ainda, vemos a imagem de um Deus criador, e ainda muito mais longe de nós, os deuses cuja existência misturava-se com um mito da fundação da sociedade.

Ao longo desta estrada que se perde na noite dos tempos, temos a impressão de entrar num universo do sujeito que muitos ainda evocam, embora ele tenha sido invadido pela racionalidade capitalista e pelo ardor dos desejos e prazeres. Mas os valores e as normas tornam irrisória esta impressão. Para defender as normas sociais, um Estado, uma tribo estavam e ainda estão o mais longe possível de poder defender o universalismo dos direitos individuais. Aliás, esta exteriorização do sujeito em relação à experiência humana leva à formação de um poder que se identifica com o sujeito projetado fora dele mesmo. É o poder do sagrado que domina a figura indireta, escondida, velada do sujeito, mas ele mesmo não é uma figura do sujeito. O sagrado se forma para controlar o sujeito ou a imagem que o esconde.

Todas as figuras do sujeito, pelo próprio de serem exteriores ao indivíduo, têm duas faces: aquela do sujeito *universal* fundadora dos direitos, figura velada do sujeito, e o mundo do *sagrado* que esconde a presença do sujeito. Os sistemas religiosos e aqueles que os sucedem, as "religiões" de Estado ou do progresso, conservam o sujeito prisioneiro ao enclausurá-lo num espaço social que eles controlam.

Na sociedade industrial da qual mal acabamos de sair, é a sociedade que ocupa o lugar que tinha sido dos deuses, depois do Estado, e que agora expulsou o sujeito pessoal. A Sociologia se identificou com esta ideia, por tanto tempo aceita, ensinada nas escolas e defendida diante dos tribunais, de que o bem é aquilo que é funcional para a sociedade, para o sistema social, enquanto que o mal é aquilo que solapa o funcionamento da sociedade, sua necessidade de integração, sua capacidade de gerir as mudanças necessárias.

Mas esta estátua da sociedade já foi derrubada pelo triunfo do capitalismo, isto é, por uma globalização que suprime as formas de controle social ou político limitando a liberdade dos dirigentes da economia. A empresa é menos poderosa do que o mercado; a imigração mescla as populações e elimina as fronteiras entre os territórios; a urbanização massiva faz desaparecer a cidade como instituição autônoma.

Nós duvidamos do papel da escola e nos negamos a crer que existem famílias "normais" e outras que não o são. A queda do social e de suas instituições, ao dissociar uma economia globalizada e instâncias que não podem mais controlá-la, deixa o caminho livre seja ao poder arbitrário do mercado e das armas, seja a um ensimesmamento tímido e simultaneamente agitado dos casais, das tribos, das identidades e das comunidades. Este livro foi escrito para impelir ao mesmo tempo estes dois inimigos e proteger o espaço onde aparece o sujeito, criação do indivíduo e do grupo por eles mesmos.

A história das ideias, aquela da vida política ou da atividade econômica, seguramente não é fio com o qual se trançou a história geral. Nós perdemos, faz um tempão, toda a confiança nas diversas formas de filosofia da história. Mas estes domínios da realidade e do pensamento não são mais independentes um do outro. A vida política foi dominada ao longo da geração do pós-guerra pelo intervencionismo dos Estados; quase em todas as partes do mundo, depois deste período, houve o triunfo de um capitalismo sem fronteiras. Hoje não nos damos mais conta de que se reforça sob formas diversas a busca de combinações, outrora impossíveis, entre uma economia aberta e intervenções públicas julgadas necessárias para assegurar a todos mais segurança e igualdade? Na França como em outros países, a "esquerda" extenuouse ao se identificar com uma gestão direta da sociedade através do Estado. Doravante, depois da queda do poder soviético e do desaparecimento dos partidos comunistas, é possível e necessário ouvir as vozes que haviam sido encobertas pelos gritos dos liberais e dos seus adversários.

Para restringir-me no caso da França, a versão da história das ideias que lá se tornou quase uma vulgata deve ser inteiramente rejeitada. Fala-se que após uma geração formada pelo marxismo, mas hostil a um Partido Comunista esclerosado e dependente, teria havido uma adesão da maior parte dos intelectuais a um liberalismo sempre mais conservador. Uma parte dentre eles teria inclusive se juntado às fileiras dos "néo-cons" em estilo americano. Esta leitura apologética do discurso interpretativo dominante dos anos 1960 e 1970 confunde a obra dos grandes espíritos, como Michel Foucault ou Jacques Derrida, com um "espírito do tempo" que se recusa a perceber e a compreender os novos problemas que se impõem ao mundo: o reconhecimento das diferenças, o tratamento das minorias, o pensamento ecológico e o próprio feminismo. Esta tropa de semi-intelectuais, que eram amparados pela maioria dos ambientes nos quais se formam os julgamentos sobre as ideias, esforçam-se ao máximo para fazer crer que após a fase criativa dos decênios esgotados, o pensamento não fez senão enfraquecer-se simultaneamente em sua qualidade intelectual e em sua vontade de libertação social e cultural. É uma posição diametralmente oposta que eu defendo: nós fomos prisioneiros por longo tempo de um pensamento que poderíamos nomeá-lo de *póstumo* na medida em que ele se referia às forças sociais e às ideias que haviam perdido desde há muito tempo sua força motora, ainda que o mundo já estivesse repleto de problemas aos quais os intelectuais de numerosos países se haviam associado, no tempo em que o meio intelectual francês resistia em introduzi-los nos seus programas de estudo e em transformá-los em temas de debate. Não tenho, de forma alguma, o sentimento de sobreviver à sombra de uma grande geração desaparecida; existe, antes, a urgência de afastar os herdeiros abusivos e de olhar a realidade de frente, as questões que ela impõe, as mudanças de pensamento que requerem respostas para estas questões.

É difícil mudar de visão sobre a realidade, de parar de crer no progresso pela racionalização da produção. Precisamos dar uma explicação a nossos atos que, sem introduzir o menor aspecto de uma perspectiva religiosa do mundo, não se satisfaçam decididamente com a imagem dos atores sociais determinados de fora, pelas lógicas impessoais dos mercados, pelas mudanças técnicas e pelas guerras, sem esperança de fuga ou libertação. Se a palavra "humanismo" não tivesse sido usada por tantos empregos diversos e até mesmo contraditórios, é ela que melhor poderia dar nome à minha trajetória.

2. Convite

Tudo aquilo que eu disse neste livro e que resumo nestas páginas poderá parecer, para alguns, ligado a um passado já distante, demasiadamente ausente do mundo de hoje para que eles mesmos se sintam implicados nestas polêmicas como nestas ideias novas. Se fosse necessário virar a página e não ter mais qualquer recurso às palavras, às ideias, aos debates aos quais tantas vezes fiz alusão, eu seria o primeiro a me alegrar, tamanho é meu convencimento de que nossas representações geralmente são arcaicas. Mas esta não é de jeito algum a situação. Os debates políticos, os programas escolares, as manifestações sindicais estão cheios até a borda de ideias e palavras que eu combati. Inversamente, nossa sociedade, principalmente em suas representações, quase não levou em conta, até aqui, as transformações introduzidas pelo movimento das mulheres ou do crescimento das migrações. Nós mal começamos a refletir sobre esta grande questão: como viver juntos com nossas diferenças, tema que há dez anos já fora o título de um de meus livros. A presença invasiva das ideias do passado é exatamente aquilo que combato, o que torna necessário a criação, para além da crítica do passado, de novas representações da vida individual e coletiva.

Este livro está voltado para o futuro, para além destas polêmicas, visando um passado que, no entanto, permanece ainda presente entre nós. Mas a ideia de sujeito não se tornará uma ideologia oficial. Aquilo que opõe mais a ideia de sujeito àquela de sociedade de Estado, ou mesmo àquela de Deus, é que ela não está no centro de uma visão geral da vida social. Este lugar central que por tanto tempo e tão imprudentemente temos acordado ao Estado ou à luta das classes, para não retornar muito longe no passado até a cristandade, a ideia de sujeito não aspira ocupar este lugar. Ela não é um outro nome do espírito do tempo, da sociedade pós-industrial ou da cultura de massa. Ela jamais estará nas mãos de um príncipe ou de um partido. Aqueles que agem e falam com maior ênfase enquanto sujeitos não são nem os santos nem os sábios; eles são geralmente desconhecidos ou são reconhecidos como "justos", no sentido que Israel acorda esta distinção para aqueles que salvaram judeus durante as perseguições nazistas. A figura mais eminente do sujeito, ao menos nos países do Ocidente democrático, é o conjunto das mulheres, afirmação que pode parecer excessiva para a maioria, mas que eu não cesso de reafirmar.

Os melhores sociólogos se dedicam quase que religiosamente a fim de oferecer análises sobre o desaparecimento das sociedades, a decomposição das instituições, a escalada da violência, do racismo e da precariedade. Ainda que no momento em que preparávamos juntos um livro, Farhad Khosrokhavar me repreendesse de não reconhecer suficientemente a presença do mal, grave repreensão vinda de um homem formado na cultura do xiismo[6]. Eu reconheço minha atração pelas imagens do bem e não-aversão ao dolorismo, tanto no mundo cristão quanto no mundo político. Eu desaprovo aqueles que só falam dos operários, das mulheres e das minorias como vítimas. Eu sempre busco o ator por detrás da vítima; sei que podemos encontrá-lo por toda parte, já que pudemos encontrá-lo inclusive no gueto de Varsóvia, nos rascunhos de Emanuel Ringelblum. Mas é necessário, hoje como ontem, buscar e descobrir cada dia as novas formas do mal, da crise e da decomposição.

O sentido geral destas conclusões talvez apareça melhor se eu recordar rapidamente aquilo que as opõe às diversas correntes de pensamento muito influentes de hoje.

O apelo ao sujeito, aos direitos humanos, à liberdade de consciência, e principalmente à ideia de que os homens podem criar seu destino coletivo e pessoal, estão muito afastados do marxismo cuja força principal veio de sua capacidade de explicar os fatos sociais a partir do estado de um sistema econômico. Maior ainda é a distância que separa as ideias expostas aqui de um liberalismo desconfiado em relação a todas as intervenções voluntárias, dado que ele se refere acima de tudo aos mecanismos de adaptação dos mercados. Deveria ser claro também que eu estou distante de todo "sociologismo", de toda avaliação das condutas por seus efeitos sobre o sistema social. Enfim, dentre outras concepções das quais permaneço distante, mas sem condená-las, devo mencionar as respostas interacionistas, já que elas não me parecem dar muita importância às orientações e aos processos pelos quais se constroem as categorias e os problemas que comandam a vida das coletividades.

Depois desta série de rejeições, talvez minha resposta mais límpida consista em voltar às noções que mais frequentemente evoquei: o sujeito, a modernidade, os movimentos sociais, que desenham em grandes linhas o espaço no qual vejo formar-se a ação social. No entanto, por que o lugar central dado a estas noções deveria nos impedir de buscar novas definições do bem e do mal dando seu sentido a numerosas condutas e combates que transformam pouco a pouco as instituições? Este trabalho ao qual me consagro, eu o julgo ainda mais importante

[6] O xiismo é um dos três ramos do Islã, sendo os outros dois o sunismo e o kharijismo (N.T.).

pelo fato de que muitos ainda resistem em reconhecer as mutações intelectuais, sociais e culturais que transformaram o último meio século, e se recusam a olhar o presente com outros óculos a não ser através daqueles que lhes distribuímos enquanto ainda jovens, seja através da escola ou dos partidos, seja através da imprensa ou dos romances. Há trinta anos atrás era escandaloso falar em sujeito; hoje, o termo recobrou espaço no vocabulário das ciências sociais; amanhã, o mais rapidamente possível, ele se desdobrará em todos os domínios do saber em ciências humanas, da ação social organizada, dos canteiros de reforma das instituições.

Não deveria ser difícil indicar os efeitos possíveis de meu modo de pensar sobre a ação política, em particular sobre as políticas sociais. A crise política é muito aguda, no momento em que escrevo estas linhas, para que eu possa me engajar nesta via; mas quero compensar este comedimento ao exprimir minha forte convicção de que esta postura é ao mesmo tempo necessária e relativamente cômoda, já que as representações que orientam ainda hoje a vida política se tornaram ilegíveis, dado que elas ainda pertencem direta ou indiretamente à sociedade industrial. A "sociedade civil", tão profundamente transformada e revitalizada pelas organizações voluntárias atuais, acolhe mais espontaneamente as representações novas da sociedade e da ação social. Esta tarefa de reanimação da vida política a partir de uma representação nova da sociedade deveria atrair muitas mulheres e homens decididos a renovar a vida pública, a ação coletiva e a democracia.

Quanto caminho percorrido desde o momento em que o pensamento social se atribuía como missão detectar as falsas escolhas e as falsas consciências, e buscava atualizar os efeitos dos determinismos aos quais é submetida a ação social! Programa que emanava de uma Sociologia mais preocupada em afirmar uma ideologia do que em esclarecer as condutas reais, jamais redutíveis a tais operações. O objeto de minha reflexão não foi, portanto, passar de uma concepção a outra, de uma ideologia a outra, como se tudo, nas Ciências Sociais, fosse questão de opiniões. Em nenhum momento de meus esforços para definir certas noções me afastaram da busca de instrumentos que permitam compreender as condutas tais como elas podem ser observadas. Quanto ao esforço final empregado para definir um campo de análise muito raramente identificado e ainda menos seriamente cultivado, ele rapidamente nos conduziu em direção aos problemas com os quais somos sempre mais frequentemente e cada vez mais diretamente confrontados em nossa vida individual e coletiva. Esta conclusão deve, portanto, ser entendida como uma introdução a uma Sociologia enfim reconstruída.

Esta reconstrução ainda é possível? Podemos ainda querer compreender uma sociedade, uma época, um ambiente? Desde o fim do pós-guerra, e talvez em mais alto grau ainda, desde 1968, vivemos num universo dividido em dois: de um lado os dados quantitativos, sobretudo econômicos, sempre mais internacionais; do outro as ideias, as interpretações, as polêmicas pelas quais os intelectuais, não somente franceses, constroem as imagens do presente, em geral tão dramáticas que parecem proceder do além, como se todos os discursos começassem por "Já é tarde demais..." A realidade não é mais real; as políticas são sem efeito; a história mesma não estaria fora das imagens que lhes dão a CNN ou outros canais de televisão? Aquilo que não aparece como totalmente objetivo não pode ser senão totalmente subjetivo, dizem-nos; os filósofos políticos ocupam todas as zonas que não foram colonizadas pelos economistas.

Tal é o julgamento que se faz de si mesma uma época que não mais acredita poder pensar nela mesma, ou seja: incapaz de compreender os atores ou de interrogar-se sobre as escolhas coletivas ou individuais. A imagem que esta época nos deixa dela mesma é aquela de um teatro vazio atravessado por feixes de luz distorcidos por explosões subterrâneas.

Este refluxo do pensamento social foi tão acentuado, as mensagens que recebíamos dos lugares que ele ocupava eram tão indecifráveis, que devo perguntar-me a mim mesmo, agora que este livro está escrito, se ele não é irreal, se ele não pareceria um objeto não-identificado no espaço intelectual, vasculhado por telescópios. Será que, talvez, este risco não carece de fundamentos?

A situação do pensamento social, tal como acabo de descrevê-la, não é tão desesperadora e, portanto, tão incapaz o quanto tantos a imaginam. Eu quis, portanto, rejeitar ao mesmo tempo as concepções estabelecidas da vida social e as excomunhões daqueles que se querem acima da sociedade, da história, e mais ainda da Sociologia, termo que para eles talvez já tenha se tornado incompreensível. Eu desejei propor um pensamento da vida social, mas, ao pensar *outramente*, objetivando fazer entrar em cena, falar, cantar ou chorar os atores sociais que havíamos perseguido, ao colocar no centro da decoração a figura do *sujeito*, que milagrosamente saiu ileso de todos os fuzilamentos. Seria perigoso não nos pensarmos a partir de nós mesmos, individual e coletivamente, ou de renunciar a esta tarefa necessária ao ceder ao medo ou por temor de desagradar. Sim, nós podemos e devemos nos pensar, mas outramente.

3. Nas portas do inferno

Antes de me despedir do leitor, devo lembrar que este livro, desde sua concepção, assumiu um risco maior ao decidir estudar a decomposição de um tipo de sociedade e principalmente sua substituição por outra. Ele combateu um discurso que falava em nome das grandes revoluções intelectuais do século XIX, mas tal discurso não passava de uma caricatura destes grandes pensamentos. Ele, desta forma, consagrou-se, depois da crítica a um pensamento social dissociado de toda prática histórica, a um objetivo positivo: reconstruir um novo modo de pensar os fatos sociais e, nesse sentido, analisar as condutas humanas.

Entretanto, o que parece estar ausente aqui é o alarido das guerras, dos sistemas totalitários, da violência generalizada, das instituições que desmoronam como blocos de gelo do Ártico numa primavera superaquecida. A distância entre o conteúdo e o tom deste livro e os conflitos, os atos terroristas, os genocídios, mas igualmente a liberação das pulsões de vida e de morte até então contidas pelas leis, igrejas, famílias e escolas, é tanta que pode dar a impressão de ter-se fechado num enclave tranquilo, provisoriamente preservado das dilacerações e destruições do resto do mundo. Não me oponho tacitamente a esta imagem, ainda que precisemos dar-lhe outra forma. Não se trata aqui de uma sábia leitura para voltar ao assunto da classe média de um dos países ricos do mundo ocidental. Usemos os termos que por si mesmos se impõem; trata-se, nas portas do inferno, de identificar e armar a única força que possa resistir à despersonalização do mundo, ao reino do poder, da especulação, do arbítrio e do ódio. Esta força não pode mais ser um exército, menos ainda a intervenção de um príncipe superior capaz de travar os combates. A violência mesma filtra suas armas e os arcanjos são corrompidos. A graça de um deus salvando a humanidade do pecado original é uma narrativa tornada incompreensível para a grande maioria e para nós mesmos.

A única força que pode resistir à violência desenfreada, o único metal capaz de suportar tão altas temperaturas, é a vontade de cada indivíduo ou de cada grupo de ser, para si mesmo e para os outros, portador de direitos universais. Alguns rejeitam o caráter universal do apelo aos direitos que seriam, segundo eles, específicos para definir algumas sociedades altamente industrializadas, tendo uma grande capacidade de reflexão e de ação sobre si mesmas. Eu, ao contrário, acredito que todo indivíduo pode ser, para ele mesmo e para os outros, portador de direitos universais; somente a consciência de uma liberdade para todos, de direitos humanos universais, pode resistir aos furacões que em suas passagens tudo destroem. É aquilo que, durante os anos em que se anunciava o triunfo do nazismo na Alemanha, começou a descobrir a Escola de Frankfurt quando denunciava uma razão que se reduzia à sua função instrumental. No prolongamento deste pensamento crítico, eu afirmo que a defesa dos direitos humanos não pode ser separada da defesa da razão que Weber denominava "material".

Hoje o mais central não são nem os conflitos políticos nem mesmo as lutas sociais; é o advento de um sujeito humano, consciente de seus direitos universais em pleno apocalipse. Este nascimento não se situa nem em Belém, nem em algum campus universitário da Califórnia, mas por toda parte onde os seres humanos são capazes de se afirmar por eles mesmos e para eles mesmos em termos que não são nem sociais nem territoriais, mas que se referem a eles mesmos como sujeitos livres.

Uma declaração dessas suscita de improviso um concerto de objeções consideráveis. Como é possível falar simultaneamente de universalismo e de modernidade? Se o universalismo é próprio das Luzes modernas, ele é um fenômeno histórico que não se encontra nem em toda parte e nem sempre. Por que dar uma importância tão geral à ideia de um sujeito que pertence somente a esta civilização ocidental dominada ao menos em parte pelo espírito das Luzes?

Eu não cederei nenhum milímetro de terreno a estas objeções, por mais fortes que elas sejam, pois, como já o indiquei, se o sujeito desvelado se descobre tarde demais, as figuras veladas do sujeito – religiosas ou nutridas pelas filosofias da história – estão presentes em todo lugar, ao menos lá onde a sociedade possui e pretende exercer sua capacidade de autotransformação. O que é universal não é a forma pura, a forma desvelada do sujeito, mas a construção pelo indivíduo de uma duplicação dele mesmo que lhe atribui direitos ao subtraí-los do poder daqueles que dirigem a ordem do sagrado.

A construção à qual consagrei tanto trabalho não tem nada em comum com uma casa de campo ou um ginásio de esportes; trata-se da consciência opondo-se à não-consciência, do universal combatendo o poder total, dos direitos acima das obrigações. A fraqueza aparente do sujeito esconde uma força maior do que os raios mortais disparados pelos invasores vindos de outros planetas. Que o leitor não acredite ter chegado ao fim de seus esforços. O que lhe é oferecido aqui não é um leito de repouso, mas uma armadura que ele deve vestir para poder vencer os dragões.

Post-scriptum – Algumas palavras

1

Eis, pois, o ponto de chegada deste livro: o social, que estava no centro de nossa visão, que pretendia com arrogância depender só dele mesmo e somente ser explicado por ele mesmo, é derrubado de seu trono. Nós afirmamos inclusive que a ação social está sempre subordinada àquilo que existe de menos social nela: o *sujeito* humano, criador de direitos que estão acima das leis sociais.

Nós falávamos das funções sociais do indivíduo; é preciso falar agora das funções da organização social ao serviço da liberdade do sujeito, ou perigosas para a liberdade. É necessário, sobretudo, combater, no interior do Estado, o poder econômico e midiático, a busca de seu próprio fortalecimento, e subordinar este poder aos objetivos superiores: defender os homens contra a degradação de seu meio ambiente, contra a ruptura da humanidade entre "raças", nações, gêneros e idades, pelas quais uns são definidos superiores em relação aos outros. A escola não deve mais ser concebida como uma agência de socialização, mas como um espaço de subjetivação, de construção do sujeito.

É custoso para todos nós abstrairmo-nos de um pensamento dominado pelas categorias sociais. No entanto, é urgente abandonar estas vestimentas usadas e surradas, como, no começo da industrialização, foi necessário renunciar ao discurso político sobre os fatos sociais para adotar um discurso social do qual agora devemos nos livrar o mais rapidamente possível, já que ele nos fez prisioneiros de seus aspectos mais recicláveis, impedindo a ação criativa e as condutas autênticas.

Eu não proponho e nem anuncio a chegada de um pensamento social novo, visto que ele já está presente em nossas representações e condutas. É necessário banir dos museus aquilo que alguns ainda invocam como um pensamento vivo e, inclusive, "progressista". É necessário prestar muita atenção naquilo que fazemos e naquilo que pensamos para nos darmos conta das categorias e raciocínios que já organizam nossas vidas. A mudança de pensamento começou há mais de meio século; é chegada a hora de nos apercebermos disso.

2

Nós já definimos e avaliamos nossas situações e nossas condutas em relação à nossa vontade de sermos reconhecidos como sujeitos de direito, presente em todos os seres humanos e, portanto, acima dos poderes e normas que eles nos impõem. O tema dos "direitos humanos", tão fortemente caro na revolução francesa e na independência americana, igualmente marginalizado no período industrial, que deu uma importância dominante à análise e à avaliação "funcionalistas" – isto é, em termos de efeitos funcionais positivos ou negativos produzidos pelas condutas sobre a sociedade, sua integração ou suas crises –, volta com força e se impõe para além da ação humanitária. Nós falamos em particular de direitos culturais para significar que cada indivíduo tem o direito de praticar os atos principais de sua cultura: língua, religião, alimentação, formas de relações sexuais ou de organização familiar. Direito que somente é limitado pelas condições da participação em conjuntos mais vastos ou diferentes. Durante séculos, falamos de interesse geral, de bem comum, dos deveres em relação à sociedade, e nos inculcaram a ideia de que nos tornamos indivíduos capazes de liberdade ao nos transformar primeiro em cidadãos que cumprem seus deveres, que respeitam as autoridades instituídas pela lei e que participam do bem comum geral. Atualmente não estamos mais engajados naquilo que diz respeito exclusivamente a nós mesmos, mas engajados como seres possuidores de direitos universais, dos quais todos os seres humanos são portadores. Falar em dignidade tornou-se mais importante do que toda referência aos deveres ou funções.

Não se trata lá de uma dessocialização culminando no "cada um pra si" e, portanto, no triunfo do mais forte, mas de um universalismo sempre mais exigente e que se opõe diretamente à desigualdade e à dominação que, em nome do mercado, as forças políticas e administrativas impunham. É neste sentido tão exigente que podemos falar da passagem de uma era do social para uma era do moral.

3

Esta nova postura, eu a defini e a pratiquei desde o início de meu trabalho. Eu mostrei que a luta da classe operária não se explica pelas crises do capitalismo, como quase sempre se afirmava, mas como defesa da autonomia operária, ameaçada pelos métodos de organização do trabalho, estes últimos respondendo principalmente à busca do lucro *maximum* pelos empregadores. O movimento operário que assim surgiu rapidamente foi encoberto pelos programas propriamente políticos dos partidos socialistas, comunistas, social-democratas ou outros, mas aquilo que denominei *consciência operária* jamais se dissolveu completamente na ação política. Ao longo de toda a minha vida, consagrei estudos aos *movimentos sociais* que não se reduziam às receitas políticas ou ideológicas que buscavam falar em nome deles. Além do mais, em estudos feitos sobre os "novos movimentos sociais", surgidos depois de 1968, eu mostrei o sentido dos grandes acontecimentos históricos, como o Solidarnosc na Polônia, a Unidade Popular no Chile, o Movimento Zapatista no México depois de 1990.

4

No curso deste longo período, em quase todas as regiões do mundo, as demandas e as expectativas dos atores sociais se afastaram cada vez mais das ideologias e dos partidos inscritos em modelos ou tipos de sociedade. A queda do muro de Berlim e do império soviético foi o momento chave desta ruptura. Mas, igualmente eles, os regimes social-democratas, foram enfraquecidos pelas transformações que eles próprios tinham consciência de cada vez menos poder conseguir compreender e organizar.

O caso francês é extremo. François Mitterrand absorveu do Partido Comunista sua posição dominante à esquerda, adotando o espírito e a linguagem radicais de seu programa. Em seguida, o novo Partido Socialista, uma vez afastado seu grande renovador Michel Rocard, fechou-se numa gestão sem perspectiva, e que se reduziu às lutas contra as tendências no seio do partido. Tudo isso até o grande fracasso de 2002, seguido pela rejeição do modelo de Constituição europeia, efetivamente uma rejeição do modelo social-democrata em curso na maioria das regiões europeias. Trata-se de uma falta de bom senso que culminou num novo fracasso em 2007, cuja profundidade foi revelada pelo número de eleitores que abandonaram o Partido Socialista no primeiro turno a fim de encorajar François Bayrou em seu esforço convincente na construção de um partido de centro. O conjunto vocabular político já carece de sentido. Na mesma proporção em que se afastam de nós os grandes movimentos portadores de liberdade e de direitos políticos, sociais e culturais, igualmente o pensamento social se subdivide em duas fontes, ambas poluídas. O primeiro ratificou a submissão dos intelectuais a um poder político mais frequentemente totalitário; o segundo, menos poderoso, mas que exerceu uma influência maior, e que ainda não desapareceu, quis criar a imagem de um mundo sem atores, sem crenças, sem esperanças, mundo morto que não recebia senão uma aparência de vida através da palavra dos filósofos.

Eu prefiro, de longe, aqueles que se referem ainda à sociedade industrial, a seus movimentos sociais, a seus ideais dos quais continuo próximo, porque esta sociedade nos dá o exemplo de um conjunto histórico coerente. Num mundo em transformação acelerada, cuja globalização é imposta pelas novas tecnologias de informação e pelos canais de trocas bancárias e econômicas, eu me impressiono com o número daqueles que pensam que nada pode mudar. Por falta de compreensão das novas formas de produção, reduzimos a vida social à reprodução de uma ordem e de uma dominação. Os herdeiros dos velhos movimentos revolucionários veem com mais clareza e mais longe quando buscam compreender as razões dos enfrentamentos dos altermundialistas com a polícia em Seatle ou em Gênes. Para eles ao menos o mundo se mexe, mesmo se eles não sabem ainda muito bem analisar as causas e a direção do movimento.

A autodestruição da esquerda militante geralmente só deixa espaço para um pensamento muito limitado que se interroga sobre a maneira de fazer renascer os laços sociais destruídos pelas mudanças aceleradas em todos os domínios. É muito mais importante definir as exigências e os protestos a partir dos quais se formam de novo os atores e as novas posturas sociais, em um termo: uma nova figura do sujeito.

5

Não posso definir um ponto de chegada se me limitar a citar os territórios percorridos, as ideias abandonadas, os movimentos sociais decompostos. Apressemo-nos, ao contrário, em lançar ao mar tudo aquilo que perdeu seu sentido e que não pode ser usado senão pelos comentaristas sem originalidade! Tudo isso para descobrir como os grandes temas que orientam nosso novo século se encarnam em representações, em sensibilidades, em formas de ações novas.

É fácil detectá-las. Depois de séculos de conquista do mundo pela razão, pelas técnicas e pelas armas, entramos num espaço em que todos os caminhos nos conduzem em direção a nós mesmos, em direção a esta construção de nós mesmos por nós mesmos que se esmera acima de tudo em reunir aquilo que certo tipo de racionalismo tinha dissociado e contraposto. Daí a importância sempre mais central da ecologia política; daí igualmente a substituição de uma sociedade de homens por uma sociedade de mulheres, porque estas, vítimas principais de uma polarização que as colocava permanentemente em uma posição inferior, são as incentivadoras da reconstrução de um conjunto que se havia cortado em dois: reconstrução dos laços entre corpo e espírito, razão e sentimento, vida pública e vida privada, masculino e feminino. Desde este momento o machismo aparece como arcaico, residual mesmo.

Enfim, como não finalizar com aquilo que poderia ter sido dito desde a primeira linha deste livro: o mundo inteiro é o espaço onde se cria e se desenvolve a nova vida cultural e social dentro da qual já estamos. Tudo isso não suprime nem os Estados, nem as nações, nem as coletividades locais, mas é necessário compreender que recusar seu próprio lugar no nível de uma análise que denominamos “global” comporta o risco de privar nossa análise da maior parte de sua utilidade. Precisamos ser ao mesmo tempo a favor e contra a globalização, a favor e contra as novas tecnologias, a favor e contra as transformações de nós mesmos, quer sejam físicas, psicológicas ou relacionais. Pois que o sentido de nossas condutas não é mais dado por uma filosofia da história fundada em grandes princípios, e muito menos ainda em relação a uma moral “natural” imposta pela vontade divina ou pelas tradições dos grupos particulares. O sentido da vida humana somente brota da própria definição pelos seres humanos daquilo que é humano, daquilo que é respeito ao direito de cada indivíduo à liberdade em todos os domínios de sua vida pessoal e coletiva. A última palavra deve ser esta: cada qual tem o direito de ser sujeito criador de seus direitos.

Este programa de trabalho se afasta sempre mais deliberadamente dos sociólogos que se definiram pela busca dos fundamentos sociais das condutas sociais; eles teriam podido mostrar seu radicalismo ao abandonar o nome de sociólogos; mas não percamos nosso tempo brincando com as palavras. É preciso, antes de tudo, compreender como os atores de hoje formulam seus direitos e orientam sua ação; mas igualmente em quais conflitos eles estão engajados e por quais meios eles buscam dar uma nova figura a um sujeito que já se discerne melhor do que antes, quando éramos cegados pelos discursos ideológicos. A Sociologia era o estudo dos sistemas sociais; agora ela deve definir-se, de maneira diferente, como o estudo das lutas dos atores sociais, para defender suas liberdades e seus direitos, na medida em que eles são sujeitos.

Bibliografia

Livros consultados

PARTE I

ANDERSON, Perry. *La pensée tiède* – Un regard critique sur la culture française. Paris: Le Seuil, 2005 [Trad. fr. seguida da La Pensée réchauffée, resposta de Pierre Nora].

ARON, Raymond. *Le marxisme de Marx.* Paris: De Fallois, 2002 [Prefácio de J.C. Casanova].

______ *Les désillusions du progress.* Paris: Calmann-Lévy, 1969.

______ *D'Une sainte famille à l'autre.* Paris: Gallimard, 1969.

______ *Démocratie et totalitarisme.* Paris: Gallimard, 1965.

______ *L'Opium des intellectuel.* Paris: Calmann-Lévy, 1955.

BARBER, Benjamín R. *Djihad versus McWorld,* 1995. Paris: Desclée de Brouwer, 1996.

BECK, Uirich. *Pouvoir et contre-pouvoir à l'oeuvre dans la mondialisation,* 2002. Paris: Aubier, 2003.

______ *The Reinvention of Politics.* Cambridge: Polity Press, 1996.

______ *Risikogesellschaft.* Frankfurt: Suhrkamp, 1986.

BEN RAFAEL, Eliezer & STERNBERG, Yitzhak (orgs.). *Comparing Modemities.* Leiden/Boston: Brill Cop., 2005.

BID. *Desarrollo económico y sociedad en los umbrales del siglo XXI.* Washington:

BID, 1998.

BOBBIO, Norberto & VIROLI, Maurizio. *Dialogo intorno alla repubblica.* Roma/Bari: Laterza, 2001.

BOURDIEU, Pierre. *La république et l'universel.* Paris: Gallimard, 2002.

______ *Science de la science et réflexivité.* Paris: Raison d'Agir, 2001.

BOURETZ, Pierre. *Les promesses du monde* – Philosophie de Max Weber. Paris: Gallimard, 1996.

BRÉCHON, Pierre. *Les grands courants de la sociologie.* Paris: PUF, 2000.

BULMER, Martin & REES, Anthony (orgs.). *Citizenship Today*: the contemporary relevance of T.H. Marshall. Londres: UCL Press, 1996.

CAMUS, Albert. *La peste.* Paris: Gallimard, 1947.

CASSIRER, Ernest. *La philosophie des lumières,* 1932. Paris: Fayard, 1966.

CASTEL, Robert. *As metamorfoses da questão social.* Petrópolis: Vozes, 1998.

CASTORIADIS, Cornelius. *Une société à la derive (entretiens et débats, 1974-1997).* Paris: Le Seuil, 2005.

_____ *L'Institution imaginaire de la société.* Paris: Le Seuil, 1975.

CRESPI, Franco. *Le vie della sociologia.* Bolonha: Il Mulino, 1985.

DAGNAUD, Monique. *L'État et les médias.* Paris: Odile Jacob, 2000.

DEBRAY, Régis. *Critique de la raison politique.* Paris: Gallimard, 1981.

_____ *Le pouvoir intellectuel en France.* Paris: Ramsay, 1979.

_____ *Révolution dans la révolution.* Paris: Maspero, 1967.

DREYFUS, Hubert & RABINOW, Paul. *Michel Foucault,* 1982. Paris: Gallimard, 1992.

DUBET, François. *Le déclin de l'institution.* Paris: Le Seuil, 2002.

DUBET, François & DURU-BELLAT, Marie. *L'hypocrisie scolaire.* Paris: Le Seuil, 2000.

DUBET, François & LAPEYRONNIE, Didier. *Les quartiers d'exil.* Paris: Le Seuil, 1992.

DUPAS, Gilberto. *O mito do progresso.* São Paulo: Unesp, 2006.

DUVAL, Julien et al. *Le "décembre" des intellectuels français.* Paris: Raison d'Agir, 1998.

FOUCAULT, Michel. *L'herméneutique du sujet.* Paris: Gallimard/Seuil, 2001.

_____ *L'Usage des plaisirs.* Paris: Gallimard, 1984.

_____ *Le souci de soi.* Paris: Gallimard, 1984.

_____ *Dits et écrits* – T. 2: 1976-1988. Paris: Gallimard, 2001 [Editado por Daniel Defert e François Ewaid].

FRANCO, Bernard. *La ville incertaine.* Louvain-la-Neuve: Bruylant Academia, 2003.

_____ *L'Atelier de l'histoire.* Paris: Flammarion, 1982.

FURET, François. *Penser la Révolution Française.* Paris: NRF, 1978.

GANS, Herbert (org.). *Middle American Individualism.* Nova York: Free Press, 1988.

GARRETON, Manuel Antonio. *Incomplete Democracy.* Chapei Hill, NC: University of North Carolina Press, 2003.

GAUCHET, Marcel. *La démocratie contre elle-même.* Paris: Gallimard, 2002.

GITLIN, Todd. *The Whole World is Watching*: mass media in the making and unmaking of the new left. Berkeley, CA: University of California Press, 1980.

GREEN, André, *Narcissisme de vie, narcissisme de mort.* Paris: De Minuit, 1983.

HALEVI, Ran. *L'Expérience du passé.* Paris: Gallimard, 2007.

HIRSCHMAN, Albert. *The Rhetoric of Reaction*: perversity, futility and jeopardy. Cambridge: The Belknab Press of Harvard University Press, 1991.

HOPENHAYN, Martin. *Después del nihilismo.* Santiago: Andres Bello, 1999.

JEANSON, Francis. *Sartre par lui-même.* Paris: Le Seuil, 1955.

JAMESON, Frédéric. *Postmodernism.* Durham/Londres: Duke University Press, 1991.

JUDT, Tony. *Le marxisme et la gauche française*: 1830-1986. Paris: Hachette, 1987.

KEPEL, Gilles & RICHARD, Yann (orgs.). *Intellectuels et militants dans l'islam contemporain.* Paris: Le Seuil, 1990.

KHOSROKHAVAR, Farhad. *Les nouveaux martyrs d'Allah.* Paris: Flammarion, 2002.

KONRAD, György & SZELENY, Ivan. *La marche au pouvoir des intellectuels.* Paris: Le Seuil, 1979.

LACLAU, Ernesto. *Politics and Ideology in Marxist Theory.* Londres: NLB, 1977.

LASH, Scott & URRY, John. *The End of Organized Capitalism.* Oxford: Polity Press, 1987.

LEFORT, Claude. *La complication.* Paris: Fayard, 1999.

______ *Essais sur le politique*: XIX-XX siècles. Paris: Le Seuil, 1986.

______ *Un homme en trop* – Réflexion sur l'archipel de Goulag Soljénitsyne. Paris: Le Seuil, 1976.

LEPENIES, Wolf. *Les trois cultures*, 1985. Paris: MSH, 1990.

LEVY, Bernard-Henry. *Réflexion sur la guerre, le mal et la fin de l'histoire.* Paris: Grassei, 2001.

______ *Le siècle de Sartre.* Paris: Grasset, 2000.

MAKHAISKI, Jan Waclav. *Le socialisme des intellectuels.* Paris: Le Seuil, 1979.

MANNHEIM, Karl. *Ideologie und utopie.* Bonn, 1929 [Trad. inglesa: *Ideology and Utopia.* Londres: Routledge/Kegan Paul, 1952.

MEAD, Georges H. *L'Esprit, le soi, la société,* 1934. Paris: PUF, 1963.

MEDA, Dominique. *Le travail*: une valeur en voix de disparition. Paris: Aubier, 1995.

MENDRAS, Henri. *La seconde Révolution Française (1965-1984).* Paris: Gallimard, 1988.

______ *La fin des paysans.* Paris: Sedeis, 1967.

MONGARDINI, Carlo & MANISCALCO, Marie-Louisa. *Moderni e Post-moderni.* Rome: Bulzoni, 1989.

MONGIN, Olivier. *La condition urbaine.* Paris: Le Seuil, 2005.

MOUFFE, Chantal. *The Return of the Political.* Londres/Nova York: Verso, 1993.

NEGRI, Antonio. *Goodbye Mister Socialism.* Paris: Le Seuil, 2007.

NISBET, Robert. *The Sociological Tradition.* Nova York: Basic Books, 1967.

OSSOWSKI, Stanislas. *Class Structure in the Social Consciousness.* Londres: Routledge and Kegan Paul, 1963.

PEYRELEVADE, Jean. *Le capitalisme total.* Paris: Le Seuil, 2005.

RAYNAUD, Philippe. *L'Extrême gauche plurielle.* Paris: Autrement, 2005.

RENAUT, Alain (org.). *Les critiques de la modernité politique.* Paris: Calmann-Lévy, 1999.

ROCARD, Michel. *Si la gauche savait.* Paris: Robert Lafont, 2005.

______ *Les moyens d'en sortir.* Paris: Le Seuil, 1996.

ROSANVALLON, Pierre. *Le modèle politique français.* Paris: Le Seuil, 2004.

______ *L'Etat en France.* Paris: Le Seuil, 1990.

______ *Le capitalisme utopique.* Paris: Le Seuil, 1979.

SARTRE, Jean-Paul. *Situations VIII (Autour de 68).* Paris: Gallimard, 1972.

______ *Situations VII (problèmes du marxisme, 2).* Paris: Gallimard, 1965.

_____ *Situations VI (problèmes du marxisme, 1).* Paris: Gallimard, 1964.

_____ *Le diable et le bon Dieu.* Paris: Gallimard, 1951.

_____ *Situations III (lendemains de guerre).* Paris: Gallimard, 1949.

_____ *Les mains sales.* Paris: Gallimard, 1948.

_____ *L'existentialisme est un humanisme.* Paris: Nagel, 1946.

_____ *Huis clos.* Paris: Gallimard, 1945.

_____ *La nausée.* Paris: Gallimard, 1938.

STASI, Bernard (org.). *Laïcité et république (rapport au Président de la République).* Paris: La Documentation Française, 2003.

TEZANOS, José-Felix. *La sociedad dividida.* Madri: Biblioteca Nueva, 2005.

PARTE II

AGACISKI, Sylvia. *Enggements.* Paris: Le Seuil, 2007.

ALBA VEGA, Carlos & BIZBERG, Ilan (org.). *Democracia y globalización en México y Brasil.* México: Colegio de México, 2004.

ARCHER, Margaret. *Cultur and Agency*: the place of culture in social theory. Cambridge, Cambridge University Press, 1996.

BACA, Laura. *Bobbio: los intelectuales y el poder.* México: Oceano, 1998.

BADINTER, Elisabeth. *L'Un et l'autre.* Paris: Odile Jacob, 1986.

BAUDRILLARD, Jean. *Le pacte de lucidité ou l'intelligence du mal.* Paris: Galilée, 2004.

BAUMAN, Zygmund. *La societé assiégée.* Rodez: Le Rouergue-Chambon, 2005.

BAYARD, Jean-François. *L'Illusion identitaire.* Paris: Fayard, 1996.

BECK, Ulrich; GIDDENS, Anthoy; LASH, Scott. *Reflexive Modernization Politics.* Stanford, CA: Stanford University Press, 1994.

BENHABIB, Scheila. *The Claims of Culture*: equality and diversity in the global era. Bristol, 2002.

BERLIN, Isaiah; SEN, Amartya; MATHIEU, Vittorio; VATTIMO, Gianni; VEGA, Salvatore. *La dimensione etica nelle società contemporane.* Turim: Fondation Agnelli, 1990.

BINDÉ, Jérôme (org.). *Òu vont les valeurs?* – Entretiens du XXI siècle, II. Paris: Albin Michel, 2004.

BIRNBAUM, Norman. *After Progress*: amerian social reform and european socialism in the twentieth century. Oxford: Oxford University Press, 2001.

_____ *The Crisis of Industrial Society.* Nova York: Oxford University Press, 1969.

BOBBIO, Norberto. *L'Ètà diritti.* Turim: Einaudi, 1990.

BOTTOMORE, Tom. *Political Sociology.* Londres: Hutchinson, 1979.

BRUBAKER, William. *Citizenship and Nationhood in France and Germany.* Cambridge, MA: Harvard University Press, 1992

Cahier Internationaux de Sociologie. La différence culturelle en question. Paris: PUF, 1999.

CALABRO, Ana Rita. *L'ambivalenza come risorsa.* Roma/Bari: Laterza, 1997.

CASTELLS, Manuel. *The Network Society*: cross-cultural perspective. Northampton: Edward Elgar, 2004 [Org. por Manuel Castells].

______ *L'Ere de l'information* – 3: Fin d'un millénaire. Paris, Fayard, 1999.

______ *L'Ere de l'information* – 2: Le pouvoir de 1'individu. Paris: Fayard, 1999.

______ *L'Ere de l'information* – 1: La société en réseaux. Paris: Fayard, 1998.

______ *The Informational City*: information technology, economic réstructuring and urban regional process. Oxford/Cambridge, MA: Blackwell, 1989.

______ *The City and the Grassroots*: a cross-cultural theory of urban social movements. Berkeley, CA: University of California Press, 1983.

CERI, Paolo. *Movimenti globali.* Roma/Bari: Laterza, 2002.

COHEN, Daniel. *Trois leçons sur la société post-industrielle.* Paris: Seuil, 2006 [Col. République des Idées].

COHEN, Jean & ARATO, Andrew. *Civil Society and Political Theory.* Cambridge: MIT Press, 1992.

COUSIN, Olivier. *L'Éfficacité des collèges* – Sociologie de l'effet établissement. Paris: PUF, 1998.

CRESPI, Franco. *Teoria dell'agire sociale.* Bolonha: Il Mulino, 1999.

CRESPI, Franco & MOSCOVICI, Serge. *Solidarietà in questione.* Roma: Meltemi, 2001.

DANIEL, Jean & CAMUS. *Comment résister à l'air du temps.* Paris: Gallimard, 2006.

DELMAS-MARTY, Mireille. *La refondation des pouvoirs.* Paris: Le Seuil, 2007.

DUBET, François. *Sociologie de l'expérience.* Paris: Le Seuil, 1994.

______ *La galère, jeunes en survie.* Paris: Fayard, 1987.

______ *L'expérience sociologique.* Paris: La Découverte [s.d.].

DUBET, François et al. *Injustices* – L'Expérience des inégalités au travail. Paris: Le Seuil, 2006.

EHRENBERG, Alain. *L'Individu incertain.* Paris: Calmann-Lévy, 1995.

EISENSTADT, Shmuel. *Modemization, Growth and Diversity.* Bloomington: Indiana University Press, 1963.

ETZIONI, Amitai. *The Active Society.* Nova York: The Free Press, 1968.

FABIETTI, Ugo. *Identità etnica.* Roma: La Nuova Itália Scientifica, 1995.

FERNANDEZ, Alfred & GOWLAND, Geoffroy. *Towards Human Rights Culture.* Genebra: Diversité, 2006.

FERRER, Aldo. *Historia de la globalización.* México: FCE, 1996.

FOUQUE, Antoinette. *Gravidanza* – Féminologie II. Paris: Des Femmes, 2007.

______ *Il y a deux sexes.* Paris: Gallimard, 2004.

GALLI, Cario (org.). *Multiculturalismo.* Bolonha: Il Mulino, 2006.

GELLNER, Ernest. *Postmodernism Reason and Religion.* Londres. Routledge, 1993.

GIDDENS, Anthony. *Central Problems in Social Theory*: action, structure and contradiction in social analysis. Londres: Macmillan, 1979.

GLISSANT, Edouard. *Traité du tout-monde*. Paris: Gallimard, 1997.

GÖLE, Nilüfer. *Musulmanes et modernes* – Voile et civilisation en Turquie. Paris: La Découverte, 1993.

GUÉNIF-SOUILAMAS, Nacira (org.). *La république mise à nu par son immigration*. Paris: La Fabrique, 2006.

HABERMAS, Jürgen. *Le discours philosophique de la* modernité. Paris: Gallimard, 1988.

HARVEY, David. *The Condition of Post-modernity*. Cambridge: Blackwell, 1990.

HERITIER, Françoise. *Masculin/féminin II*. Paris: Odile Jacob, 2002.

HERWIEU-LEGER, Danièle. *La religion pour mémoire*. Paris: Cerf, 1993.

HONNETH, Alex. *La société du mépris* – Vers une nouvelle théorie critique, 1990. Paris: La Découverte, 2001.

_____ *The Fragmented World of the Social*. Nova York: Sunny Press, 1995.

HUNTINGTON, Samuel. *Le choc des civilisations*, 1996. Paris: Odile Jacob, 1997.

IRIGARAY, Luce. *Le temps de la différence*. Paris: LGF, 1989.

JASPER, James. *Restless Nation*: starting over in America. Chicago: University of Chicago Press, 2000.

JONAS, Hans. *La créativité de l'agir*, 1992. Paris, Cerf: 1999.

_____ *Le principe de responsabilité*, 1979. Paris: Cerf, 1990.

KHOSROKHAVAR, Farhad. *L'Instance du sacré*. Paris: Cerf, 2001.

KRISTEVA, Julia. *Etrangers à nous-mêmes*. Paris: Fayard, 1988.

KYMLICKA, William. *Multicultural Citizenship*. Oxford: Oxford University Press, 1985.

KYMLICKA, William & MESURE, Sylvie (orgs.). *Comprendre les identités culturelles*. Paris: PUF, 2000.

LACORNE, Denis. *La crise de l'identité américaine* – Du melting pot au multiculturalisme. Paris: Fayard, 1997.

LAMY, Pascal. *La démocratie-monde*. Paris: Le Seuil, 2004.

LARANA, Enrique & GUSFIELD, Joseph (orgs.). *Los nuevos movimientos sociales*. Madri: CIS, 1994.

LASH, Scott. *Sociology of Postmodernism*. Londres: Routledge, 1990.

LASH, Scott & FRIEDMAN, Jonathan. *Modernity and Identity*. Cambridge: Blackwell, 1992.

LASH, Scott & ROBERTSON, Robert (orgs.). *Global Modernities in Featherstone*. Londres: Sage, 1995.

LATOUR, Bruno. *Nous n'avons jamais été modernes*. Paris: La Découverte, 1991.

LEFORT, Claude. *Le temps présent* – Écrits: 1945-2005. Paris: [s.e.], 2007.

LÉVINAS, Emmanuel. *Altérité et transcendance*. Saint-Clémen: Morgana, 1995.

LYOTARD, Jean-François. *La condition post-moderne*. Paris: De Minuit, 1979.

MAALOUF, Amin. *Les identités meurtrières*. Paris: Grasset, 1998.

MacKINNON, Catherine. *Le féminisme irréductible*. Paris: Des Femmes, 2005.

MATURANA, Humberto. *Ce ne sont que des mots.* Paris: Des Femmes, 2007.

______ *El sentido de lo humano.* Paris: Hachette, 1991.

MAUSS. *Une théorie sociologique générale est-elle pensable?* Paris: La Découverte, 2004.

MELUCCI, Alberto. *Challenging Codes*: collective action in the information age. Cambridge: Cambridge University Press, 1996.

MELUCCI, Alberto & DIANI, Mario. *Nazioni senza stato e movimenti etnico nacionali in occidente.* Milão: Feltrinelli, 1982.

MINC, Alain. *Ce monde qui vient.* Paris: Grasset, 2004.

MONGARDINI, Carlo. *La cultura del presente.* Turim: Franco Angelli, 1993.

MORIN, Edgar. *L'Identité humaine (la méthode V).* Paris: Le Seuil, 2001.

______ *Journal de Californie.* Paris: Le Seuil, 1970.

MOSCOVICI, Serge. *De la nature.* Paris: Métailié, 2002.

______ *Mélanges en l'honneur de Serge Moscovici, penser la vie, le social, la nature.* Paris: MSH, 2001.

______ *La machine à faire des dieux.* Paris: Fayard, 1988.

NUSSBAUM, Martha. *Women and Human Developpement.* Cambridge: Cambridge University Press, 2000.

PERIVOLAROPOULOU, Nia & DESPOIX, Philippe (orgs.). *Culture de masse et modemité* – Siegfried Kracauer, sociologue, critique, écrivain. Paris: MSH, 2001.

PIRSIG, Robert. *Zen and the Art of Motocycle Maintenance.* Nova York: William Morrow, 1974.

PROTZEL, Javier. *Procesos interculturales* – Texturas y complejidad de los simbólicos. Lima: Universidad de Lima, 2006.

RENAUT, Alain. *Qu'est-ce qu'une politique juste?* Paris: Grasset, 2004.

______ *L'ere de l'individu.* Paris: Gallimard, 1989.

ROMAN, Joël. *La démocratie des individus.* Paris: Calmann Levy, 1998.

SANDEL, Michael (org.). *Liberalism and its Critics.* Nova York: New York University Press, 1984.

SCHNAPPER, Dominique. *La relation à l'autre.* Paris: Gallimard, 1998.

______ *La communauté des citoyens.* Paris: Gallimard, 1994.

SEGWICK KOSOFSKY, Eve. *Epistemology of the Closet.* Berkeley, MA: University of California Press, 1990.

SEN, Amartya. *Inequality Were Examined.* Oxford, 1992. Paris: Le Seuil, 2000.

SENNETT, Richard. *The Culture of the New Capitalism.* New Haven, CT: Yale University Press, 2006.

SERRES, Michel. *Hominescence.* Paris: Le Pommier, 2001.

SIMMEL, Georg. *Philosophie de la modernité.* Paris: Payot, 1989.

SINGLY, François de. *Les uns avec les autres.* Paris: Armand Colin, 2003.

TABBONI, Simonetta. *Lo straniero e l'altro.* Nápolis: Liguori, 2006.

_____ *Norbert Elias. Un ritratto intelecttuale.* Bolonha: Il Mulino, 1993.

TARRIUS, Alain. *La mondialisation par le bas.* Paris: Balland, 2002.

TAYLOR, Charles. *Modern Social Imaginaries.* Durham/Londres: Duke University Press, 2004.

_____ *Le malaise de la modernité,* 1991. Paris: Cerf, 1999.

_____ *Multiculturalism and the Politics of Recognition* – An essay. Princeton, NJ: Princeton University Press, 1992.

TOURAINE, Alain. *Le monde des femmes.* Paris: Fayard, 2006 [Trad. Vozes, 2007].

_____ *Un nouveau paradigme.* Paris: Fayard, 2005 [Trad. Vozes, 2006].

_____ *La critique de la modernité.* Paris: Fayard, 1992 [Trad. Vozes, 1995].

TAYLOR, Charles & KHOSROKHAVAR, Farhad. *La recherche de sói – Dialogue sur le sujet.* Paris: Fayard, 2000.

UNESCO. *Vers les sociétés du savoir,* 2005 [org. por Jérôme Bindé].

_____ *Keys to the 21th,* 2001 [org. por Jérôme Bindé].

VATTIMO, Gianni. *Nihilism ed emancipazione*: Milão, Garzanti, 2003.

_____ *La fine della modernità,* 1985. Paris: Le Seuil, 1987.

VECA, Salvatore. *Cittadinanza.* Milão: Feltrinelli, 1990.

VERNANT, Jean-Pierre. *L'Individu, la mort, l'amour.* Paris: Gallimard, 1989.

VIDAL, Daniel. *L'Ablatif absolu.* Paris: Anthropos, 1977.

VV.AA. *Global Civil Society.* Oxford: Oxford University Press, 2001.

WALLERSTEIN, Emmanuel. *Impenser la science sociale.* Paris: PUF, 1995.

WALZER, Michael. *Politics and Passion*: toward a more egalitarian liberalism. New Haven, CT: Yale University Press, 2004.

_____ *On Toleration.* New Haven, CT: Yale University Press, 1997.

WEIL, Dominique (org.). *Hommes et sujets.* Paris: L'Harmattan, 1992.

WIEVIORKA, Michel. *La violence.* Paris: Balland, 2004.

WIEVIORKA, Michel (org.). *Les sciences sociales en mutation.* Auxerre: Sciences Humaines, 2007.

_____ *Une société fragmentée.* Paris: La Découverte, 1996.

WIEVIORKA, Michel & OHANA, Jocelyne (org.). *La différence culturelle* – Une reformulation des débats. Paris: Balland, 2001 [Colloque de Cerisy].

WOLTON, Dominique. *L'Autre mondialisation.* Paris: Flammarion, 2003.

_____ *Penser la communication.* Paris: Flammarion, 1997.

YOUNG, Iris Marion. *Justice and the Politics of Difference.* Princeton, NJ: Princeton University Press, 1990.

ZAPATA, Francisco. *Cuestiones de teoria sociológica.* México: Colégio de México, 2001.

Índice temático

Índice geral